TANGER

Chez le même éditeur :

L'Orientalisme

Vol. 1, Lynne Thornton, **Les Orientalistes, Peintres Voyageurs 1828-1908***
Vol. 2, Denise Brahimi et Koudir Benchikou, La Vie et l'Œuvre d'**Etienne Dinet**
Vol. 3, Lynne Thornton, **La Femme dans la Peinture Orientaliste***
Vol. 4, Gerald M. Ackerman, la Vie et l'Œuvre de **Jean-Léon Gérôme***
Vol. 5, Caroline Juler, **Les Orientalistes de l'Ecole Italienne**
Vol. 6, James Thompson et Barbara Wright, La Vie et l'Œuvre d'**Eugène Fromentin**
Vol. 7, Félix Marcilhac, La Vie et l'Œuvre de **Jacques Majorelle**
Vol. 8, Auguste Boppe, **Les Peintres du Bosphore au XVIIIe siècle**
Vol. 9, Gerald M. Ackerman, **Les Orientalistes de l'École Britannique**

Mohamed Sijelmassi, **Les Enluminures des Manuscrits Royaux au Maroc***
Mohamed Sijelmassi, **Les Arts traditionnels au Maroc**
Mohamed Sijelmassi, **L'Art contemporain au Maroc**
Mohamed Sijelmassi, **Fès, cité de l'Art et du Savoir**
David Rouach (texte) et Jacques Adda (photographies), **Les Bijoux Berbères au Maroc** (dans la tradition judéo-arabe)
Samuel Pickens (texte) et Philippe Saharoff (photographies), **Les Villes Impériales du Maroc**
Narjess Ghachem Benkirane (texte) et Philippe Saharoff (photographies), **Marrakech, Demeures et Jardins secrets**
Katia Azoulay, Elsa Rosilio et Régine Sibony (texte), Liliane Benisty et Pierre Gailhanou (photographies), **Essaouira : Mogador, Parfums d'enfance**
Samuel Pickens, **Le Sud Marocain**
Nicole Levallois, **Les Déserts d'Égypte**

* *Disponible également en anglais.*

Directeur artistique et technique :
A.-Chaouki Rafif
Coordination éditoriale et iconographique :
Marie-Pierre Kerbrat
Introduction historique :
Professeur Jean-Louis Miège
Photographies :
Jacques Denarnaud sauf D.R., p. 25 ; RMN, p. 27 ; Scala, p. 28 ; Pym's Gallery, p. 29 ; Association pour la promotion de Tanger, pp. 41, 42 et 43.

© 1992, ACR Édition Internationale, Courbevoie (Paris)
(Art - Création - Réalisation)
ISBN 2-86770-055-8
N° d'éditeur : 1056/1
Dépôt légal : quatrième trimestre 1992
Tous droits réservés pour tous pays

Photogravure : Chromostyle, Tours
Composition et montage : Compo 2000, Saint-Lô
Imprimé en France par Mame Imprimeurs, Tours

TANGER

PORTE ENTRE DEUX MONDES

Jean-Louis Miège
Georges Bousquet

Photographies de
Jacques Denarnaud

Stylisme de
Florence Beaufre

ACR Édition

Sommaire

*Carte du détroit de la fin du XVIIe siècle.
Musée Forbes.*

Introduction historique	6

Origines — Tanger romaine — Tanger musulmane — Tanger portugaise — Tanger sous l'occupation anglaise — Un XVIIIe siècle marocain — Tanger « capitale » diplomatique, les commencements, 1788-1860 — Tanger et le voyage romantique, 1820-1880 — Tanger diplomatique, l'épanouissement, 1880-1914 — Tanger d'une guerre à l'autre. Le statut international — Le dernier éclat de l'internationalisme, 1946-1957 — Dernières mutations. Tanger entre deux mondes

Hercule ou Alexandre le Grand ? **Tanger, porte entre deux mondes, riche de tant de mondes**	46
Le bord de mer : de William Burroughs à Walter Harris	50
Dans les murs — Médina et Kasbah — avec René Caillié, Delacroix et Barbara Hutton	76
Le Marshan (hors les murs) avec Paul Bowles, les Scott et les débris de Paul Morand	128
Le paradis — pas encore perdu — de la Vieille Montagne : de la Rivière aux Juifs à la chaussée romaine	160
Les quartiers « neufs ». Californie, Campo Amor, le Palais des institutions italiennes, Villa de France, place du Faro : combien de mondes autour d'Ibn Batouta et de la mosquée Hassan II ?	190
Du Charf au cap Spartel	248
Bibliographie	284
Remerciements	288

Carte nouvelle
De
L'ISLE de CADIX & du
Detroit de
GIBRALTAR
MER
ATLAN
TIQUE
OU
OCCIDEN-
TAL
ANDALUSIÆ PARS
GRANADÆ PARS
La Sierra
Ronda
MALAGA
Cartama
Marbella
Estepona
Medina Sidonia
Rotta
Cadix
Sinus Gaditanus
Bay de Cadiz
Isle de Cadiz
Chiclana
C. Trafalgar
Tarifa
Algezir
GIBRALTAR
ECHELLE
DESTROIT [ESTRECHO] de GIBRALTAR
Lat.
FRETUM GADITANUM s. HERCULEUM
Germ.
STRASE von GIBRALTAR ou
't Nauw van de Straat
MER MEDITERRANÉE
Mont d'Abila
CEUTA
TANGER
TETUAN
Arzilla
Larache
AFRICAE PARS

Introduction historique

Origines

Toute ville de grand destin enveloppe ses origines de légendes. Autour de la naissance de Tanger les mythes foisonnent. Chacun rappelle un trait original de la ville : son site sur le détroit, entre la mer aux eaux bleues et l'Océan aux flots verts ; la qualité de son climat, méditerranéen et océanique, et la richesse de la flore qu'il entraîne ; le lien entre les limites de l'Afrique et celles de l'Europe ; les profits de son négoce et l'agrément de son séjour.

L'Arche de Noé s'y serait arrêtée, une colombe annonçant la terre ferme aurait arraché aux navigateurs le mot d'allégresse « Tindji », répété à tous échos et qui serait à l'origine de son nom.

Le géant Antée, fils de la Terre et de Poséidon, y avait son domaine, aux marges occidentales de la Méditerranée, qu'il défendait des intrusions. Il lui aurait donné le nom de son épouse ou de sa fille « Tinga ». Son ennemi Hercule, fils de Jupiter, le combattant, rompait d'un coup de glaive les monts qui unissaient le Nord et le Sud, créant avec le détroit les deux colonnes qui le dominent. Les grottes, voisines du cap Spartel, auraient accueilli son repos. Dans l'arc de Ceuta jusqu'à Larache, les jardins des Hespérides étendaient leur splendeur. Tanger même, « la plus belle ville du monde connu », offrait aux yeux émerveillés ses coupoles d'or

Sur le plateau du Marshan, un des plus anciens cimetières marins du monde : les tombeaux phéniciens. « Civilisations nous savons que vous êtes mortelles » (Paul Valéry).

et ses maisons d'argent. Ulysse, dans ses pérégrinations, fréquenta ses rivages.

Des ombres mystérieuses des légendes entrecroisées, la réalité historique n'émerge que lentement, par la longue découverte des vestiges laissés par les premiers habitants, soigneusement conservés au musée archéologique. La tradition fixe aux alentours de 1450 avant Jésus-Christ la venue des Phéniciens. Furent-ils les véritables fondateurs de Tanger ou s'installèrent-ils auprès de ces villages berbères, aujourd'hui disparus, dont les écrivains anciens signalent l'existence sur l'ensemble du Maroc ?

Fidèles à leur stratégie de chaînes de comptoirs, relais de leurs navigations méditerranéennes, les Phéniciens venus de Tyr et de Sidon n'établirent, à l'extrémité de leur monde commercial, qu'une simple factorerie, sans tenter de pénétrer dans l'arrière-pays, et encore moins de soumettre les populations locales à leur domination politique. Ces Phéniciens la considèrent comme une escale, semblable à toutes celles qui jalonnent leurs itinéraires maritimes et marchands, jusqu'à l'Atlantique. Il en sera de même pour leurs successeurs de la thalassocratie carthaginoise. Ils s'ajoutent plus qu'ils ne se substituent, vers 530 avant Jésus-

Aux Grottes d'Hercule. Mythes, méditation, mondanités. Gravure de R. Caton-Woodville. Musée de la Légation Américaine.

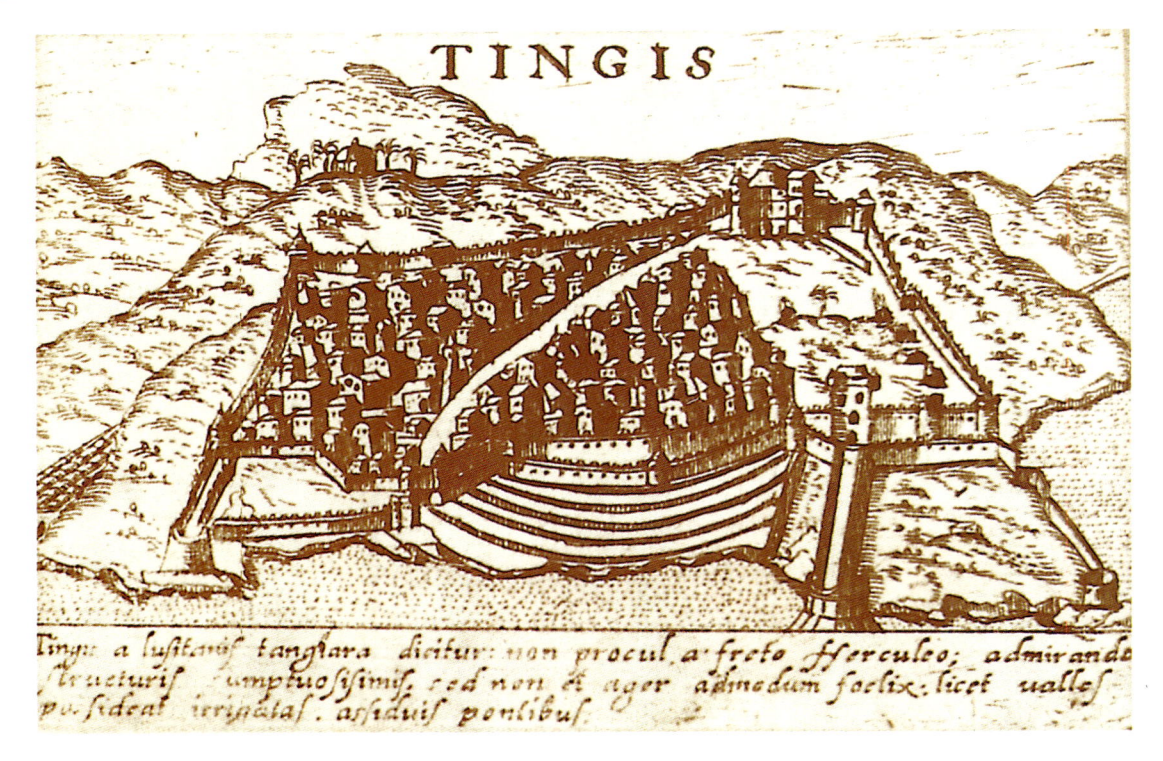

Tingis : la première citadelle de Tanger. Gravure ancienne. Musée Forbes.

Christ, aux marchands-marins phéniciens.

De ces longues présences demeurent des traces, notamment les tombes de style lybico-phénicien laissées sur les pentes du plateau de Marshan qui, annexe de la ville, d'époque en époque, lui servit de nécropole. Sédiments de civilisations disparues, elles attestent de la grandeur et de la fragilité des pouvoirs méditerranéens successifs pour lesquels Tanger reste le terme du monde fini, la porte des hasardeuses incursions dans l'Océan mystérieux et redouté.

Le périple d'Hannon, jusqu'aux îles Purpuraires, marque, irréfutablement, avec le franchissement des colonnes d'Hercule, l'entrée dans l'Histoire de l'Atlantique. Potentialité encore plus que réalité, mais qui place Tanger non plus en terme ultime, mais en étape à la croisée des routes Nord-Sud et Est-Ouest.

Tanger romaine

A la différence du Maghreb central et oriental (la Proconsulaire), le Maghreb occidental ne fut jamais entièrement romanisé. Tanger donna son nom à la Maurétanie Tingitane. Au carrefour des routes maritimes vers l'Est, et surtout vers le Nord, elle est au départ des deux grandes voies de pénétration intérieure. L'une, littorale, va jusqu'à Rabat, l'autre, dans les terres, à Volubilis par Oppidum Novum, l'actuel El Ksar el Kebir.

Le long de ces routes s'échelonnent les centres romains, petites villes ou bourgades, postes militaires ou gîtes d'étape. Tanger, port et capitale, Volubilis, grand centre de la puissance et de la civilisation romaine, concentrent l'essentiel de l'implantation de Rome.

Auguste érige Tanger en cité libre, Claude l'élève au rang de métropole en 42 après Jésus-Christ. Considérés comme citoyens romains, les habitants en ont tous les prestiges et les privilèges, en particulier celui de ne pas payer de tribut. Un procurateur romain regroupe le pouvoir militaire, judiciaire et administratif.

Comme port, Tanger est plus important que Lixus (dans un méandre du fleuve Loukkos, près de l'actuel Larache) ou que Tamuda (Tétouan). Les liaisons avec Rome se font essentiellement par l'Espagne. La province de Maurétanie Tingitane n'est-elle pas, pour Rome, « une marche militaire » qui couvre le flanc sud de la Bétique ? La demande, toutefois, suscite dans la campagne proche le développement de fermes, d'olivettes, de jardins, et de la grande culture du blé.

De cinq siècles de présence romaine, il ne reste à Tanger et dans ses environs que de rares vestiges apparents : débris d'aqueduc, morceaux de pont, chapiteaux et colonnes, aussi, incorporés dans des bâtiments plus récents. Par contre, les travaux de construction, les fouilles scientifiques ont révélé les richesses des substructions romaines : mosaïques dans les fondations de l'église espagnole, restes d'une ferme non loin du rempart sud, dans la partie basse de l'ancien cimetière juif, chambre sépulcrale dans les soubassements de l'ancienne Légation de France, abris funéraires, éléments d'une nécropole, inscriptions latines (épitaphes et dédicaces)...

Plus émouvants sont les objets retrouvés, témoins de la vie quotidienne : une fresque, des vases et lampes, des bijoux et des pièces de monnaie. Ils attestent de la vitalité de la cité romaine. Romaine ou berbère romanisée ? Le fond de la population, dont il est impossible d'évaluer l'importance, était constitué par les plus anciens habitants du voisinage, attirés par la prospérité du nouvel emporium. Par des négociants aussi, d'origines diverses. Creuset semblable à tous ceux où s'ancre, aux limites de l'Empire, la puissance de Rome. Parfois une subtile et brève impression née d'une lumière ou de l'ombre d'une colonne évoque, avec l'Imperium, la force et la fragilité des civilisations.

Dans le séculaire carrousel des pouvoirs, la domination romaine fléchit au début du Vᵉ siècle. Les marges occidentales de l'Empire tombent aux mains des Vandales. Dès 429, sous les ordres de Genséric, ils traversent le détroit, font des incursions plus ou moins durables en Maurétanie Tingitane, y trouvant des auxiliaires parmi les populations locales ardentes à secouer les rigueurs de l'administration romaine et à s'affranchir des rudes exigences de sa fiscalité. Dans ces tourmentes, Tanger perd de son importance au profit de Ceuta.

Le cycle habituel appelle une période de troubles, qui culmine avec la chute de l'Empire Romain d'Occident, en 476, puis l'écroulement de la domination vandale en 533. Byzance semble s'imposer un temps, mais c'est pour s'effacer, moins d'un siècle plus tard, devant les Wisigoths (621).

Des décennies d'histoire obscure sont coupées de fugitives émergences de la ville, lors de brillantes et fragiles reprises de son rôle administratif et portuaire. Tanger oscille entre le destin brièvement renoué d'une ville emporium et les longues somnolences d'un village berbère. On cherche en vain, dans ces « siècles obscurs », de troubles et de fureurs, une continuité urbaine.

Cette vie faite de contrastes restera sa marque ; aux riches heures arrachées au médiocre quotidien et aux brillances d'un temps succèdent les longs retours à la vie pastorale d'un marché rural.

Jusqu'au milieu du XIXᵉ siècle, elle vivra de ce double rythme, alterné ou composé. De cette fréquente immersion dans la campagne profonde, à la fois hostile et complice, elle doit un des éléments de son charme. Il en perdure aujourd'hui quelques réminiscences, lorsqu'au hasard d'une ruelle se rencontrent les Rifaines dans leurs vêtements traditionnels, quand le marché aux herbes s'alimente des « bourricots » ployant sous les charges aromatiques.

Tanger musulmane

Des siècles passés et des fastes évanouis, étaient demeurées des influences profondes, dépassant les conjonctures des pouvoirs éphémères et des fluctuations économiques. La ville, aux VIᵉ-VIIᵉ siècles, s'était intégrée au monde chrétien. Par ses habitants étrangers, par ses Berbères christianisés. De la juxtaposition du judaïsme, du paganisme et du christianisme nous ne savons guère, dans ce mélange de minces certitudes et de larges suppositions qui forment la trame de l'histoire de Tanger, avant que ne pénètre et ne s'impose l'Islam.

Lorsque Oqba ben Nafi vint en 682 au Maroc septentrional, il ne fit pas de conversions. Celles-ci commencèrent sous le gouvernement de Moussa ben Noçair, qui s'empara de Tanger en 707. Il en donna le gouvernement à un Berbère converti. Tanger devint foyer culturel où 27 écoles enseignaient le Coran et d'où rayonnait la loi musulmane sur les régions voisines.

C'est à Tanger que se concentre, au printemps de 711, l'armée de Tariq ibn Ziyad. Mais c'est à Ceuta qu'elle s'embarque pour l'Espagne en deux corps, l'un sous les ordres de Tariq lui-même, débarquant à l'extrême nord-est du détroit, l'autre sous le comman-

« Il fut grand voyageur et revint plein de sagesse ». Ibn Batouta est né à Tanger, en 1304, et il y est revenu mourir, en 1369, après avoir parcouru pratiquement tout le monde alors connu et l'avoir décrit pour l'édification des siècles à venir.
Est-il enterré ici ? Rien n'est moins sûr, mais ce qui compte, c'est qu'il a vécu et qu'il voyage encore dans nos rêves.

Tanger anglais vu par le graveur flamand J. Peeters, « Joyau d'une immense valeur d'un diadème royal » (Charles II, Westminter, 1662). Musée Forbes.

dement de Tarif ben Malek, prenant pied à l'extrême nord-ouest. Ce fut l'origine de Gibraltar (Djebal Tarik) et de Tarifa. La conquête musulmane de l'Espagne, puis sa défense, s'effectuèrent moins avec des contingents arabes qu'avec les Berbères des grandes tribus du Nord que cette mission guerrière poussait à la conversion. Celle-ci ne se fit pas sans troubles ni confusions. L'hérésie Kharidjite, un temps, triomphait à partir de Tanger, où elle réapparaissait périodiquement. Tiraillée entre les ambitions des Idrissides et celles des Omeyyades de Cordoue, la ville est sollicitée et par le Nord, foyer de la civilisation andalouse naissante, et par le Sud profond. Les émirs, puis califes d'Espagne ne cessèrent pas, pendant près de trois siècles, de recruter des contingents de troupes berbères pour la poursuite de la guerre sainte.

Sous le califat de Cordoue, instauré par Abd ar Rahman III (929), et pendant sa lutte contre le péril fatimide, les liens se resserrent entre les deux rives du détroit. Abd ar Rahman juge prudent de tenir les principaux ports du Nord marocain, possibles bases d'attaque contre l'Andalousie. Tanger est occupée et fortifiée, comme vient de l'être Ceuta et le sera Melilla. Tête de pont défensive, plus utile pour négocier des alliances antifatimides avec les tribus, que pour imposer son propre pouvoir. Exploitant de façon habile ces alliances, changeantes et fragiles, s'affirmant les intransigeants défenseurs de l'orthodoxie, qui permet à leur influence de déborder leur zone d'action politique, en faisant dire la prière en leur nom, les califes rattachent fortement le nord du Maroc au monde de l'Andalousie.

Dans les chroniques arabes, Ceuta et Tanger sont appelés les ports de la Terre de Passage (Berr el Medjaz). Le gouvernement des deux places, avec leurs territoires regardés comme les deux commandements les plus importants de l'Empire, sont confiés à des princes de la famille régnante.

L'effondrement du califat cordouan, en 1016, brise cette unité ainsi que celle de l'Espagne musulmane, désormais morcelée, dans l'anarchie, en principautés éphémères et rivales. Les affrontements de ces « rois chefs de bandes » (moulouk at taweif ou reyes de taïfas) font disparaître l'influence espagnole sur le Nord marocain, retourné à sa vie régionale ou cantonale, pour près d'un siècle. Jusqu'à l'avènement des Almoravides.

Ceux-ci enlèvent Tanger en 1077, en font de nouveau une de leurs bases d'intervention en Espagne. Les émirs de la nouvelle dynastie, comme les

Almohades qui leur succédèrent (1142) rétablissent l'unité des deux rives du détroit. Les influences hispaniques réapparaissent plus fortes et plus rayonnantes, avec l'épanouissement de la civilisation « hispano-mauresque ». Le nord du Maroc devient un élément de cette Andalousie, réelle et mythique, à laquelle Tanger entend désormais s'incorporer. Jusqu'à nos jours, avec l'apport des migrations volontaires et forcées, Tanger ne cessera de revendiquer une part de l'héritage glorieux de ce passé, riche de nostalgie et de rêves, d'Al Andalus.

Pendant deux siècles, Tanger redevient un des ports essentiels, unissant les parties africaines et européennes du royaume. Point de transit des troupes de Youssef ben Tachfine (1086) comme de Yacoub el Mansour (1196), elle devient, épisodiquement, grand camp militaire et demeure, constamment, cité maritime active, dans la guerre et dans la paix. Elle est arsenal, fournissant des navires de guerre et de transport des contingents militaires. Elle s'élève, avec Salé, au rang de principal port de commerce du pays, exportant, comme jadis, les laines et les peaux, mais plus que naguère la cire et les fruits, important les tissus et les armes.

Un temps retombée dans l'indépendance lors de la crise de succession almohade, elle rentre dans les grands circuits commerciaux quand le sultan mérinide, Yaqoub, l'enlève, après un rude siège de trois mois (1274).

Comme sous les Almohades, Tanger mérinide demeure le lieu de concentration des troupes destinées à l'Espagne, redevient un port de commerce, bien que concurrencé par ses éternelles rivales Ceuta, Tétouan, voire Ksar es Sghir. Elle retrouve, coupée de périodes de troubles, sa brillante carrière de grand marché du Maghreb occidental, l'emporte, en certaines années fastes, sur ses voisines. Les commerçants y viennent, et les marins de tout horizon. La voici à nouveau emporium que fré-

Vue de Tanger d'après une gravure ancienne. Musée Forbes.

La construction du môle. Vue de la plage du château d'York devenu le borj de Dar el Baroud. Musée Forbes.

quentent les Italiens (Vénitiens et Gênois surtout), où se côtoient — encore et déjà — juifs, musulmans et chrétiens, négociants de forte assise et aventuriers de toutes eaux, solides comptables de la réalité des espèces sonnantes, et pêcheurs de lunes embarqués dans les chimères qu'inspirent les fonctions nouvelles de la ville tout autant que les légendes de son passé et les potentialités de son futur.

C'est dans ce milieu cosmopolite, mais dans une famille de forte culture islamique, que naît, en 1304, Ibn Batouta, le plus illustre des voyageurs musulmans, un des plus célèbres de tous les temps. Il y forge sa personnalité, acquiert sa formation d'alim jusqu'à son départ pour La Mecque en 1325. Après avoir parcouru plus de 100 000 kilomètres à travers le monde, de Tanger au Proche-Orient, de l'Asie centrale à l'Afrique orientale, de l'Inde à la Chine, il revient mourir en 1368 à Tanger où est conservé son tombeau.

Cité bourgeoise et d'étude, Tanger est avant tout ville frontière. Elle peut échapper d'abord aux Portugais, lancés dans leur grande aventure de croisade mercantile, et installés à Ceuta en 1415. C'est la Tanger guerrière, flanquée de défenses et gorgée d'hommes d'armes. En 1433, en 1464 encore, les assauts portugais sont repoussés.

Puis, comme épuisée de cette longue résistance, elle s'abandonne, en 1471, aux conquérants chrétiens du nord-ouest.

Tanger portugaise

Avec l'occupation portugaise, Tanger entre dans l'histoire océanique, qui était une des invitations de son site. Elle est en partie happée dans les circuits atlantiques, comme elle avait été, pendant les siècles antérieurs, liée aux destinées méditerranéennes.

Don Ruis de Melo reçut le commandement militaire de la place ; le prieur de Saint-Vincent de Lisbonne y fut nommé évêque. Guerre et foi.

Tanger portugaise, ce sont plus de deux siècles d'un catholicisme ardent, d'un renfermement quant à l'intérieur, qu'à peine relâche parfois la pression un temps suspendue des tribus, c'est l'extraversion vers l'ensemble impérial portugais. C'est aussi la saudade, la nostalgie lusitanienne, indéfinissable, consubstantielle à ce peuple si gai et si triste, transportée en terre d'Afrique. Poussées d'activité et temps de langueur. Médiocre quotidien entre le rêve de grands espaces atlantiques et l'ancrage dans la sûreté des remparts que bat le double flux des vagues océanes et des tribus.

Une fois encore Tanger vit de ce double rythme qui ponctue le temps de la ville : la brusque et momentanée activité marchande ou guerrière d'un port militaire, le long enlisement dans l'immuable d'une existence de bourgade provinciale.

C'est non loin de la ville, sur les bords de l'oued el Mkhagen, que la bataille des Trois Rois brise, en 1578, le rêve marocain du Portugal. La mort du roi Sébastien alimente le mythe militariste du sébastianisme, du retour sur terre du souverain rédempteur : faisant d'une défaite l'espérance d'une renaissance ultérieure.

Le souvenir du désastre engendre dans la mémoire collective et la culture portugaise « silence, dénégation, affabulation ». Le sébastianisme imprègne l'inconscient portugais jusqu'à nos jours. De cette humeur lusitanienne, attente et chagrin, manque et désir, fougue et langueur, Tanger n'est point sans garder quelques empreintes.

Les Portugais, comme dans toutes leurs places, y construisent beaucoup. Et bien. L'essentiel du principe de l'appareil défensif, dont il reste bien plus que des vestiges, leur est dû.

La réunion du Portugal à l'Espagne, en 1581, ne change guère la situation de la ville qui vit de plus en plus repliée, perdant progressivement son activité portuaire au profit de son rôle de forteresse.

La famille de Bragance, en 1640, délie le Portugal de la domination espagnole. Trois ans plus tard, une révolution pacifique à Tanger replace la ville sous la suzeraineté portugaise. Mais ce dernier acte n'ouvrait qu'une période d'anarchie au milieu des troubles dans lesquels s'accélère la décadence des Saadiens et se prépare l'avènement de la dynastie alaouite. Le raïs Ghailan attaque et assiège la ville en 1651, à nouveau en 1653 et 1654, puis encore en 1657. C'est de l'extérieur, pourtant, que vient la fin de la Tanger portugaise, de la volonté géo-stratégique et de l'initiative d'une Angleterre en pleine expansion maritime et commerciale.

Tanger sous l'occupation anglaise

Bien qu'elle ne séjournât jamais dans la ville, on est tenté d'y évoquer l'image de l'infante Catherine de Bragance. A la demande de son prétendant, Charles II d'Angleterre, elle apportait Tanger en dot (dans le contrat du 23 juin 1661).

Occupée aux premiers jours de 1662, la ville changea de visage et d'âme. Les Portugais furent expulsés, toutes leurs églises, sauf une, détruites. Tanger tomba sous la rude férule britannique. Ce fut comme une répétition générale de ce qu'elle allait faire trente ans plus tard de Gibraltar. Face au rocher anglais, que l'on distingue par beau temps des terrasses de la haute ville, on peut rêver du destin d'un Tanger développé à l'image de sa voisine.

Que l'acquisition de Tanger ait été contemporaine de la vente de Dunkerque à la France n'est pas coïncidence chronologique et a plus que valeur de symbole. Les mers du Sud n'étaient-elles pas devenues les sources des nouvelles richesses et les deux grands axes de navigation de la Méditerranée et de l'Atlantique ne se recoupaient-ils pas au large de Tanger, surveillant et le détroit et le grand arc de la « Méditerranée atlantique » ouvert de Lisbonne à Salé ?

Comme ils le feront sur l'autre rive, les Anglais voulurent que Tanger soit forteresse et emporium. Ils y construisirent beaucoup, dans l'art de la guerre et dans celui du négoce.

La garnison était importante, autour de 4 000 hommes. Le pragmatisme britannique tira d'abord parti de l'appareil de défense des Portugais. Les fortifications anciennes furent complétées de nouveaux bastions rendant, aux dires d'un témoin, « la ville imprenable ».

Les Anglais espéraient en faire aussi une ville de négoce de large franchise (a Merchant City). Ils établirent à grands frais un môle important, avec un sens aigu des conditions nautiques de l'époque. Il était l'amorce d'un grand port « pouvant attirer les navires marchands de tous les pays ». Les habitants civils se comptaient plus nombreux qu'ils ne l'avaient jamais été. Aux familles de militaires, anglais et irlandais, protestants et catholiques, s'ajoutèrent les fonctionnaires, souvent

« Et Tanger devint marocaine ». Dès qu'il fut maître de Tanger, le pacha Ali ben Abdallah er Riffi (1684-1713) renforça le système de défense de la ville à partir des anciennes fortifications portugaises et anglaises.

La citadelle anglaise vue du plateau de Marshan. Dessin anonyme de 1760. Musée Forbes.

de haute figure, largement emperruqués, comme les représentent les tableaux de l'époque. A Londres, un Comité spécial des Affaires de Tanger, subordonné au seul Conseil privé, était chargé de faire exécuter toutes les mesures relatives à l'administration, aux finances et au ravitaillement de la place. L'homme-clef en était le trésorier. Le poste en fut confié, de 1665 à 1680, au respectable et irrespectueux Samuel Pepys, qui consacra à ces fonctions quelques pages de son savoureux et sulfureux *Journal*.

Six navires de guerre étaient entretenus dans le port. Vinrent les marchands et les marins. La ville accueillait libéralement les étrangers. Il y demeure quelques Portugais, des Français bannis de Cadix s'y réfugient en 1677, les Italiens viennent nombreux, surtout les Gênois, employés ou capitaines de navires, s'arrêtant pour commercer ou faisant escale sur le chemin du Portugal ou de la côte ouest du Maroc. Débarqués de leur tartane, de leur polacre ou de leur mistik, ils côtoyaient dans les ruelles les nombreux juifs du pays, ou venus du Portugal et de la lointaine Amsterdam. On entendait parler l'anglais, la « lingua franca » méditerranéenne, parfois l'espagnol, presque jamais l'arabe ou le berbère, les musulmans étant quasi absents dans la place. La démocratie s'ancra dans l'établissement, en juin 1666, d'un conseil municipal (composé d'un maire, de six adjoints et de douze conseillers), auquel tous les habitants chrétiens étaient éligibles.

Les changements linguistiques, culturels, religieux et administratifs s'exprimèrent dans un nouveau dessin interne de l'espace urbain. Les Anglais transformèrent toutes les maisons, « les aimant vastes et confortables », faisant de deux ou trois habitations portugaises une seule demeure. Les jardins intra-muros prirent la place des plus anciennes constructions. Multipliés, ils ne suffirent pas au goût britannique de la nature. Les Portugais n'avaient pas hasardé un pas hors des murailles. Les Anglais s'emparèrent des terrains proches, lieux de promenade et de sport, protégés de quatorze forts extérieurs, distincts du corps d'ensemble de défense de la ville.

En fait, derrière cette activité de marchands bâtisseurs et de marins guerriers et cette façade de saine administration et de large vie « coloniale », se révèle une réalité médiocre, relevée d'une assez belle anarchie.

Les pouvoirs se querellent. Le rêve de Charles II de faire de Tanger « la place la plus importante du roi dans le monde », l'idée qu'elle « pourrait être regardée comme un joyau d'une immense valeur dans le diadème royal » apparaissent pure illusion. Le négoce végète. La population stagne ou décroît. En 1676, la garnison ne dépasse guère 1 500 hommes, la population civile 700 personnes (514 Anglais, 130 étrangers, 51 juifs et 5 musulmans).

Le paradoxe — trait bien tangerois — marque son existence. Géographiquement, elle fait partie du Maroc. Politiquement, elle appartient au roi d'Angleterre. Administrativement, elle relève de deux autorités. Financièrement, elle dépend des décisions des Communes. Religieusement, elle est officiellement protestante, officieusement en majeure partie catholique. Port sans hinterland, elle ne vit que du ravitaillement extérieur, ne peut écouler les produits importés « qu'en sournoise manière ».

Sur ce que doit être sa vocation, les avis divergent. Les stratèges n'y voient que l'intérêt du contrôle naval du détroit. Les commerçants font des calculs différents, mais s'opposent les uns aux autres. Les hardis spéculateurs de longue vision plaident pour de lourds investissements, de large profit différé ; les prudents comptables des bilans annuels sont vite effrayés par les déficits dont ils doutent des lendemains prometteurs. En 1684, ces derniers l'emportent. Le Parlement dénonce la mégalomanie de Charles II, refuse les crédits nécessaires à la survie d'une place qui vit au-dessus de ses moyens et dont plus de vingt ans d'efforts n'ont eu pour résultat que de souligner l'incertitude de l'avenir.

Au vrai, le débat est plus complexe. Abandonner Tanger, c'est renouer avec le Sultan et s'assurer une part prépondérante dans le commerce maritime du Maroc. C'est aussi déjà songer au substitut de Gibraltar jugé mieux placé. A la fin de 1683, les préparatifs d'évacuation s'achèvent. Les bourgeois embarqués, la garnison pressée par 7 à 8 000 combattants marocains, s'acharne à détruire les bastions, le môle, à démanteler en partie les murailles. Les Anglais font place nette comme s'ils voulaient effacer toutes les traces de près d'un quart de siècle d'occupation, d'espoirs et de travaux. Les derniers soldats abandonnent la place le 15 février 1684.

Brusquement, réoccupée par le Sultan, la ville sort du théâtre international.

Un XVIIIe siècle marocain

Pour près d'un siècle, Tanger n'est plus qu'un port mondial négligeable, un port national fort secondaire. Instruit par près de trois siècles de présence européenne, craignant de nouvelles entreprises étrangères (Louis XIV n'envisage-t-il pas en 1686 le bombardement de la ville, voire sa prise ?), le gouvernement marocain sacrifie le négoce à la sécurité.

Aussitôt maître de Tanger, le pacha Ali ben Abdallah s'attache à sa défense. Les remparts sont renforcés à partir des restes des anciennes fortifications portugaises et anglaises. Leur armement est rénové par des livraisons hollandaises. Elle devient, dans la correspondance makhzen « Tanger la bien gardée ».

La Kasbah retrouva fière allure. Mais la ville semblait flotter dans ses remparts. Elle ne comptait pas 4 000 habitants. La garnison, plus nombreuse que la population civile, oscillait autour de 3 000 soldats, en partie abid noirs des nouvelles troupes Bokhari, en partie soldats du guich complétés d'artilleurs, pour grand nombre anciens chrétiens convertis, et de marins.

Comme ville de garnison, elle servit de base aux reconquêtes marocaines des places du Nord, Larache reprise en 1690, Azilah en 1691, et de base arrière du long siège (14 ans) de Ceuta levé, sans succès, en 1727. En double signe de reprise politique de la ville et de sa réintégration dans la communauté des croyants, Moulay Ismaïl fit élever et le palais (le Dar el Makhzen) et la grande mosquée. Témoignage du renouveau. Modeste, la ville se recons-

Tanger au début du XIXe siècle. Dessin de Wells. Musée Forbes.

truit et se repeuple lentement. L'éclat de Tétouan éclipse ses timides recommencements. Le consul de France désigné pour Tanger en avril 1685 (P. Estelle) rend compte dès son arrivée de l'inutilité de son poste dans une ville « sans intérêt maritime ou commercial ». Il choisit de résider à Tétouan et obtient son transfert officiel, dûment justifié, le 31 octobre 1685.

Commercialement, le port vit essentiellement des relations avec Gibraltar qu'il alimente en vivres frais. Nombreuses sont les légères embarcations qui font, aussi, l'intercourse avec les petits ports de l'Espagne. Tout est petit, désormais, dans ce négoce : les bâtiments, felouques, tartanes, barco, de quelques tonneaux ; les échanges, couffes de fruits et de volailles en retour de petits lots de tissus et de menus objets fabriqués. Rares sont les navires européens qui s'y hasardent, venant du Ponant, surtout de Cadix, avec des piastres échangées contre de

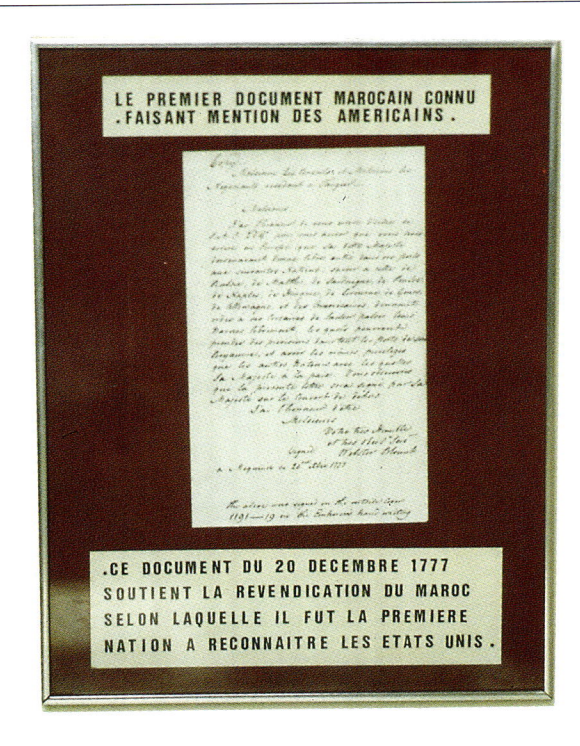

LE PREMIER DOCUMENT MAROCAIN CONNU FAISANT MENTION DES AMERICAINS.

CE DOCUMENT DU 20 DECEMBRE 1777 SOUTIENT LA REVENDICATION DU MAROC SELON LAQUELLE IL FUT LA PREMIERE NATION A RECONNAITRE LES ETATS UNIS.

la cire, ou du Levant, de Marseille, qui troque les soieries contre les cuirs, de Gênes et de Livourne. Anglais et Hollandais fournissent les armes et la poudre que les catholiques s'interdisent officiellement de livrer.

Le fier alignement, dans les jardins de la Mendoubia, des canons de bronze, en majeure partie d'origine espagnole ou portugaise, provenant autant d'achats que de prises et de dons, témoigne des accommodements traditionnels du négoce entre l'intérêt et les rigueurs de la foi.

Un chiffre souligne ce rôle effacé du port de Tanger dans la vie maritime du pays. Sur 1 020 navires entrés à Marseille en provenance du Maroc pendant le siècle (1686-1789), 9 seulement viennent de Tanger (moins de 1 %), alors que 321 arrivent de Sainte-Croix (Agadir), puis Mogador, 262 de Rabat-Salé, 183 de Safi. Les proches rivales, Tétouan et Larache, en fournissent respectivement 85 et 59 ; ce sont les véritables ports du nord et de la capitale.

En 1701, le consul de France J.B. Estelle conclut son *Mémoire sur le Maroc* par le triste constat : « La ville et le port de Tanger sont ruinés et n'offrent pas grand intérêt. » En écho, quelque soixante ans plus tard, en 1767, Louis Chénier constate : « Il ne s'y fait aucun commerce si ce n'est celui des Anglais qui viennent s'y approvisionner (...) et on n'a pas connaissance qu'il y ait aucun établissement européen. »

Toutes les données si favorables de la situation et du site demeurent inexploitées pour des raisons géostratégiques et politiques. Le cas n'est pas unique dans l'histoire de la ville.

Politiquement et militairement, elle demeure importante pour le pays. Tanger est surtout port de guerre. Sa position en fait un lieu de refuge des corsaires salétins, harassés des longues croisières atlantiques, arrêtés par les brusques sautes des vents ou menacés par les frégates européennes. Ils s'y refont, attendant la montée du Levante ou sa chute pour passer à Larache ou à Tétouan. Les deux ports demeurent, avec Salé, les principaux arsenaux, et Tanger n'en est que la médiocre annexe. C'est à Tétouan que les navires mouillant à Tanger doivent faire viser leurs papiers (manifestes et patentes) ou quérir leur passeport de course.

A la fin du siècle, Tanger reprend quelque importance économique. Les Anglais ont fait de Gibraltar une forteresse, mais surtout un immense entrepôt des objets de leurs manufactures et des produits exotiques reversés sur toutes les places de la Méditerranée occidentale. Une sorte de symbiose s'établit entre les deux villes en relations constantes. C'est par Tanger que s'introduit alors, du marché anglais voisin, le thé vert, cet étranger devenu symboliquement si marocain.

L'histoire intérieure de la ville reste en partie mal connue. Le fils et successeur du premier gouverneur marocain Ali ben Abdallah, Ahmed ben Ali, administre avec la ville la vaste région contiguë, de 1713 à 1743. S'il ne peut que par intermittence s'imposer et séjourner à Tétouan « la policée », rétive aux rudes méthodes du gouverneur et de ses troupes de bédouins, il administre d'une main de fer Tanger et sa province. Son pouvoir sans limite donne aile à son ambition. Dès 1731, il tend à s'affranchir de l'autorité du Sultan Moulay Abdallah contre lequel il entre en rébellion ouverte en 1737, coupant les pistes des caravanes chamelières reliant Fès et Meknès à Larache et Tétouan. En 1738, il s'empare de ce dernier port. Sa puissance s'en renforce et sa domination s'étend aux limites du Gharb et, au-delà, jusqu'aux portes des capitales... Son rêve se brise, en 1743, dans les champs voisins d'El Ksar el Kebir, où ses troupes, défaites par celles du Sultan, se débandent. Il meurt sur le champ de bataille, le 26 juillet. Avec sa disparition, c'est le projet d'un royaume indépendant de Tanger qui s'évanouit.

Le Sultan entre dans la ville aux abords de laquelle l'attendent les notables, demandant, des corans sur la tête, qu'il voulut bien leur accorder vie sauve et pardon.

L'inventaire des biens confisqués du pacha Ahmed ben Ali aurait duré quarante jours, révélant l'immense étendue de ses richesses mobilières, immobilières et foncières, urbaines et rurales.

Les années suivantes ne sont à Tanger et dans la campagne proche que confusion et fureur. Les gouverneurs, issus de la même famille Abdessadaq, sont marqués d'un destin tragique. Abdelkrim a les yeux crevés en 1748 avant d'être destitué par un prétendant éphémère ; son neveu et successeur est arrêté en 1756, dépossédé de tous ses biens, exilé. Au cours des décennies suivantes le Makhzen sépare l'administration de la ville de celle de la région, les oppose pour les mieux contrôler.

Ce n'est que dans les années 1775-1785 qu'à nouveau le destin de la

D'une rive atlantique l'autre. Le Maroc est le premier état à reconnaître l'indépendance des nouveaux États-Unis d'Amérique le 20 décembre 1777. Lettre de Wester Blont, consul hollandais à Salé, de la part du sultan Sidi Mohammed ben Abdallah. Musée de la Légation Américaine, Tanger.

Place de la Kasbah, Bab Al Aasa où les condamnés étaient bastonnés avant d'être emprisonnés dans l'enceinte du Palais du Sultan, aujourd'hui musée.

Le Sultan Mohammed ben Abdallah (1757-1790). Archives Royales.

ville s'infléchit. Au milieu des conflits, des destitutions, des affrontements nés d'une dyarchie source de conflits et d'impuissance administrative, les embellies apparaissent. Les capitaux tétouanais aident à une reprise des affaires, surtout du négoce international source d'une certaine opulence dont témoignent les constructions nouvelles, en particulier celle de la medersa autour de 1775.

Le Sultan regroupe à nouveau le gouvernement de Tanger et celui de Fahç en 1778. En 1786, enfin, un ordre du Makhzen invite le pacha à convoquer tous les consuls chrétiens résidant dans la ville pour leur notifier « la liberté de tout commerce dans le port » et les convaincre d'encourager les marchands à « venir à Tanger pour y négocier afin que Tanger fleurisse tout comme la ville de Mogador ». Peu après, le Sultan invitait les puissances à établir dans la ville leur représentation consulaire principale.

C'était l'acte de naissance de sa vocation « diplomatique ».

Tanger « capitale » diplomatique, les commencements, 1788-1860

Le Sultan Sidi Mohammed ben Abdallah, pour hâter le transfert des consulats de Mogador et Rabat à Tanger, avait offert de faciliter l'installation dans la ville des agents européens. Par lettre solennelle aux Etats généraux des Pays-Bas, il leur fit don, le 5 mars 1786, pour loger le consul Welster Blount, de longtemps implanté à Es Saouirah, « d'une des plus belles maisons de Tanger », à condition que ce soit désormais par ce port que « passe toute demande ou réclamation de leur part ». Le transfert, par suite des réticences du consul et dans l'attente de l'achèvement des travaux, ne se fit qu'en 1788. C'était dans les faits le début du rôle international que la ville allait assumer pendant plus d'un siècle et demi.

La France avait été une des dernières puissances à se soumettre à l'injonction du Sultan. Les bouleversements administratifs de la Révolution retardèrent jusqu'à la fin de 1795 la fixation de son consulat général à Tanger, confirmée « de préférence à Salé (Rabat) en messidor an V » par Charles Delacroix, chargé des Affaires étrangères du Directoire et père du peintre qui, quelques décennies plus tard, illustrera la ville.

Le consulat de France qui portera, entre 1800 et 1807, le titre de « Commissariat général des relations commerciales », fut confié à Guillet, jusqu'à son décès sur place en juin 1804, puis à N.A. d'Ornano et, de 1815 à 1828, à Sourdeau. A la mort de celui-ci, l'intérim sera assuré, pour plus de quatre ans, par l'éminent arabisant J.D. Delaporte. C'est lui qui accueillit René Caillié, de retour de son voyage à Tombouctou, dans le secret d'une nuit de septembre 1828, et le fit embarquer subrepticement sur une goélette française de la station de Cadix.

Les Etats-Unis ayant nommé leur premier représentant, James Simpson, en 1797, la ville comptait, aux premiè-

Le port de Tanger en 1860, dessin de H.J. Johnson d'après une photographie de A. Noël. Musée Forbes.

res années du siècle, lorsqu'elle fut visitée par Badia (1803) et par Burel (1806), huit consuls généraux. Ils résidaient tous à l'intérieur de la cité, à proximité de la rue principale, la rue des Syaghyn (des orfèvres), l'artère maîtresse historique de la ville.

Le consulat de France, d'assez médiocre venue, fut impudemment abandonné pour la belle maison appartenant au consulat des Pays-Bas, que le gouvernement français avait fait saisir, en 1810, lors de la mainmise sur la Hollande, et qu'il conserva malgré les démarches pressantes de La Haye.

Le consulat de Suède était célèbre pour sa terrasse, d'où les visiteurs de marque contemplaient « avec ravissement la vue sur la ville et la baie, les collines voisines à l'est et, au nord, à travers la mer bleue du détroit, les côtes de l'Espagne depuis le mémorable cap de Trafalgar jusqu'au roc de Gibraltar » (Washington, 1829).

Quelques consuls disposaient de « quintas », maisons de campagne aux vastes jardins, dans les environs immédiats à portée des remparts. Les plus célèbres étaient celui du consul général de Suède, Shousboue, témoin de sa passion de botaniste au renom international et celui du Danemark, Carstersen, qui devint à partir de 1845 la résidence d'été du représentant britannique, Hay. Il transforma en vaste maison « à l'anglaise » le modeste pavillon qu'il occupait : « Rockswilder » devint un des centres du Tout-Tanger politique.

Le corps diplomatique s'étoffa après 1820 de nouveaux représentants. La Sardaigne y remplaça ses agents officieux par un consul général, dûment agréé en octobre 1822. Suivant l'usage, le caïd lui remit une maison du gouvernement où fut arboré le pavillon de Savoie jusque-là élevé sur le toit du consulat britannique. Le royaume des Deux-Siciles, qui avait naguère placé la ville de Tanger dans la juridiction de son consulat de Gibraltar, l'en détacha en octobre 1825 pour y ouvrir, au début de 1826, un consulat autonome.

En 1830, dix nations étaient officiellement représentées dans la ville et y faisaient flotter leur pavillon. Le nombre en demeura sensiblement le même jusqu'aux années 1870, ne s'accroissant que de la représentation belge en 1855, mais perdant le consulat des Deux-Siciles au lendemain de l'unification italienne (1860).

Les consuls vivaient dans un climat fait d'intimité et de solitude, de solides amitiés et d'aigres inimitiés. Ils avaient pris, dès 1792-1793, à la demande même des autorités marocaines, l'habitude de se réunir en « junta », ou conseil, sous la présidence alternative de chacun d'entre eux, désigné « consul du mois ». Délibérant des problèmes généraux concernant le commerce extérieur ou la navigation, ils faisaient corps, face aux administrateurs de la ville — le pacha, son khalifat et les deux administrateurs de la douane — dans la défense de leurs privilèges et de ceux de leurs nationaux, soustraits à la juridiction locale.

Ils défendaient aussi âprement leur immixtion dans la surveillance sanitaire et l'établissement des mesures de quarantaine. L'ingérence du conseil dans ce domaine s'était tôt manifestée. La terrible épidémie de 1798, qui devait décimer la ville, avait justifié ses représentations et lui avait valu la reconnaissance officielle par le gouvernement marocain de son pouvoir d'intervention. Décision de portée juridique et historique considérable. Elle impliquait le premier abandon d'un droit souverain au profit du corps des représentants étrangers. Elle jugeait ceux-ci comme étant tous également impliqués en tant que membres d'une « entité internationale ». En 1818-1819, l'inobservation des recommandations de quarantaine édictées par le conseil sanitaire européen ayant été responsables de la peste qui enleva plus de 20 % de la population, son autorité s'accrût de l'immensité de la catastrophe.

A plusieurs reprises, en 1825, en 1831, le Sultan autorisa expressément le corps consulaire de Tanger « d'avoir inspection comme conseil sanitaire de la santé publique dans les ports du Royaume ». En 1834 il étendit son pouvoir « au contrôle même des débarquements des Marocains », ce qui était, en clair, lui permettre d'intervenir dans l'organisation du pèlerinage maritime aux lieux saints d'Arabie.

A la suite de pressions des consuls, en 1836, d'une mission de Segur-Dupeyron, secrétaire du conseil supérieur de la santé de France, en 1839, le sultan Moulay Abderhaman accepta, le 13 août 1840, un règlement établi par les « Agents des Puissances Chrétiennes accréditées près de Sa Majesté de l'Empire du Maroc ». Il devint la charte organique « du corps des consuls établi en Conseil Sanitaire », chargé, en termes formels, de « veiller au maintien de la santé publique sur le littoral de l'Empire (...), de faire tous les règlements et de présenter toute mesure à cet effet ».

Les pouvoirs du Conseil Sanitaire se conforteront au cours des années, comme s'étendront les domaines de sa compétence. Elle finira, avant la fin du siècle, d'englober toutes les questions touchant à l'hygiène dans les ports marocains.

Enfermés dans la monotonie du temps assoupi de Tanger, coupés du monde auquel ne les reliait que la felouque courrier hebdomadaire, entretenue à frais communs entre Tanger et Tarifa, ne recevant de ce port ou de Gibraltar que de rares nouvelles défraîchies, les consuls s'adaptaient en maugréant. Installés pour la plupart avec leur famille, ils avaient établi les règles d'une vie sociale, au rituel minutieux fondé sur leur statut, les règles du savoir-vivre du temps, les conditions particulières de l'enfermement tangerois. Chacun trouvait refuge dans une distraction personnelle : la peinture, les recherches historiques, la chasse dans la campagne voisine...

Unis dans la même vie, ils se heurtaient parfois dans de brusques querelles nées de l'ennui, des vanités de fonction, des susceptibilités nationales ou des rivalités d'influence. Les affinités ou la politique les voyaient se regrouper aussi, en camps adverses, sans que les convenances, si prégnantes, fussent toujours assez puissantes pour empêcher les éclats.

Entre 1820 et 1830, l'écho des luttes européennes entre principes libéraux et autoritaires résonna à Tanger. Derrière le consul français, le parti de « l'ordre » s'opposa fortement à celui du « progrès » à propos de l'accueil des réfugiés politiques et du comportement à réserver aux corsaires colombiens insurgés contre le pouvoir réactionnaire de Ferdinand VII d'Espagne.

Tanger la marocaine avait, de tout temps, servi de havre aux réfugiés politiques : huguenots français chassés par l'Édit de Nantes, émigrés de la Révolution, échappés des pontons anglais de Cadix. Un nouveau lot arriva dans les années 1820, avec l'échec des libéraux espagnols. L'expédition française des

La Kasbah de Tanger à la fin du XIXe siècle ; le méchouar des Khalifas, le grand méchouar et le Bit el Mal, Musée Forbes.

21

« cent mille fils de Saint Louis » en Espagne enfla le flot des fugitifs. Ils furent plusieurs dizaines à chercher asile à Larache et, surtout, à Tanger.

Les consuls et la population européenne se divisèrent pour les aider ou pour dénoncer leurs intrigues. Certains rêvaient en effet de conspiration, coup d'Etat, expédition de reconquête à partir des rivages andalous. Les autorités de Gibraltar leur prêtaient l'oreille, comme elles aidaient les corsaires colombiens. De 1816 à 1826, des navires armés en course sous le pavillon des insurgents faisaient dans le détroit et au large des côtes espagnoles la chasse aux navires de Ferdinand VII. Ils trouvaient bon accueil dans la rade de Tanger et une complicité intéressée de la part des autorités marocaines. Il fut un temps envisagé de faire accepter par le Sultan l'ouverture à Tanger d'un consulat de Colombie. Le Makhzen y voyait une source de nouvelles donatives, voire d'un tribut.

Pendant plus d'une décennie, Tanger fut ainsi, aux marges de l'Europe de la Sainte-Alliance, un centre d'activité politique libérale, accueillant quelques révolutionnaires illustres, Valdès, Cugnet de Montarlot...

La galerie des portraits des consuls généraux ne manque pas de hautes figures. La place du Petit Socco, centre de l'activité urbaine, voit passer, précédé de son garde, le sombre consul de France Sourdeau, remâchant les chiffres de ses comptes embrouillés et les soucis de sa perpétuelle impécuniosité ou, allègre, le consul anglais Hay allant chercher quelques compagnons de chasse au sanglier.

La « dynastie Hay » domine la vie politique et sociale de Tanger pendant près de trois quarts de siècle. L'« ancêtre » est E.U. Drummond Hay, arrivé à Tanger en août 1829. De grande culture, il reçoit dans la vaste bibliothèque installée dans la plus belle maison de Tanger, où il lit le grec et le latin dans le texte, est attentif à tous les incidents de la vie marocaine dont il passe, dans les années 1840, pour le meilleur connaisseur.

Son fils John, qui lui succède en 1845, représentera pendant quarante-deux ans la Grande-Bretagne au Maroc (jusqu'en juillet 1886) et restera, jusqu'en 1891, l'inspirateur officieux de sa politique. Il partage son temps entre la confortable maison du consulat général, devenue Légation en 1867, meublée à l'anglaise et décorée de trophées de chasse, « de la dépouille du lion royal au sournois jaguar », et sa villa de campagne, à six kilomètres du centre de la ville, où il passe l'été. Fils et petits-fils occupent des postes consulaires sur la côte, à Tétouan, à Rabat. Des alliances matrimoniales se nouent dans le monde consulaire. Pendant plus de soixante ans une seule famille incarne et défend les intérêts britanniques au Maroc, domine la vie tangeroise. Mademoiselle Hay réunit une remarquable collection de tableaux et d'aquarelles sur la ville au XIXe siècle. Cet « anglo-marocain », comme ses partenaires, mi-admiratifs, mi-critiques, aimaient à appeler D. Hay, devient un « monument ». Tout nouveau venu lui rend visite, après avoir salué le consul-président du mois, écoute ses conseils, où se partagent l'humour, l'exceptionnelle connaissance des hommes, la perception des rouages intimes des forces dominantes du Tanger officiel et officieux. On estimait « qu'après le Sultan et le Cherif d'Ouezzane, c'était la puissance politique la plus importante du Maroc ».

La rue montante de la Kasbah s'animait lors des visites officielles, à l'occasion des fêtes religieuses, de l'arrivée d'un consul, de la présentation d'un diplomate en mission sur le « chemin des ambassades » de Tanger, où il fallait faire un séjour de convenance, à Fès ou Meknès. Les badauds se massaient à la porte Sud lors du départ, en grand arroi, de la caravane officielle. Uniformes chamarrés des diplomates, suite des compagnons de route européens, parmi lesquels ressortent les brillantes tenues militaires, troupes bigarrées des soldats du convoi, désordre apparent des chameaux de charge. Voici le départ de Sourdeau, en 1825, avec le lieutenant de Caraman, le capitaine Brouet, son médecin, le vice-consul Delaporte, l'interprète Benchimol, l'homme d'affaires Dolfus. En mars 1832, même cérémonial pour le départ du comte de Mornay pour Meknès. Auprès de l'ambassadeur, Eugène Delacroix prend des notes pour son journal, multiplie les croquis des Courses de la poudre, les esquisses du caïd Ben Abou, chef de l'escorte militaire.

Le tableau de la cérémonie du départ de Tanger devient un genre de la peinture orientaliste marocaine, ayant, mais moins fréquemment, son pendant dans celui de la réception dans la capitale.

Autre cérémonie qui inspire les premiers peintres, celle des « donatives ». Les consuls avaient accoutumé de multiplier les grands ou les petits cadeaux, dons institutionnalisés ou attention privée propre à entretenir l'amitié des autorités. « Une livre de thé, quelque sucre règlent bien des affaires », notait Graberg de Hemsoë. Il fallait ajouter, pour les consuls de Suède et de Danemark, la remise solennelle du tribut annuel que leur nation payait traditionnellement pour se mettre à l'abri de la course. Ils le verseront jusqu'en 1845.

Les fêtes nationales des pays représentés mettent la ville en liesse : drapeaux arborés sur tous les consulats, visites et contre-visites, réceptions. Le populaire y participe. La « distribution de pain aux prisonniers, à l'hôpital, dans les zaouïas, aux pauvres » est « libéralité de tradition ».

Avec le consul, le prêtre et le médecin forment l'ossature de la présence européenne. La mission franciscaine, qui avait été créée au Maroc en 1631, ne s'était maintenue, après 1794, qu'à Tanger et Rabat, abandonné en 1825 pour Larache. Cette dernière mission avait elle-même disparu, « faute de moyens et de personnel ». Il ne demeurait, en 1836, que celle de Tanger, avec deux prêtres âgés et un laïc qui étaient bien « les plus pauvres des habitants de Tanger ». La petite chapelle, dépendant du consulat d'Espagne, ne pouvait contenir que quatre-vingts fidèles. C'était suffisant pour la quarantaine de communiants des fêtes pascales.

De cette maison-mère, placée sous le patronage de l'Espagne, partaient plus ou moins régulièrement des tournées missionnaires sur la côte, où, lors de leur court passage, les pères légitimaient les unions, baptisaient les quelques enfants nés entre deux voyages, disaient la messe pour les défunts, distribuaient la communion.

Ce n'est qu'après 1861 que l'institution se renforcera. L'accroissement de la population, l'effort du vice-préfet permettront la construction de la « vieille » église actuelle et l'inauguration de la mission en août 1871. De style d'inspiration mudéjar, elle était flanquée de deux constructions : la Légation d'Espagne (près du Correo Espanol) et la Légation du Portugal (qui deviendra la Banque de Bilbao), près du Petit Socco.

Le médecin, entretenu par un abonnement des représentants et de quelques Européens aisés, est, dans la trinité des personnalités européennes, à mi-distance du consul et du prêtre. Le docteur espagnol Sola fut une merveille de dévouement pendant la peste de 1818-1819. Il y eut dans les années 1850 quatre médecins européens dans la ville, dont trois attachés aux consulats. Le docteur Rolinger de l'armée d'Afrique, attaché à la mission de France, ouvrit pendant l'été 1854 le premier hôpital de la ville pouvant recevoir quarante malades.

L'élévation de la ville à la dignité, sinon de « capitale diplomatique », comme on le dit à tort, mais de centre de la représentation européenne, n'en modifie guère, pendant plus d'un demi-siècle, la population et l'aspect.

Jusqu'aux années 1860, elle compte de 7 à 8 000 habitants, avec de brusques diminutions au lendemain des épidémies (celle de 1825 enlève près de 700 personnes, celle de 1855 plus de 500), de non moins brutales augmentations, lorsqu'une mauvaise récolte et la disette font refluer vers les secours de la ville des centaines de fellahs sans ressources.

70 % de musulmans, 20 % de juifs, moins de 10 % d'Européens constituent le fond composite permanent de la population tangeroise. Sans compter une garnison de quelque 2 000 hommes. Les musulmans viennent surtout des environs. L'activité commerciale, chaque année accrue, appelle aussi des négociants des autres villes de Rabat, de Fès. Ce sont surtout de riches Tétouanais qui, pressentant l'avenir économique de la ville, y ouvrent des succursales, investissent dans l'immobilier et le foncier. Tanger leur doit beaucoup de cette urbanité dont sa voisine est si fière.

Le Sultan Moulay Sliman fait, en 1815, en 1821 encore, agrandir les deux principales mosquées. Il renforce de nouveaux bastions les défenses de la vieille enceinte portugaise. La Kasbah, où étaient regroupés le palais du Sultan, celui du gouverneur, les logements des principaux fonctionnaires, est rénovée. Le palais augmenté est réaménagé à l'occasion des visites des sultans Moulay Abderhaman en 1828 et Moulay Hassan en 1889. C'est alors que sera construite la porte monumen-

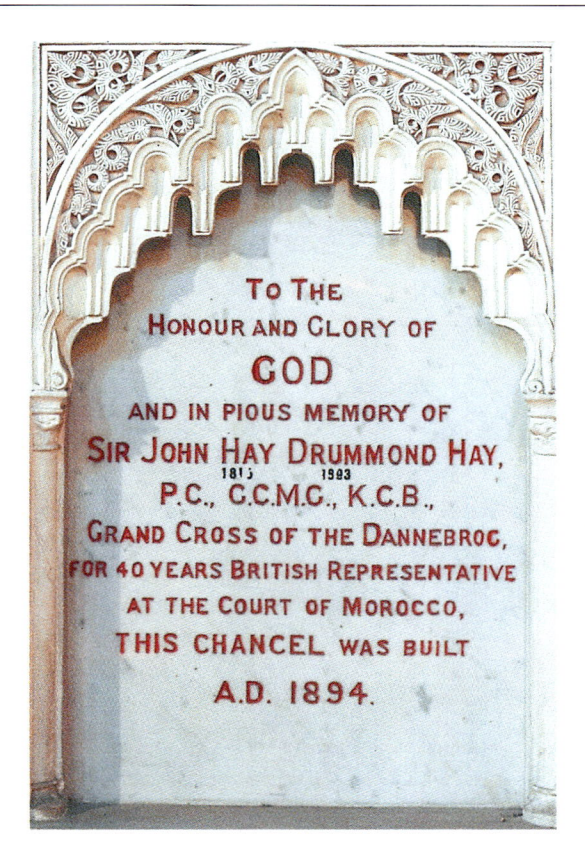

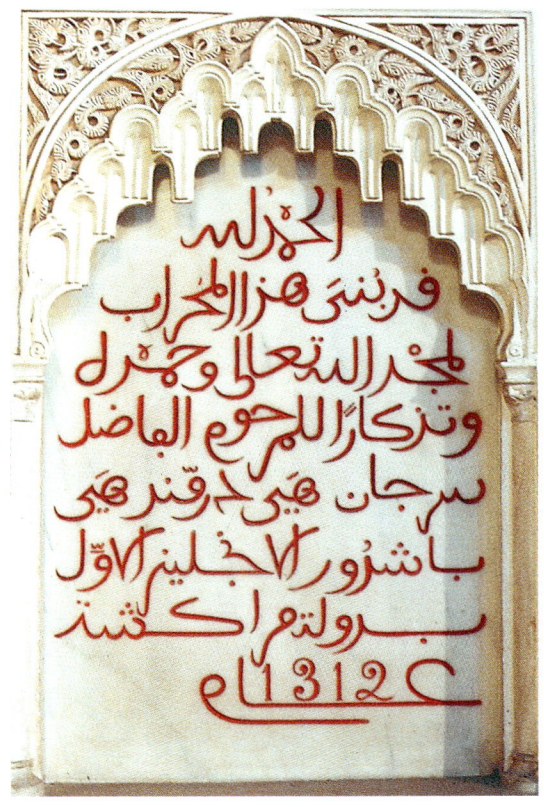

« Il fut après le Sultan et avec le chérif d'Ouezzane l'homme le plus important du Maroc pendant plus de quarante ans... » Tombeau de J.D. Hay.

tale donnant accès au jardin du Sultan et restaurée la cour d'honneur du palais. Le pavillon du trésor — le Bit el Mal — reçoit son agencement définitif. Tanger, où sont reçus tributs et donatives, où sont versés par les oumana les droits de douane, par où transitent les sommes destinées aux achats du Sultan à l'étranger, devient la principale place des mouvements des fonds makhzen.

Devenue lieu de dialogue entre Européens et Marocains, la ville accueille désormais le représentant permanent du Sultan auprès du corps diplomatique, le naïb, naguère installé à Larache. Le Dar Niaba, établi en 1851 dans la rue des Syaghyn, devient le rouage essentiel de la diplomatie marocaine.

Non pas que le naïb remplaçât le ministre des Affaires étrangères, dont les fonctions étaient assumées auprès du Sultan, dans ses capitales ou en campagne, par le Secrétaire des commandements impériaux. Il servait d'intermédiaire, recevant sous cachet volant les lettres que les diplomates européens lui adressaient, les fermant à la cire après les avoir lues. Mais sa connaissance intime du corps des consuls, ses relations multiples dans une ville ouverte sur le monde en faisaient le conseiller écouté du Makhzen et un personnage essentiel de l'organisme marocain.

Le bombardement de Tanger en août 1844 par la flotte du prince de Joinville, précédant celui de Mogador, démontre que les deux villes sont les deux pôles de l'activité du pays ; celle du sud de sa vie économique, celle du nord de son existence politique.

Aussi bien, encore que rudimentaire, l'administration s'y conforte. Et avec elle la bourgeoisie. Certaines grandes fortunes rivalisent déjà avec celles de Fès, fondent des dynasties familiales influentes jusqu'au cœur du XXe siècle.

La disparition de la course, l'essor dans les années 1840 de la navigation à vapeur, favorisant les rades au détriment des estuaires, sont bénéfiques à la ville. Après la paix franco-marocaine, signée dans la baie de Tanger en septembre 1844, et le traité anglo-marocain de décembre 1856, qui ouvre largement le pays aux échanges, Tanger entre définitivement dans le circuit des grandes navigations commerciales.

Ainsi, parallèlement à son rôle diplomatique, recommence de s'affirmer sa fonction portuaire. En une trentaine d'années, l'évolution la fait passer du rang régional à celui de port national. Un des premiers. Une grande destinée maritime semble s'ébaucher.

Tanger et le voyage romantique, 1820-1880

A la population solidement établie, parfois depuis longtemps (les Colaçao, consuls du Portugal de père en fils, ne font-ils pas remonter leur établissement dans la ville à 1540 ?), comme en témoigne le nombre des Européens nés sur place — près du tiers dans les années 1770-1870 —, s'ajoutent de nombreux habitants de passage. Aventuriers de tous horizons en quête de fortune, parfois presque aussitôt rejetés qu'arrivés, fugitifs cherchant à échapper à des ennuis professionnels ou des déboires familiaux, insoumis préférant les hasards du vagabondage à la rigueur de l'armée d'Afrique, naïfs quêteurs de rêves pris aux rets de tous les mirages. Ces oiseaux de passage « ne cherchent rien tant qu'à éviter leur consulat et son registre d'immatriculation ». Ils faisaient, déjà, flotter dans la ville une vague atmosphère de trouble aventure qu'elle conservera.

Elle n'était pas sans attirer aussi de plus en plus les touristes et ceux que les vieux Tangerois appelaient les « saisonniers ». Au vrai, pour le voyageur romantique — et l'espèce survivra longtemps dans le siècle — Tanger, le plus souvent, est moins un but que le détour qui, dans le périple espagnol, permet de toucher l'Afrique. De ces passants de quelques jours — au mieux de quelques semaines — on ne retient que les noms des plus célèbres ou des plus talentueux.

Le prince de Joinville y débarque, en 1835, en visiteur, ignorant qu'il reviendrait pour la bombarder ; Léopold, le futur roi des Belges, accueilli par le consul Daluin, ne pense pas qu'il imaginera, quelque trente ans plus tard, d'y établir comptoirs et chemin de fer. Le général Garibaldi, abandonnant l'Italie réactionnaire, arrive de Gibraltar le 18 novembre 1849 avec un groupe de compagnons. D'abord logé chez son ami le consul sarde Carpenetti, il s'installe dans une maison louée près du Socco (et qui sera longtemps l'horlogerie Revello). C'est à Tanger qu'il commence à écrire ses *Mémoires*, partageant le temps qu'il ne consacre pas à ce travail entre la chasse et la pêche, les longues conversations avec les nationalistes génois où s'élaborent les projets de libération de l'Italie. Il ne quittera la ville que le 12 juin 1850 pour Gibraltar, et c'est à Gibraltar qu'il recrutera, quelque dix ans plus tard, quelques-uns des 700 volontaires qui partiront de la place anglaise pour l'expédition de Sicile. Les années suivantes, passèrent à Tanger Maximilien d'Autriche, sir Montefiore, le comte de Paris...

Les « voyageurs-écrivains » ne laissent souvent que des descriptions rapides, mais certains talents transcendent, par la densité des notes, la justesse des images, la perfection des réflexions, la brièveté du séjour.

Astolphe de Custine, que son *Voyage de Russie* rendra célèbre, vient en 1831 y promener sa nostalgie, son étrangeté aussi, celle qui fera plus tard une des réputations douteuses de la ville. Il a déjà des accents à la Loti face aux bouleversements qu'il prévoit dans la vie — encore en partie hors du temps —

de « Tanger l'inchangé » : « J'aime les mœurs des Maures comme leurs monuments ; jamais je ne parle de la nécessité de changer tout cela » (Lettre du 15 juin 1831).

Autre grand voyageur et grand écrivain qu'apporte, comme le note avec ironie le consul de Suède, « la vague annuelle des romantiques », Charles Didier vient, en 1835, y chercher lui aussi dépaysement, remède et aussi aliment à ce spleen qui le conduira au suicide. Séduit par la ville, il y place l'action de ses romans à succès, *Le Chevalier Robert* (1838), *Thela* (1839). Sa renommée fait de ce commensal de Balzac et de Sainte-Beuve une autorité en matière marocaine. Lors du conflit franco-marocain de 1844, la célèbre « Revue des Deux Mondes » offrira ses colonnes à ses *Promenades marocaines* qui connaîtront, publiées en volumes, un beau succès de librairie.

Même grand succès pour George Borrow. Méconnu du public français, l'écrivain anglais, qui avait nerf et personnalité, reste un classique des bibliothèques britanniques. Son chef-d'œuvre (avec *Wild Wales* et *The Zinechi*), *The Bible in Spain*, connut sept éditions en moins de trois ans (1842-1844). L'auteur donnait l'image type du voyageur romantique anglais, un peu excentrique, mélangeant foi profonde et prosélytisme et sens aigu du concret, sachant voir et faire voir.

José Tapiro y Bara. « Préparatifs du mariage de la fille du chérif à Tanger », *aquarelle et gouache sur carton. Collection particulière.*

— 25 —

Il applique son humour très britannique à la description entomologique de son logement « dans une ruelle descendant du socco », de sa logeuse, la veuve Joanna Correa, « gênoise, veuve d'un Espagnol des Baléares et citoyenne anglaise ». Pendant les six semaines de son séjour à l'automne de 1839, il fréquente tous les éléments de la population, sensible aux caractères originaux et aux destins compliqués. Dans ses pages renaissent le musulman Zigai « qui ne cesse d'évoquer la Grenade de ses ancêtres », le sage marocain Mashari et ses amis algériens, le jeune juif Haim Ben Atar, venu de Fès en quête de fortune et qui suivra Borrow en Angleterre, le vieux Gênois Fava, fin et roué vendeur d'alcools, le consul général Hay en majesté, le pacha Hamed Samani, le Guadeloupéen Gérard « mulâtre, français et comme tel cuisinier du consul de Hollande ». Toute la riche diversité de la population tangeroise.

Il y a moins d'allant chez Vassili Botkine. Il aggrave de toute sa métaphysique et sa mélancolie slave les réflexions — déjà leitmotiv littéraire — sur l'opposition entre l'immuabilité de la terre africaine et les menaces de changement d'une « civilisation européenne (qui) se targue de posséder des éléments propres à tous les hommes » (octobre 1845).

Ce ne sont pas les craintes ni les remarques désabusées d'Alexandre Dumas. Sa jovialité, son entrain, font un tourbillon de son court passage à Tanger, lors d'une escale du *Véloce*. Ce diable d'homme accumule en trente-six heures plus d'aventures et de rencontres que tout autre aurait pu consommer en une semaine. Chasse, pêche, noce juive (ah ! Delacroix), visites, entretiens avec chacun et tous : rien ne manque. Surtout pas l'allant, le talent et en éclair une touche de génie inspirée par « cette ville de contraste (...) ces maisons qui n'ont que quatre murs blancs et une natte » (novembre 1846).

Sa vitalité truculente, sa naïve vanité contrastent avec la sensibilité retenue et l'orgueil, toujours blessé, de Hans Christian Andersen. Déjà célèbre, le « rossignol du nord » vint à Tanger comme il était allé à Florence en quête du « merveilleux soleil » et d'images nouvelles pour ses romans. Il a fait le récit de son séjour dans *Le Conte de ma vie*.

Alexandre Demidoff, venant y compléter en 1847 ses *Etapes maritimes méditerranéennes*, devient le propagandiste du Tanger station touristique d'hiver. Elle n'échappera pas, à ce titre, à Mark Twain, pour une fois quelque peu ennuyeux, dans son humour à la fois forcé et lourd. La ville ne lui « parle pas ». Etres et choses l'ennuient. Il envisage avec horreur l'obligation de s'y attarder, « je recommande très sérieusement au gouvernement des Etats-Unis de faire d'un homme qui a commis un crime si atroce que la loi ne trouve point de châtiment à sa mesure, un consul général à Tanger » (*Innocents Abroad*).

On peut, par contre, imaginer que l'étrange et génial Richard Francis Burton aurait su trouver dans la ville de quoi alimenter ses phantasmes. Il y passa quelques jours, en novembre 1855, venant reconnaître le pays où il était question qu'il fût nommé consul. Il ne le fut pas. Le Foreign Office justifia sa décision par un étrange argument, compliment ambigu à un couple ambigu : « Nous ne désirons pas annexer le Maroc et nous savons que tous deux en pourraient être l'Empereur et l'Impératrice dans quelque six mois. » Qu'a collecté de vieux récits, enrichissant ses *Mille et Une Nuits*, « ce pèlerin sexologue », une des personnalités les plus insolites d'une Angleterre victorienne qui en fut riche ? Si ce génie « polyvalent et indiscipliné », happé par le Proche-Orient, fut perdu pour Tanger, on peut évoquer ses promenades dans les ruelles de la ville.

Un siècle plus tard, Paul Morand, bref habitant de Tanger, sans savoir qu'il l'y avait précédé, lui consacrera un brillant essai.

Un Tanger des écrivains s'est ainsi forgé, de Potoki à Amicis, de Loti à Morand et Bowles à travers une longue et riche suite d'œuvres. La ville est entrée dans la littérature ; la littérature s'est, à jamais, installée dans ses murs.

Comme la peinture, à la même époque romantique. Peu de cités auront, et de façon si continue, suscité l'émotion et la passion des peintres, permis aux plus grands, de Delacroix à Matisse, d'y nourrir leur génie. L'ombre de ces deux « grands » ne doit pas masquer tous ceux qui les précédèrent, les accompagnèrent ou les continuèrent dans la redécouverte picturale continuelle de la ville. Grâce à eux, Tanger a été vue avant d'être connue, puis connue comme ils l'avaient montrée. Nulle part la réalité n'a fini par ressembler autant à l'art qu'elle a inspiré.

Les œuvres mineures, surtout des amateurs du début du siècle, demeurent trop ignorées, considérées comme documents historiques plus qu'artistiques. Pourtant, les esquisses de Shousboé, celles de Pflugl ne sont pas sans mérite. Le baron Taylor, fin découvreur de talents et de paysages neufs ou renouvelés par le regard romantique, ne s'y était pas trompé quand, y passant en 1824, il décida de l'inclure aussitôt dans la série des *Voyages pittoresques* qu'il préparait avec Charles Nodier et les graveurs les plus célèbres du temps.

Lorsque Eugène Delacroix débarque à Tanger le 24 janvier 1832 dans la suite de l'ambassade de Charles de Mornay, chargé d'une mission auprès du Sultan Moulay Abderhaman, la ville était donc loin d'être inconnue des lettrés et des artistes. D'un coup, cependant, le génie l'éclaire. Tanger révèle Delacroix à lui-même autant qu'il révèle le Maroc — un certain Maroc inséparable de sa vision et qui, pour des décennies, ressemblera à cette vision. Son voyage, ses toiles deviennent la référence habituelle de la naissance de l'orientalisme français. Un peu abusivement. Tout n'est pas faux, mais s'exagère de la surenchère des exégètes, se fige en mythes répétés.

Delacroix séjourne six semaines à Tanger avant de partir pour Meknès (le 5 mars) ; il y demeure à nouveau six semaines à son retour, entre le 12 avril et le 10 juin. Trois mois sur un voyage total de six mois. Il en rapporte sept albums (dont il ne reste que trois), 18 aquarelles exécutées pour le comte de Mornay, des notes et des éléments de son *Journal*. L'inspiration marocaine marquera toute sa vie. A la veille de sa mort, il évoquait encore, avec l'éclat de la découverte, les impressions les plus fortes de son voyage.

La plupart de ses toiles les plus célèbres furent peintes en atelier, à Paris, d'après les notes, les aquarelles et les croquis pris sur le vif, mais transcendés par l'imaginaire du souvenir. Le Tanger de Delacroix, c'est autant, sinon plus, celui qu'il ne cesse d'évoquer que celui qu'il avait réellement vu. Son *Journal* note le 29 janvier « la scène des chevaux qui se battent ». Elle se retrouvera, en 1834, dans la *Rencontre de cavaliers maures*. Sa visite à Abraham Benchimol, le 5 février, devient en 1833 la *Famille juive*, comme le mariage auquel il assiste le 21 février inspira une de ses toiles les plus composées et les plus intenses, *La Noce juive* du salon de 1841, quelque dix ans plus tard.

Eugène Delacroix. Vue de Tanger, *aquarelle sur traits à la mine de plomb. Musée du Louvre, Cabinet des Dessins, Paris.*

Eugène Delacroix. Une Cour à Tanger. *Musée du Louvre, Cabinet des Dessins, Paris.*

De la chambre 35 de l'Hôtel Villa de France. Henri Matisse. Vue de la fenêtre, *huile sur toile, 1912. Musée Pouchkine, Moscou.*

Il fit malheureusement école. Que de maroquinades naissent dans les ateliers parisiens, copies plus ou moins laborieuses du maître par des peintres n'ayant jamais mis les pieds dans le pays.

Il n'en est pas de même des amis et des compagnons de Delacroix. Adrien Dauzats, dont la critique retrouve aujourd'hui le talent de peintre de l'Espagne romantique, touche à Tanger, quelques années plus tard. Il faisait partie de ces « forçats de l'illustration » qu'utilisait Taylor. Visitant le Proche-Orient en l'été 1830, il était, avec Decamps, Morellet, l'un des premiers orientalistes du XIXe siècle. Lewis, le Delacroix anglais, un des maîtres de l'orientalisme, séjourne dans la ville aux mêmes années (1832-1834).

Autre réhabilité, Dehodencq. Il découvre Tanger en 1853, en est ému « à en perdre la tête ». Pendant dix ans, il passe son temps entre Cadix et Tanger. Il est le premier peintre professionnel à consacrer au Maroc plus qu'une courte visite. Il ouvre le cycle de ceux qui s'y installeront à demeure. Un des plus talentueux, Henri Regnault, y fit construire aux environs de la ville le premier atelier spécialement conçu. Il y brûla les derniers feux de sa courte carrière, de 1869 à 1870.

C'est dans la vieille ville que Tapiro installera son atelier, signalé dans un plan de 1888. Il représentait l'école orientaliste espagnole née du rayonnement de Fortuny qui avait, plus que Delacroix, fortement influencé Regnault, lequel, avec rage et admiration, s'exclamait : « C'est notre maître à tous. Oh ! Fortuny tu m'empêches de dormir. » Mariano Fortuny y Marsal avait fait son premier voyage au Maroc en 1860 comme peintre de l'expédition espagnole. Il y retournait en 1862, en 1864, en 1871 encore. Ses élèves tomberont dans le conventionnel.

Comment citer les personnalités et les œuvres de quelque soixante peintres qui, au XIXe siècle, passèrent ou

Sir John Lavery. Rue à Tanger, *huile exécutée sur la planche à dessin de l'artiste. Collection particulière.*

Phare du Cap Spartel construit par l'ingénieur Jacquet et inauguré en 1864, géré par le corps diplomatique (convention du 31 mai 1865) jusqu'en 1957.

séjournèrent à Tanger : les Français Blanchard et Benjamin Constant ou Degas, les Belges Nicolet, Portaels, Romberg, les Américains Sargent, Weeks, l'Italien Bossoli, l'Anglais Lavery, le Suisse Buchser, l'Autrichien Ladein... On en trouve régulièrement sur le « chemin des ambassades » de Tanger à Fès et Meknès. Tout diplomate invite dans sa suite un ou plusieurs officiers, un écrivain, un ou deux peintres. Scovasso se fit ainsi accompagner en 1875 par De Amicis, mais aussi par Biseo et Ussi. En 1882, Ordega invite Pierre Mousset, le ministre belge s'adjoint en 1887 Van Rysselbergh. En 1889, Aimé Morot accompagne la mission Patenôtre à laquelle participe Pierre Loti, l'ambassade espagnole de 1894 emmène Simonnet...

Les mêmes thèmes se retrouvent, dont la fantasia est le plus célèbre, les mêmes lieux aussi d'une toile à l'autre, vus par des regards différents, à des heures différentes, à diverses époques. Du Petit Socco nous avons plus de douze tableaux de peintres différents (Clairin, Gallegos, Nicolet), la Kasbah est représentée une dizaine de fois.

Deux grands architectes, que tout oppose (et notamment leur vision de l'Orient), ont failli marquer de leur talent et de leur génie le Tanger du siècle dernier, Pascal Coste et Antonio Gaudí. Le premier, le plus méconnu des architectes célèbres, eut une réputation immense qui n'a pas triomphé du temps, ni de l'espace. Il demeure l'architecte marseillais à l'« orientalisme » marqué d'un double soupçon de régionalisme et de pompiérisme. Trop souvent jugé à la seule aune du Palais de la Bourse de Marseille, il incarne l'art officiel du Second Empire. C'est en 1847 que Guizot, ministre des Affaires étrangères, l'envoie à Tanger pour dresser les plans d'un nouvel hôtel pour le consulat de France, fort délabré, endommagé en 1844, et ne répondant plus à la représentation française élevée depuis 1845 au rang de mission. Il demeure une dizaine de jours dans la ville. Son projet néoclassique est grandiose. Il effarouche d'abord les financiers de la rue des Capucines, qui en évaluaient la construction à plus de 500 000 francs or, puis est emporté par la bourrasque de la Révolution de 1848.

Antonio Gaudí y Cornet, le célèbre architecte catalan « inventeur d'un monde de pierres fantastique et inquiétant (...), démiurge d'un univers végétal et minéral », arrive à Tanger à l'automne de 1891 avec son ami et mécène Claudio Lopez y Bru, marquis de Comillas, dont les intérêts au Maroc étaient des plus importants à travers la Compania Trasatlantica. Gaudí découvre, fasciné, les éléments caractéristiques de l'esthétique de Tanger : le blanc des maisons cubiques, la lumière, les minarets, l'exubérance de la flore. Chargé du projet de construction « d'un temple des missions franciscaines », il conçoit les plans d'une cathédrale gigantesque. Synthèse de l'Orient et de l'Occident, elle emprunte au baroque mudejar et au style marocain (kasbah et mosquée), éclate en ensemble complexe de symboles. Vingt-quatre tours symbolisant les douze apôtres, les quatre évangélistes, les huit saints entourent une tour centrale, de forme elliptique, qui représente le Christ ou le Saint Esprit.

Tout autour, des chapelles latérales représentent les sacrements et les vertus. L'ensemble se complète de bâtiments destinés aux écoles et au couvent. Le monument central, « vertical et parabolique (...) union de la gravité avec la lumière », disait Gaudí, devait s'élever à plus de 80 mètres.

La construction du projet, d'abord soutenu par le supérieur de la mission, le R.P.J. Lerchundi, devait se faire par souscription et dons, collectés par la Fondation Maria Immaculata, présidée par la marquise de Comillas, et par une aide de son mari. Le projet sombra, victime de son gigantisme, des difficultés financières de Lopez y Bru, de la réticence des autorités marocaines et des légations. Il servit en partie de matrice à la Sagrada Família de Barcelone, en cours de construction depuis 1883.

Tanger n'eut pas son gigantesque temple — voilier surréaliste et symbolique. Qu'on ait songé sérieusement à l'y construire marquait la transformation de la cité. Qu'on ait dû y renoncer soulignait l'âpreté de l'enjeu diplomatique qu'elle incarnait.

Tanger diplomatique. L'épanouissement, 1880-1914

Les décennies 1870-1890, décisives dans l'histoire du Maroc contemporain, l'avaient été surtout pour Tanger. Successivement, le traité anglo-marocain de décembre 1856 avait stimulé les échanges ; la guerre avec l'Espagne (1859-1860) et la prise de Tétouan avaient établi de nouvelles règles dans les rapports diplomatiques avec l'Europe, les accords franco-marocains de 1863, sous couleur de réglementer la protection, en avaient étendu le champ et modifié la nature des rapports sociaux entre Européens et Marocains. Les consulats généraux étaient, pour la plupart, devenus des légations. L'Allemagne, jusqu'alors absente du jeu marocain, avait installé son premier représentant en 1875. La Conférence de Madrid, en 1880, témoignait du début d'internationalisation de la « question marocaine ».

Tanger passait au premier rang de la scène diplomatique. L'autorité et le prestige du corps consulaire s'en conforta, comme de l'affaiblissement des Makhzen. Il étendit ses prérogatives. En tant que conseil sanitaire, il s'immisça, non plus dans le seul problème de la santé extérieure, mais dans celui de l'hygiène en général. Il constitua une commission d'hygiène qui se comporta comme une véritable commission municipale. Son existence, d'abord mouvementée, ponctuée de crises qui mettaient aux prises les prépotents locaux, les conflits d'intérêt, les rivalités des représentants, s'imposa en s'officialisant.

Le Sultan dut reconnaître son existence légale en 1892. Elle enlevait à ses fonctionnaires les principales charges urbaines : pavage et entretien des rues, nettoyage de la ville, adduction des eaux, surveillance des marchés. La véritable internationalisation de l'administration urbaine tangeroise avait, dans son principe, débuté dix ans plus tôt lorsque, fort de la Convention de Madrid, le corps diplomatique avait établi, en 1881, un règlement pour la perception des droits de porte qu'il modifia, en 1896, sans trop se soucier des avis des représentants du Sultan.

Il agissait de même dans le domaine maritime. Constatant que les environs du cap Spartel, par leurs tempêtes, étaient un « cimetière de navires » — huit bâtiments perdus en cinq ans, le seul naufrage de la corvette brésilienne *Dona Isabella* en novembre 1860 faisant 104 victimes — il y avait unilatéralement décidé l'érection d'un phare. Il imposa au Sultan la construction « du phare marocain international du cap Spartel » : la formule, dans sa cocasserie involontaire, exprimait bien son caractère. Le Sultan avait fourni le terrain, en 1861, payé la construction (de 1861 à 1864). S'il en gardait « l'intégrité territoriale et la propriété » (convention du 31 mai 1865), il abandonnait l'entretien et la gestion et tout droit de regard sur son fonctionnement au constat que « le Maroc n'avait ni marine de guerre ni marine de commerce ». Les dix puissances alors représentées à Tanger s'en chargeaient par le truchement d'une Commission Internationale du Cap Spartel,

Le Grand Socco et la ville vus par J. O'Connor à la fin du XIXᵉ siècle. Musée Forbes.

Le caïd Harry Aubrey de Ver MacLean (1848-1920), instructeur des troupes du Sultan pendant plus de trente ans (de 1876 à 1920) en tenue d'apparat. Hôtel El Minzah.

à laquelle participèrent — et cotisèrent — au fur et à mesure de l'éveil de leur intérêt pour le Maroc d'autres Etats, l'Allemagne en 1878, la Russie en 1899.

C'était en arriver à parachever la mainmise sur toutes les questions touchant la sécurité de la navigation. Le Sultan fut ainsi contraint d'accepter, en 1894, la mise en service, faite contre son gré en 1892, d'un sémaphore proche du phare. Il se soumit dans les mêmes conditions à la décision du corps diplomatique d'établir un feu de port à Tanger.

Le Makhzen oscillait entre l'acceptation du fait accompli ; l'inexorable mainmise européenne, le sacrifice d'une ville à l'extrémité du territoire afin de sauver l'essentiel ; la préservation des capitales de l'intérieur, et la réaffirmation de sa souveraineté et la défense de la marocanité de la ville.

Le voyage qu'y fit Moulay Hassan en 1889 avait ainsi valeur de symbole. Comme l'avait été celui de Moulay Abderhaman et le sera celui de Mohammed V en 1947.

L'achat et la présence dans la baie de son unique navire de guerre relevait de même plus de la volonté de s'affirmer que d'un virtuel usage militaire.

L'évolution générale du rapport des forces, celle sur place des différentes populations ruinèrent cet ultime effort. Balayées les restrictions d'entrée et de séjour, éliminées les entraves aux acquisitions immobilières et foncières. Tanger devenait ville ouverte d'accueil et d'enracinement des Européens.

Le corps diplomatique gérait le cimetière européen par l'intermédiaire de deux commissaires, l'un catholique, l'autre protestant. Situé à proximité de la ville, le vieux cimetière avait dû être agrandi, une première fois en 1868 par l'acquisition d'une parcelle du terrain voisin. Il dut à nouveau s'étendre en 1877 par un ordre chérifien sollicité par les consuls. En cinq ans (de 1872 à 1876), il y avait eu 148 enterrements européens. Mais plus de deux cents naissances. Témoignage de l'accroissement naturel. L'immigration, surtout, conduit à une véritable explosion urbaine. D'une moyenne de 10 000 habitants dans les années 1870, la ville passe à 20 000 autour de 1890, dépasse les 30 000 dans les années 1900, atteint quelque 40 000 à la veille de la Conférence d'Algésiras au début de 1906. Véritable mutation qui fait quadrupler la population en une génération et brise le cadre physique traditionnel de la cité.

Bouleversement quantitatif, mais surtout dans les éléments constitutifs. Les juifs passent de 2 500 à 11 500, cinq fois plus, les Européens d'un millier à peine à près de 12 000 (12 fois plus), et les musulmans de 7 à 8 000 à une vingtaine de milliers, 3 fois plus seulement.

La population juive a été la plus prompte à deviner et saisir les opportunités. Attirée par le plus grand laxisme des administrateurs marocains, par la protection européenne et le mouvement accru des affaires, elle augmenta régulièrement, doublant dans le premier quart de siècle (de quelque 700 à 1 800), puis à nouveau dans les années 1830-1860, pour représenter près du tiers des habitants dans les années 1900.

Elle n'est point enfermée dans un mellah. Elle constitue néanmoins une communauté vivante, homogène par sa soumission à ses propres autorités et l'attachement aux traditions. Au-delà de cette union — ressoudée dans les moments difficiles —, les clivages se sont accusés, les oppositions et les tensions des groupes différents sont parfois violentes.

Si la majorité des nouveaux venus portent encore la longue robe noire et la calotte, un grand nombre s'affranchissent des interdits que le Makhzen, en vain, avait réitérés jusqu'en 1860. Ils vivotent chichement de petits métiers, d'artisanat et de colportage, animant les échoppes et les ruelles. Certains commencent de gravir les premiers échelons de l'ascension sociale. Nombreux, à partir de 1871, se réclament, après un opportun tour en Algérie, de la citoyenneté française.

Les vieux habitants de la ville, fiers de leur culture judéo-espagnole, de leur enracinement parfois séculaire, constituent une aristocratie, liée par des relations de famille aussi étroites que la parentèle est étendue aux communautés d'Europe. Elle s'ouvre au modernisme.

Les « évolués » ont tôt adopté le costume européen. Ils gravitent autour des consulats auxquels ils fournissent employés et interprètes. Il se crée ainsi de véritables dynasties dont la plus célèbre est celle des Benchimol, au service pendant près d'un siècle, de père en fils et neveu, de la représentation française à Tanger.

Une partie de cette élite soutient les institutions « modernes ». L'école de l'Alliance israélite ouvre en 1864. Elle se fera, dans un subtil mélange, défenseur de la judaïté et promoteur du progrès, ardent foyer de francophonie et de l'idéologie des Lumières. Elle contribuera au succès de la première loge maçonnique de la ville (1868) ; elle sera, pour une bonne part, à l'origine de la floraison de journaux en langues européennes, multipliés à partir de 1883.

Les juifs européanisés, pour la plupart citoyens ou protégés des puissances européennes, font, directement ou indirectement, profiter de leur statut privilégié leurs parents et leur large clientèle. Le réseau de leur influence est considérable, s'articulant entre le système économique européen et le système traditionnel marocain, ayant des attaches d'affaires à la fois en Europe et au Makhzen, jusque dans la personne du Sultan, perpétuant la vieille tradition des « tajer es sultan ». Il constitue l'oligarchie financière de la ville, acquiert la puissance que confère le capitalisme naissant.

Exagérant, et de beaucoup, le ministre de France écrivait, dès 1888, qu'il

Le Palais MacLean, au Marshan, chemin MacLean aujourd'hui sur Shakespeare (Domaine Royal).

possédait les trois quarts de la ville, ajoutant : « on compte parmi eux nombre de millionnaires (en francs or) ». Cette dernière affirmation n'était pas fausse. Prospérant dans toutes les affaires comme intermédiaire quasi obligé, il domine la banque locale. Les établissements Nahon ou Pariente, Hassan ou Benchimol sont des puissances au rayonnement plus que local.

Il y a graduation et non solution de continuité entre les éléments riches de cette communauté et les Européens. Ceux-ci forment également un ensemble homogène par sa religion, ses privilèges, ses antécédents, ses liens, et clivé de classes distinctes par leurs origines géographiques et leurs positions sociales.

La population européenne s'était développée plus lentement. Elle ne se comptait, à l'aube du XIXe siècle, que par dizaines : 50 personnes en 1803, 115 en 1818, près de 200 dans les années 1825 avec la venue des réfugiés politiques, mais moins de 300 encore dans les années 1840 (250 catholiques, 50 protestants). Après 1856-1860, on peut commencer de la compter par centaines. Lors de la guerre avec l'Espagne, 1859-1860, qui entraîne le refuge à Gibraltar de bon nombre d'Européens, les différentes sources sûres en dénombrent entre 550 et 628.

La mutation s'est opérée. On est passé des petites cellules familiales à une véritable communauté. Aussi bien sont-ce là les années charnières. Communauté à la fois composite et unie. Multiple, elle l'est par les nationalités. Se côtoient les Espagnols, les plus nombreux, les Italiens, deuxième groupe par son importance, les Français et les Anglais, les Portugais, mais aussi les Américains ou les Belges. Plus que la nationalité importe le lieu d'origine. L'Espagne, surtout l'Andalousie, a fourni le plus grand nombre d'immigrants, mais guère plus que Gibraltar, d'où viennent des Anglais, mais plus encore des Italiens d'origine génoise, des Maltais, des Anglo-Gibraltariens d'ascendance espagnole.

Cet ensemble si divers est lié par la mixité des mariages. Leur nombre dépasse la moitié des unions. Sur quelque trois cents mariages d'Européens célébrés dans la ville au cours des trois premiers quarts du siècle, 170 unissent des époux de nationalité différente. Ainsi se constitue un ensemble humain véritablement international, où les ascendances sont diverses, mais l'élément espagnol domine et donne le ton.

L'« élite » est constituée par le monde des légations et des consulats. Leur nombre est passé de 10 en 1870 à 14 en 1905. Le personnel s'en est considérablement accru : ministres, secrétaires de légation, consuls et vice-consuls, chanceliers, interprètes... Il représente, avec les familles, pas loin de 10 % de la population européenne. Ce petit monde assez étroit, avec ses hiérarchies, ses modes et son rituel, est cimenté par le nombre des unions mixtes. La famille portugaise Calaçao fournit en abondance des gendres et des belles-filles. Les Hay, si anglais, sont alliés à des « familles consulaires française, portugaise, danoise ».

Les mêmes personnes ne cessent de se retrouver dans les multiples réceptions d'une vie sociale particulièrement active. A chaque fête nationale ou carillonnée, évidemment. Pour toutes les cérémonies familiales, baptêmes et mariages bien sûr. Mais aussi dans de multiples cercles et associations. Le plus célèbre est le cricket club, dont les tournois avec l'équipe de la garnison de Gibraltar ou celle des navires de guerre de passage sont des événements. Le plus ancien réunit les chasseurs. De tradition, il est animé par le ministre de Grande-Bretagne. C'est J.D. Hay qui, en 1866, avait obtenu pour le corps consulaire de Tanger l'autorisation du Sultan de chasser dans un rayon de 2 ou 3 heures autour de la ville. La « forêt diplomatique » devint célèbre et accueillit, outre les consuls, les visiteurs de marque qu'ils parrainaient.

Dans les années 1880, l'art du « Pig-sticking », considéré comme le « plus exquis, noble et excitant de tous les sports », atteint sa perfection. Il est si couru qu'il menace de disparition les sangliers. En janvier 1892, il fut réglementé, à la fois limité dans ses effets, étendu dans ses participants par la création officielle du Tangier Tent Club, sous l'égide de Charles Euan Smit, alors ministre de Grande-Bretagne. Etabli « sous l'autorité et avec le consentement unanime des représentants étrangers », doté d'une reconnaissance officielle par le Sultan, le club fut, pendant un demi-siècle, l'institution sociale la plus remarquable de Tanger. Ses activités, suspendues pendant la Première Guerre mondiale, culminèrent dans la décennie 1925-1935. Il disparut, après la Seconde Guerre mondiale, à la fin des années 1940. Avec l'extinction des sangliers.

Les notables se retrouvent dans les institutions professionnelles. La Chambre de Commerce espagnole, constituée dès 1887, au lendemain même du brevet royal d'avril 1886 reconnaissant officiellement en Espagne ses compagnies, publie une Revue économique de grand intérêt, entretient un réseau de relations avec ses succursales sur la côte et ses correspondants en Europe. Elle ajoute à ses adhérents espagnols d'autres Européens, mais aussi de nombreux juifs et quelques commerçants musulmans. Bien que défendant principalement les intérêts espagnols, elle fait figure de Chambre internationale.

Le projet français de Chambre de Commerce lancé en 1884, en 1890, repris en 1892, n'aboutit en 1909 qu'à la création d'un Comité consultatif du commerce français. La Chambre de Commerce anglaise sera créée en 1916. Son premier président, le caïd Mac Lean, est une des plus célèbres figures de la ville. Son portrait, en grande tenue, domine toujours le hall de l'hôtel « el Minzah ».

Harry Aubrey de Vere Mac Lean, arrivé au Maroc en 1875 comme instructeur d'une partie des troupes du Sultan, avait pendant plus de vingt-cinq ans suivit le Makhzen, « fondu dans ses rangs, attentif à plaire et occupé à fonder sur le commerce et la politique une large et belle carrière et une très large fortune ». Devenu caïd, anobli par Édouard VII, il se retira à Tanger. Il en fut pendant un autre quart de siècle une des figures les plus populaires. Il y mourut en février 1930 dans sa maison célèbre du Marshan.

Le plateau du Marshan accueillait dans de grandes maisons, au milieu des jardins, les plus notoires des habitants. La vieille ville, surpeuplée, avait explosé extra-muros dans les années 1875-1880. Au quartier huppé du nord-ouest s'opposaient les faubourgs populaires du sud. Tanger « s'encanaillait ». Un prolétariat espagnol se déversait sur la ville, lui donnant une note nouvelle. Le premier mai 1891 avait été l'occasion de la première manifestation « populaire » et socialiste qui devint chaque année rituelle, avec son cortège dans les rues, ses chants « révolutionnaires et anarchistes », finissant dans les dizaines de tavernes que comptait déjà la ville. En 1900, l'ouverture du Centro Obrero Internacional marquait, plus que symboliquement, l'entrée de Tanger dans un monde nouveau.

A la misère de nombreux immigrants espagnols, à celle qui, périodiquement, en temps de disette, frappait la population marocaine venue des environs, les œuvres charitables opposaient la solide organisation des institutions religieuses. La plus complète liberté avait fait, dans les années 1875-1885, voisiner le temple et l'église, la mosquée et la synagogue, les zaouïas et les loges maçonniques.

La mission franciscaine demeurait la plus importante. A l'ancienne et petite chapelle de la légation d'Espagne s'étaient ajoutées l'église de l'Immaculée Conception, construite en 1880 dans la rue des Syaghyn, la chapelle de San Diego dans le quartier populaire, la chapelle du Saint-Esprit, la chapelle de San Juan del Monte à la montagne et, en septembre 1908, l'église du Saint-Cœur-de-Jésus était inaugurée dans le nouveau quartier de la plage et appelée couramment « l'église des Sables ». La chapelle anglicane n'avait été que difficilement, et assez tardivement, construite au haut du Souq el Barra, en mars 1885.

Les missionnaires protestants de la South Morocco Mission avaient ouvert leur station de Tanger en 1882. Ils évangélisaient moins qu'ils n'instruisaient filles et garçons marocains, et surtout qu'ils ne soignaient, comme le faisaient ceux de la British and Foreign Bible Society et les missionnaires de la Society for the Propagation of the Gospel in Foreign Ports.

Le rôle diplomatique de Tanger, son internationalisation progressive, s'accroissent de l'importance prise, dans les années 1900, par ses fonctions économiques et portuaires.

Tanger est entré dans le circuit des grandes navigations commerciales. La multiplication des lignes de navigation à vapeur, qui y ont des escales, le fait passer du rang de port national à celui de port international lorsque y sont établis les câbles télégraphiques et installés deux dépôts de charbon.

Le premier câble, posé dès février 1887 par l'Eastern Telegraphic depuis Gibraltar, relie Tanger au réseau mondial anglais. En août 1891, un câble de l'Etat espagnol joint la ville à Tarifa et enfin, en juin 1891, un câble français l'unit à Oran. Le télégraphe ainsi établi contre la volonté du Makhzen abolit les distances. Rapidité, sûreté des nouvelles et spéculation vont de pair.

En moins de quinze ans, Tanger est devenu, en même temps qu'un important nœud de liaisons télégraphiques, le centre nerveux des spéculations économiques et commerciales de l'Empire chérifien. Il en est le premier port, assurant en moyenne, entre 1900 et 1911, de 12 à 18 % du commerce du pays, voyant, dans le même temps, le tonnage des navires entrés dans la baie passer de moins de 900 000 tonnes à plus de 1 500 000. Premier port, la ville est surtout la grande place financière du pays où se sont multipliées les succursales des grandes banques européennes.

Le débarquement de Guillaume II dans la ville, en 1905, consacrait son importance internationale politique autant qu'économique, comme il ouvrait avec éclat la « question marocaine ». Tanger, brusquement, attira l'attention du monde. Celui des chancelleries, celui de l'opinion publique. On sut partout où le placer, on connut son importance réelle et potentielle, on supputa de son avenir. Les correspondants des grands journaux européens s'y pressent : « Le Temps », « Le Matin », « Le Globe », le « Times » qui, de longue main, utilisait le talent du célèbre Walter Harris.

Sa carrière marocaine avait commencé en 1887 comme correspondant de l'« Illustrated London News ». Installé à Tanger, mais voyageant dans tout le Maroc, ayant partout et dans tous les milieux amis et informateurs, il en était, incontestablement, un des meilleurs connaisseurs. Sa magnifique villa, à l'orient de la baie, « la maison Harris », sera pendant plus de trente ans un des hauts lieux de la convivialité tangéroise.

La ville bruit des nouvelles, vraies ou fausses, que le débat marocain fait naître. Elle frissonne des fièvres de chaque étape de la perte d'indépendance du pays. On y suit avec passion les débats de la Conférence ouverte juste devant la ville, à Algesiras, le 15 janvier 1906. L'acte final du 7 avril entre le Maroc et les treize puissances qui y sont représentées donne au corps diplomatique un véritable droit d'ingérence dans les affaires du pays, impôt foncier, travaux publics, gestion des ports et des douanes. Pour mettre en œuvre leur contrôle, les représentants européens élaborent, entre 1907 et

1909, une dizaine de règlements dont l'application est surveillée par des commissions spécialisées : comité spécial des travaux publics, commission des adjudications et marchés, commission de la taxe urbaine, comité permanent des douanes...

Tanger n'est plus seulement « capitale diplomatique » du Maroc, mais centre d'une véritable souveraineté internationale.

L'intervention française, en 1907 (occupation d'Oujda, débarquement à Casablanca), pose le problème de la reconnaissance de cette internationalisation : comment la concilier avec le maintien de la souveraineté et de l'intégrité du Maroc que réaffirme solennellement le traité du Protectorat en 1912.

Les perspectives de développement économique aiguisent les appétits : construire un grand port moderne, relier la ville à Fès, profiter de la position de la cité et du dynamisme de ses quelque 60 000 habitants (en 1913, 15 000 Européens, 13 000 juifs, 30 000 musulmans).

Les accords franco-anglais d'avril 1904 et franco-espagnols de novembre 1904 avaient prévu qu'en toute occurrence Tanger demeurerait neutralisé et garderait le « caractère spécial » que lui donnaient la présence du corps diplomatique, l'existence de ses institutions municipales et sanitaires, l'abondance et la diversité de sa population européenne.

La convention franco-espagnole de novembre 1912 reconnaissait expressément le « régime spécial » d'administration de Tanger et de sa banlieue dont la zone fut définie comme occupant 275 kilomètres carrés.

Restait à définir la nature de ce « statut spécial », à le faire accepter par des partenaires aux ambitions contraires. Les Anglais désiraient la plus large internationalisation, les Français les liens les plus étroits avec le Protectorat français, les Espagnols l'inclusion dans la zone espagnole, les Italiens leur présence officialisée, les Marocains la préservation de leur souveraineté. Lorsque éclate le premier conflit mondial les discussions diplomatiques n'ont pu aboutir.

Tanger, d'une guerre à l'autre. Le statut international

La Première Guerre mondiale redonne à Tanger son importance stratégique. L'Allemagne et l'Autriche-Hongrie ont menacé la ville de « représailles énergiques » si les Alliés s'en servaient comme base dans le conflit. Leurs ministres sont embarqués pour l'Italie avec le personnel des légations. L'action de propagande allemande et d'espionnage (appuyée sur l'alliance avec la Turquie) depuis les présides espagnols du nord, et surtout Barcelone, fait de ces années un feuilleton aux chapitres enchaînés de rebondissements, d'intoxication et d'affabulation. Agents secrets, agents doubles s'y croisent. Les archives révèlent que, en fait, le complot germano-turc, cauchemar des autorités, n'eut pas l'ampleur qu'elles lui prêtaient. Il permit d'éliminer les intérêts allemands de la zone et l'Allemagne des instances internationales.

Au lendemain du traité de Versailles, le statut de Tanger devint l'enjeu d'une âpre bataille diplomatique entre la France, qui considère que la guerre a rendu caducs les accords antérieurs, ce qui implique l'abolition du « régime spécial », l'Angleterre, qui défend le principe de l'internationalisation la plus large, et l'Espagne enfin, acharnée à faire reconnaître ses « droits spécifiques ».

Ce ne fut qu'en décembre 1923 que le statut fut adopté, en février 1924 qu'en furent signées les lettres annexes, au 1er juin 1925 qu'il entra en application.

L'autorité souveraine du Sultan confirmée, la population marocaine relève de ses représentants. Les colonies étrangères et les intérêts généraux de la communauté sont soumis à une administration internationale ayant, à ce titre, un administrateur français aidé d'un administrateur adjoint espagnol, avec un Comité de contrôle formé des délégués des Puissances, une Assemblée internationale élue par les différents groupes de la population. Français et Espagnols se partagent les services publics, le corps de police-gendarmerie est commandé par un officier belge.

La guerre du Rif, la pression de l'Italie et de l'Espagne conduisent à la révision des accords. C'est seulement le 25 juillet 1928 que le statut « définitif », qui introduisait la participation italienne à l'administration de la ville, fut signé, les États-Unis refusant toujours d'y adhérer.

Ainsi l'administration internationale régulière de la ville ne fut instaurée que tardivement. Et fut très brève ; elle ne dura pas trente ans, coupés de la parenthèse de la Seconde Guerre mondiale. Profitant des difficultés des Alliés, et avec leur accord explicite ou tacite, les Espagnols, le 14 juin 1940, font occuper la ville par les troupes khalifiennes de la zone nord, pour « en assurer la protection et la garantie ». L'Espagne, un temps, maintient la fiction internationale et rien ne semble changé dans la vie quotidienne tangeroise.

Elle va profondément se transformer sous l'effet de deux facteurs liés : la mainmise croissante de Madrid sur l'administration, le développement de la guerre dans la Méditerranée devenue une des zones essentielles du conflit, ce qui fait de Tanger une place maîtresse d'observation et d'actions secrètes.

Le 3 novembre 1940, l'Assemblée législative et le Comité de contrôle étaient supprimés, le 20 novembre, la zone était rattachée au « Maroc espagnol », enfin, en mars 1941, le représentant du Sultan, le Mendoub, se voyait signifier la fin de sa mission. Son palais, la Mendoubia, devint le siège du consulat d'Allemagne, réinstallé dans la ville sur laquelle flotte le 17 mars le pavillon à croix gammée.

Tanger retrouva sa « vocation » de l'interlope et des intrigues politico-policières. Plaque tournante de l'espionnage en Méditerranée occidentale, elle devint le paradis des agents secrets et des agents doubles. Le combat mobilisait surtout les services spéciaux anglais et allemands, qui avaient pratiquement pignon sur rue. Ils luttaient par des attentats contre leurs officines respectives de renseignements, par la propagande, l'intoxication. Les Espagnols adaptaient leur attitude et leur action aux fluctuations de la guerre. L'Etat-Major italien, qui en avait montré, en août 1937, dans un rapport secret, toute l'importance (Amiral Angelo Jochino, *La zone de Gibraltar et le port de Tanger dans un futur conflit en Méditerranée*) s'en trouvait écarté par son rude allié de l'Axe, qui substitua la Commission allemande d'armistice à la Commission italienne.

Intrigues et renseignements, agitation superficielle et menées profondes ne firent jamais de Tanger « la capitale de l'espionnage international » que décrivent une mauvaise littérature et les mythes qu'elle colporte. Les hommes de l'ombre ont fait ombre à la ville. Mais elle lui doit une partie de son « aura ». A l'image du Tanger « oriental » du début du XIXe siècle, à celle de la ville romantique, puis de la capitale diplomatique du début des années 1900, de celle de la ville internationale, vient s'ajouter l'image du repaire d'espions et des trafics, petit Shangaï mâtiné de Chicago.

Tanger vécut durant toute la Seconde Guerre mondiale sous la seule autorité de l'Espagne. Madrid espérait la maintenir, tablant sur sa non-belligérance, puis sur son double jeu, enfin sur sa décision prise dès le 2 mai 1944 d'expulser le consul d'Allemagne. Le gouvernement espagnol, devant la pression internationale, dut ordonner le retrait de ses troupes le 9 octobre 1945. On en revint au statut. Modifié : les Etats-Unis et l'URSS participent au Comité de contrôle et à l'Assemblée législative, l'Italie perd le bénéfice de la révision de 1928, l'administrateur ne sera plus français ni espagnol, mais seulement belge, hollandais, portugais ou suédois, assisté d'un conseiller français pour les Affaires marocaines, d'un administrateur adjoint chargé des services financiers...

Le 11 octobre 1945, le Mendoub débarque du croiseur français « Duguay-Trouin », les mehallas chérifiens de la zone française viennent relever les troupes espagnoles. Pour dix ans encore Tanger voit réaffirmées sa vocation « internationale » et son administration spécifique.

La ville s'était transformée entre les deux guerres. Elle avait acquis une forte infrastructure portuaire, ferroviaire et routière. L'essor démographique avait porté sa population de 60 000

Dans la salle de gymnastique de M. Forbes, au musée du même nom, une affiche qui n'est pas commémorative puisque l'exposition de Tanger 1914 n'eut pas lieu, pour cause de guerre...

habitants en 1914 à 70 000 en 1929. Elle comptait alors quelque 30 000 musulmans, 15 000 juifs, 14 000 Européens. En 1940, elle avait 80 000 habitants, dont près de 20 000 Européens (14 à 15 000 Espagnols, 2 500 Français, 1 200 Italiens, un millier d'Anglais, un millier d'autres nationalités les plus diverses). L'accroissement, bien que sensiblement plus faible que dans le reste du pays, avait profondément modifié l'aspect de la ville, accolant à l'ancienne cité les quartiers européens modernes axés sur le boulevard Pasteur, le quartier d'immigrés musulmans pauvres de Souani, les riches demeures de la Montagne.

Elle avait pris une coloration hispano-franco-anglaise superposée à son traditionnel fonds marocain, avec une forte connotation juive et comme un zest d'italiennité, fourni tout autant par les anglo-gibraltariens de vieille souche génoise que par les nouveaux venus d'Italie ou de Tunisie.

Ces décennies avaient été de mutation économique. La Première Guerre

---

37

1   TANGER. — Vue générale

mondiale avait porté un rude coup aux affaires. Le statut en perpétuait les effets. L'isolement brisait la destinée maritime et commerciale de la ville coupée de son hinterland profond. L'aventure portuaire avortait. Entre 1925 et 1940, le trafic maritime diminue de plus de moitié, tombant de 2 304 navires à 922, de plus de 100 000 tonnes de marchandises à 51 500.

La ville se tourne vers la spéculation financière et immobilière qu'incarne la forte personnalité de lord Bute, le créateur en 1931 de l'hôtel « Minzah » et de ses environs. L'activité économique s'étiole au profit de Casablanca. Elle est remplacée par celle du change des monnaies. Les changeurs, installés de longue date dans la rue des Orfèvres, profitent de ce que toutes les monnaies circulent à Tanger et du différentiel entre la peseta, qui continue d'y avoir cours, et le franc marocain. Les officines de change animent toute une activité bourdonnante. Les charges, moins lourdes qu'ailleurs, permettent aussi à la contrebande de prospérer.

De ces différent trafics se nourrit la légende noire de Tanger, qui ne correspond qu'à une courte période de son histoire et de portée limitée. C'est le Tanger de l'interlope, des espions, des contrebandiers, des trafiquants de drogue et de filles.

Tout port est à la fois tourné vers l'ailleurs, l'appel des grands horizons, et le retour vers la terre, sa sécurité et ses attraits. De Tanger, dont la vraie vie maritime s'étiole, on ne retient guère, alors, que cette deuxième image des lieux frelatés, des gains rapides et des plaisirs faciles.

Tanger n'est plus capitale, détrônée par Rabat, n'est plus le grand port du pays, remplacé par Casablanca. Elle est, tout uniment, moyenne ville internationale en terre chérifienne. De ce

Ce panorama de Tanger montre, en son centre, la vue que peignit Matisse de sa fenêtre d'hôtel, avec l'église St. Andrew un peu plus cachée par les cyprès du cimetière anglais attenant.

décroît d'influence, de cet effacement, elle acquiert comme une langueur qui renforce les traits méditerranéens d'une cité atlantique. Le farniente semble l'emporter décisivement sur la fébrilité et les actives chimères du début du siècle.

Le Tanger de l'entre-deux-guerres est le lieu du bonheur d'être et de la douceur de vivre. Chaque peuple offre le plus précieux de son héritage à une société mêlant, dans une poésie unique, les traits les plus divers. Les querelles les plus âpres s'apaisent en palabres, dans les jardins ombreux l'été, à la terrasse des cafés au soleil d'hiver. L'existence quotidienne s'y déroule au milieu des signes et des symboles, entre la fascination des lieux de discours et de ceux du non-dit.

Le dernier éclat de l'internationalisme, 1946-1957

La ville, brusquement, dans les années 1950, sort pourtant de son assoupissement. La création, en octobre 1947, de l'entrepôt des métaux précieux, permet à l'or d'entrer librement à Tanger (et d'en sortir), sans payer de droits de douane, à condition d'y élire domicile dans les coffres d'une banque. La ville, paradis fiscal, va, pendant quelques années, être le grand marché de l'or, celui des échanges monétaires, le siège privilégié des entreprises de toutes natures.

Entre 1948 et 1953, il entre officiellement près de 110 tonnes d'or, dont plus de la moitié reste en stock. Les oscillations respectives du franc, du dollar et de la peseta les font affluer, au gré des arbitrages et à leur rythme,

« *Le Maroc tient absolument à avoir dans l'avenir des relations cordiales avec tous les pays qui ont défendu la liberté et qui continuent à défendre sa cause. Le Maroc désire ardemment acquérir ses droits entiers. Il va sans dire que le Maroc, étant un pays attaché par des liens solides aux pays arabes d'Orient, désire naturellement que ces liens se raffermissent de plus en plus, surtout depuis que la Ligue Arabe est devenue un organisme important qui joue un grand rôle dans la politique mondiale.*
Le peuple qui s'éveille enfin prend conscience de ses droits et suit le chemin le plus efficace pour reprendre son rang parmi les peuples. »
S.M. Mohammed V, Tanger, avril 1947.

nourrissant l'affairisme foncier, attirant aussi les sociétés. Leur prolifération s'inscrit dans quelques chiffres : 300 sont constituées en 1946, 530 les années suivantes, 800 en 1950-1951. Tanger l'affairiste ajoute son image à toutes celles qui étaient nées de son histoire et de sa personnalité complexes.

Le prix des terrains et des immeubles s'envole dans une fièvre de construction spéculative ou de moralisation d'argent douteux. On bâtit pour 400 millions de francs en 1946, mais pour 600 millions en 1948 et pour plus d'un milliard chaque année entre 1950 et 1954.

Bien que le Sultan eût choisi Tanger pour prononcer, en avril 1947, le discours qui ouvrait officiellement la revendication à l'indépendance et affirmait les liens du Maroc avec les pays arabes, la fièvre politique ne touchait qu'assez peu la ville. Elle n'avait pas été un des foyers du nationalisme marocain, parce qu'elle n'était pas un centre de décision politique, parce que sa population demeurait des plus composites et s'accroissait moins d'une immigration déstabilisatrice que du surplus de naissances. Elle devint désormais une tribune d'où les nationalistes en appellent à l'opinion internationale.

Mais les rapports humains entre les communautés demeurent amènes, souvent chaleureux. La ville continue de croître, moins toutefois que la plupart des autres cités littorales marocaines. A la veille de l'indépendance, au début de 1956, Tanger ne compte encore que 150 000 habitants, deux fois et demi plus que quarante ans plus tôt ; dans le même temps, Casablanca avait plus que décuplé (de 70 000 à plus de 700 000), Rabat avait multiplié par 8 le nombre de sa population. On compte alors quelque 90 000 musulmans, environ 15 000 juifs et 40 000 Européens, dont plus de la moitié sont espagnols.

La décennie 1949-1958 est une des plus brillantes de la ville. La vie sociale et mondaine est plus active que partout ailleurs. Tanger affirme son rôle de foyer culturel et de convivialité intellectuelle. Les lycées Regnault et de Saint-Aulaire sont à leur apogée avec, entre 1953 et 1956, de 1 400 à 1 500 élèves (36 % de Français, 37 % d'autres Européens, 27 % de Marocains).

Les écrivains y trouvent toujours inspiration. Certains trop oubliés, Elisa Chimenti, Italienne née à Tanger à la fin du XIXe siècle, remarquable arabisante, rassemble et publie les légendes des Marocains de Tanger et de sa région, analyse avec une poésie qui s'accompagne d'acuité les différents groupes de la ville en des livres irremplaçables, *Eves marocaines, Chants de femmes arabes, Petits Blancs marocains.*

Si elle incarnait l'heureuse alliance de la finesse italienne, de l'enracinement tangérois et de l'intime connaissance de la vie marocaine, de la sensibilité féminine et de la rigueur professionnelle, l'écrivain Carlos de Nesry mélangeait la subtilité juive de vieille culture sépharade à la prestance du caballero espagnol. Sa provocation à la Salvador Dali cachait mal une sensibilité qui se tourmentait des attachements longtemps conciliés, mais que les temps semblaient rendre incompatibles, à l'héritage juif et castillan, à l'originalité tangéroise et à l'universalité de la culture française. Il devait en mourir, non sans avoir jeté, en cri de double amour, son appel au *Juif marocain à l'heure du choix.*

Paul Morand, l'homme pressé, à peine s'y arrête. Il ne passera que quelques saisons dans la villa Shakespeare louée pour neuf ans, partagé entre la réflexion désabusée *(L'Enlèvement d'Europe)*, l'exaltation sensuelle *(Hécate et ses chiens)*, les visites d'amis et les escapades en Espagne. Il y goûte le cosmopolitisme, l'exubérance végétale, le contraste entre le frémissement d'une vie profonde et la langueur apparente du quotidien. Son nom reste attaché à l'aura littéraire de la ville, encore

Discours de S.M. le Roi Mohammed V à Tanger le 10 avril 1947, « Les droits légitimes du peuple marocain ne peuvent se perdre et ne se perdront jamais ».

Discours du prince héritier S.A.R. Moulay Hassan (S.M. Hassan II) devant les scouts de Tanger le 10 avril 1947, « Nous sommes aujourd'hui en train de rendre à la patrie la gloire... »

qu'elle n'ait que peu inspiré un homme blasé d'errance et d'« exotisme », rêvant avant tout des bords de Seine.

La fondation de la Société d'Histoire et d'Archéologie de Tanger en 1951 témoigne de ce goût général de la culture. Elle organise des conférences mensuelles en espagnol, en français ou en anglais, des visites commentées des lieux historiques, s'intéresse aux fouilles archéologiques, publie la revue *Tinga*.

L'exposition du Vieux Tanger, qu'elle organise en juin 1952, apparaît, à distance, comme un magnifique chant du cygne. Elle réunit, dans le Palais des Institutions Italiennes, les plus belles pièces des découvertes préhistoriques ou de l'Antiquité aux témoignages récents de sa vie internationale. Comme si elle voulait embrasser toutes les étapes de son existence au moment où celle-ci va brusquement prendre un nouveau tour.

La population marocaine, dans son élite, participait à ces activités, dans sa masse continuait de vivre dans un quotidien presque inchangé. Les Rifaines en costumes traditionnels continuaient d'apporter au souk, sur leurs bourricots, les légumes et le charbon. Les fêtes religieuses brusquement exaltaient dans un grand concours de population la conscience collective traditionnelle, dans le coutumier caché derrière la gangue du modernisme et de l'européanisation.

Le sanctuaire de Sidi Mohammed el Hach « Bu Arrakia », patron de la cité, appelait toujours les foules lors de la fête de son « moussem » autour de son blanc minaret. Cœur de Tanger dans le cœur de la ville. Les sorties du Mendoub offraient, elles, le spectacle comme figé depuis des siècles des grandes manifestations du pouvoir et de l'autorité. Elles attiraient, par leur faste et leur rituel, la masse des badauds qui trouvaient dans la répétition d'un gestuel ancestral la conviction de la permanence irréductible de sa marocanité.

Ainsi Tanger vivait ses dernières heures internationales sous la débonnaire surveillance d'une force de sécurité composée de 75 soldats espagnols, 75 gendarmes français, 75 supplétifs marocains.

Elle perdurait dans une insouciance que n'altéra pas l'indépendance. Les premiers frissons d'inquiétude ne parcourent les milieux d'affaires que lorsque est instaurée, en novembre 1956, une taxe spéciale de consommation, qui paraît annonciatrice de la perte des privilèges anciens. La charte royale du 22 août 1957 ne rassure qu'à demi. Les capitaux commencent à fuir. Et, avec leur départ, la décrue économique annonce la fin du temps des facilités.

Dernières mutations. Tanger entre deux mondes

L'abolition du régime spécial de Tanger en 1960 marque bien la fin d'une époque. Les sociétés déménagent. Les trafiquants « traditionnels » abandonnent. Les juifs et les Européens émigrent. Ils formaient près de la moitié de la population en 1953, plus du tiers encore en 1959. Ils ne représentent plus que 3 % en 1982, guère plus de 1 % en 1990 des quelque 400 000 habitants que compte désormais la ville. Cet exode de plus de 50 000 personnes n'a pas empêché la population globale de tripler en trente ans.

A partir des années 1970, la ville a surmonté le marasme des années difficiles. Elle repart pour un nouveau destin. Le tourisme lui fait retrouver, l'été, son animation d'antan, lui redonne pour une saison son visage international. Il a entraîné une relance immobilière. La zone industrielle s'est agrandie et, avec elle, les quartiers populaires. La contrebande a changé. Les fortunes du trafic du kif dans le quartier Est s'affichent en de splendides villas au style caractéristique, avec leurs toits en tuiles, relevés aux angles.

La ville internationale s'est muée en grosse cité marocaine. Pas tout à fait comme les autres. Les Européens fidèles de Tanger y continuent d'entretenir un foyer de vie internationale et culturelle particulier. La marque générale espagnole n'est pas effacée. On retrouve dans l'espace urbain les différentes phases d'une longue histoire. Ainsi coexistent la vieille cité, la Kasbah, le quartier de la Montagne, ses palais et ses jardins, les quartiers populaires, la banlieue issue du négoce, les grands hôtels de la plage.

Les liens spéciaux que la ville entretient depuis des siècles avec l'Europe si voisine sont maintenus. Ils prennent une forme et une force nouvelles. Entre le Maghreb qui tend à s'unir et l'Europe du marché commun, Tanger se retrouve ville-charnière. On reparle — et désormais sérieusement — du tunnel sous le détroit, évoqué depuis plus d'un siècle, voire d'un pont. Le nouveau réseau d'autoroutes et de trains rapides d'Andalousie prend en compte le port d'Algésiras et son vis-à-vis. La construction de l'autoroute de Rabat à Larache est décidée, la partie devant atteindre Larache entreprise.

Tanger se retrouve ainsi entre les deux mondes qui nourrissent son passé, l'Europe et l'Afrique marocaine. Elle se reprend à rêver. Et à entreprendre : zone franche pour attirer les industries, travaux d'infrastructure pour faciliter les liaisons, congrès et colloques pour évoquer le prochain futur de la Méditerranée occidentale. Ce renouveau ranime le passé.

Tanger, telle Protée, se présente sous des formes diverses, comme pour défier ceux qui l'interrogent pour y découvrir le secret de son charme. Il tient aux villes différentes, séparées et unies, qu'elle contient. Elles nous parlent leurs langues propres et mystérieuses, constituées par le lieu et l'histoire, les traces des populations qui s'y succédèrent. Elles suscitent les pèlerinages. On y évoque hauts faits et figures du passé, nostalgies et espoirs, ce qui fond, dans une mystérieuse alchimie de l'imaginaire, hier et aujourd'hui.

Aux mythes fondateurs se sont ajoutés ceux laissés par chaque grande période d'une histoire millénaire. Ils contribuent, ensemble ou séparément, dans des amalgames changeants, comme les couleurs du jour ou du temps modifient le décor, à faire naître de la ville des émotions multiples, toujours renaissantes dans leur infinie diversité.

Le port de Tanger, admirablement situé dans une rade protégée au maximum, ne suffit plus au trafic maritime « passé de 800 000 tonnes en 1987 à 1,4 millions de tonnes en 1991, soit une croissance de 75 % », comme le disait le 19 mai 1992, le PDG de l'Office d'Exploitation des Ports du Maroc, M. Mohamed Hassad.
« Pour les containers et pour la même période, le trafic s'est accru de 35 % ; le taux de croissance a été de 27 % pour les camions T.I.R. (internationaux). »
Les deux prochains plans quinquennaux (1993-1997 et 1998-2002) prévoient de consacrer deux milliards de dirhams à la construction d'un nouveau port sur la côte atlantique, au sud de l'aéroport à environ 10 km du cap Spartel...

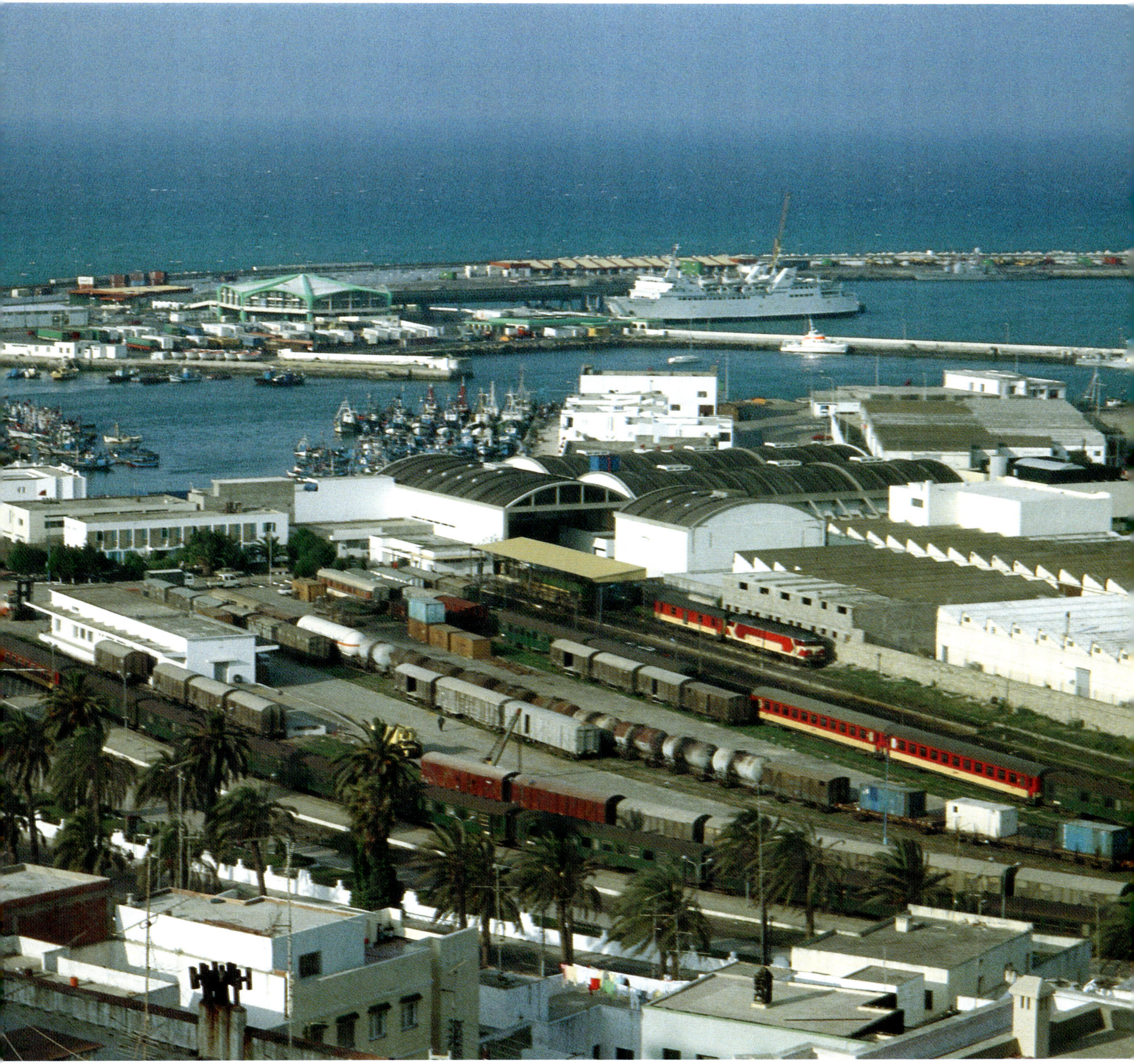

Hercule ou Alexandre le Grand ?
Tanger, porte entre deux mondes,
riche de tant de mondes...

Pourquoi ne pas croire l'historien En-Naciri, surtout quand il s'abrite derrière Dieu, qui sait tout ?... Son *Histoire du Maroc* (Edition Librairie Orientaliste Paul Geuthner, Paris, 1923, traduction Graulle) nous donne la version suivante de l'ouverture du détroit :

« S'il faut en croire plus d'un historien, le Maroc et l'Espagne étaient autrefois contigus l'un à l'autre et les Marocains avaient à supporter des attaques continuelles de leurs voisins. Alexandre (le Grand) étant venu à passer chez eux, ils se plaignirent à lui et lui exposèrent leur situation. Alexandre convoqua les ingénieurs, se rendit jusqu'au détroit actuel, c'est-à-dire le détroit de Ceuta, et fit mesurer le niveau des eaux des deux mers. Il fut constaté que le niveau de l'Atlantique était légèrement supérieur à celui de la Méditerranée.

« Il ordonna alors d'enlever les terres qui se trouvaient sur le rivage de la Méditerranée et de les transporter des parties basses dans les parties hautes. Il fit ensuite creuser entre Tanger et l'Andalousie jusqu'à ce qu'on eût atteint les couches dures du sol. Sur ces couches dures, il construisit avec des pierres et de la chaux une digue solide, dont il fixa la longueur à douze milles : c'est la distance qui séparait les deux mers.

« En face de cette digue, il en construisit une seconde du côté de Tanger. Il laissa entre les deux un intervalle de six milles. Quand ces digues furent construites, il ouvrit un passage aux eaux de l'Océan qui, avançant entre les deux chaussées, tombèrent dans la Méditerranée. L'eau monta et les dépassa de onze tailles d'hommes, noyant plusieurs villes et faisant périr de grands peuples qui se trouvaient sur les deux rives.

« Sur le bord du côté du Maroc s'élèvent le Qcar-el-Majaz (le Qcar du Passage), Ceuta et Tanger. Du côté de l'Andalousie se dressent la montagne de Tariq ben Ziyad (Gibraltar), l'île de Tarif ben Malek (Tarifa) et l'île verte (Algésiras). Entre cette dernière et Ceuta se trouve le détroit appelé Zoqaq ou Boughaz (détroit de Gibraltar).

« Les anciens historiens latins et grecs parlent à peu près de même du fait que le territoire du Maroc touchait à celui de l'Espagne, mais ils attribuent l'ouverture du détroit au puissant roi Hercule.

« Le Très-Haut en sait davantage sur ce qu'il y a de vrai là-dessus. »

Et si Alexandre le Grand, dans une autre vie, trois siècles plus tard, avait rencontré Juba II ?... La moue boudeuse de l'adolescent royal aurait fait oublier la grâce d'Héphaistion et on peut continuer à rêver... A rêver sur tous les mondes qui font Tanger, tous ces milieux non communicants mais qui se retrouvent pour aimer Tanger vécu et rêvé.

Cet ouvrage est un livre d'images où chacun peut projeter ses propres images de l'idée qu'il se fait, ou qu'il a, de Tanger, ville mythique comme on dit, ville à facettes, ville divisée et complexe, de l'une à l'autre de ses sept collines.

« Tanger n'est plus un lieu d'écriture. Mieux que cela, elle est devenue matière à roman... » écrit Tahar Ben Jelloun, orfèvre en la matière, dans un article du « Monde » du 14 mars 1992.

Plus un lieu d'écriture ? Mais *Jours de silence à Tanger*, où Tahar Ben Jelloun rend parfaitement l'angoisse de la solitude, a sûrement été écrit, pour beaucoup de ses pages, à Tanger même... Mais Paul Bowles, Iain Finlayson, Rodrigo Rey-Rosa etc. Et Mohamed Choukri, dont le même Tahar Ben Jelloun avait traduit en français *Le Pain Nu*, autobiographie grinçante d'un enfant de la rue, ne vient-il pas de publier, en arabe, la suite de ce *Pain nu* ?

Signe d'une évolution obligée, c'est au cours d'une soirée littéraire du Rotary-Club Doyen que l'écrivain, longtemps maudit, présenta son œuvre, invité par le président Mahmoud El Jadidi et Rachel Muyal.

Ce livre est déjà assuré de plusieurs traductions à travers le monde, de l'espagnol au japonais, du suédois à l'anglais : nous sommes nombreux à nous réjouir du succès d'un écrivain qui finit par être « prophète en son pays », et dans cette ville où, comme l'écrit excellemment Jean-Louis Miège, « les hommes de l'ombre ont fait ombre à la ville ».

Le détroit de Gibraltar. On distingue à droite les côtes marocaines et, par temps clair, les côtes espagnoles.

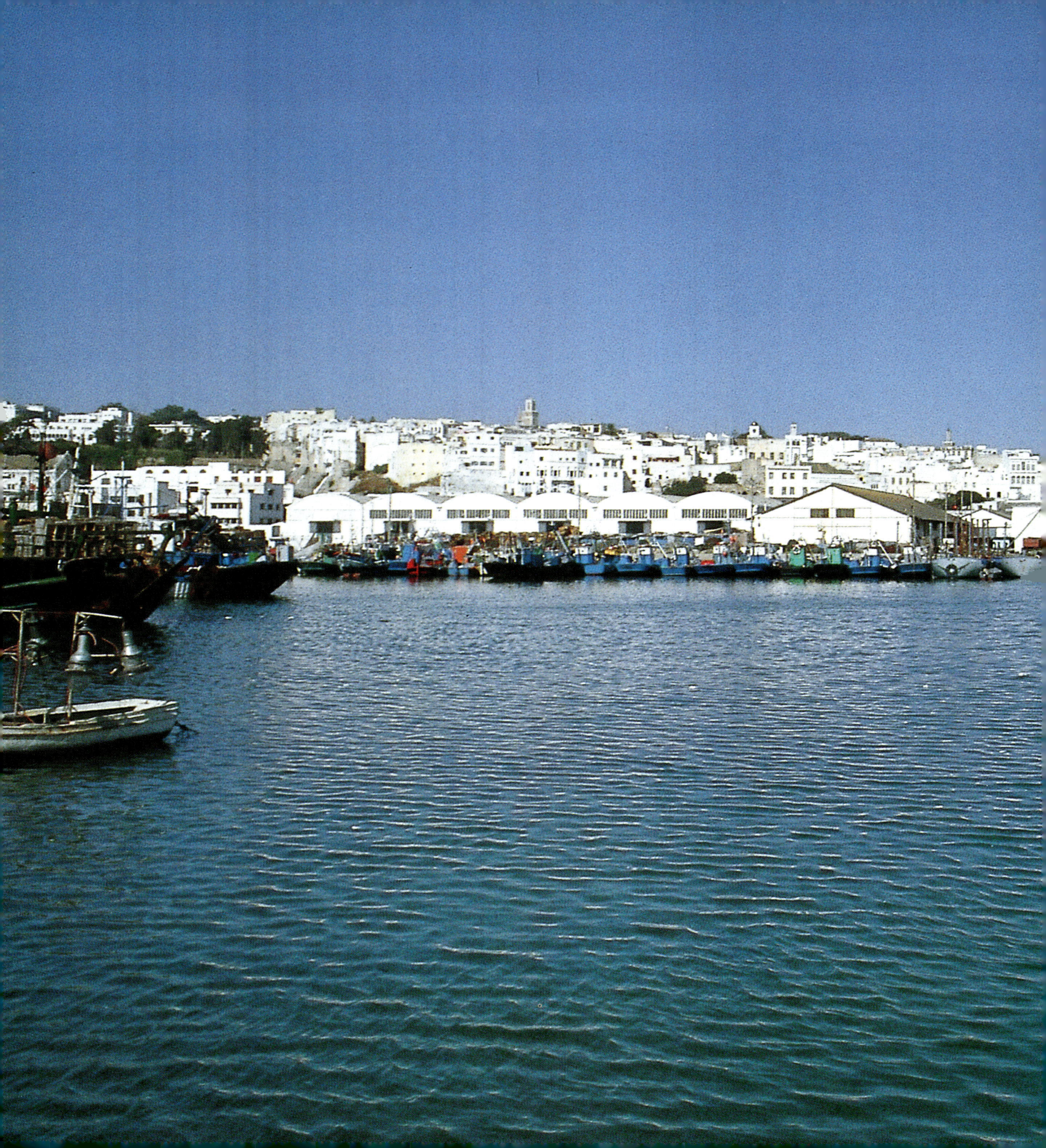

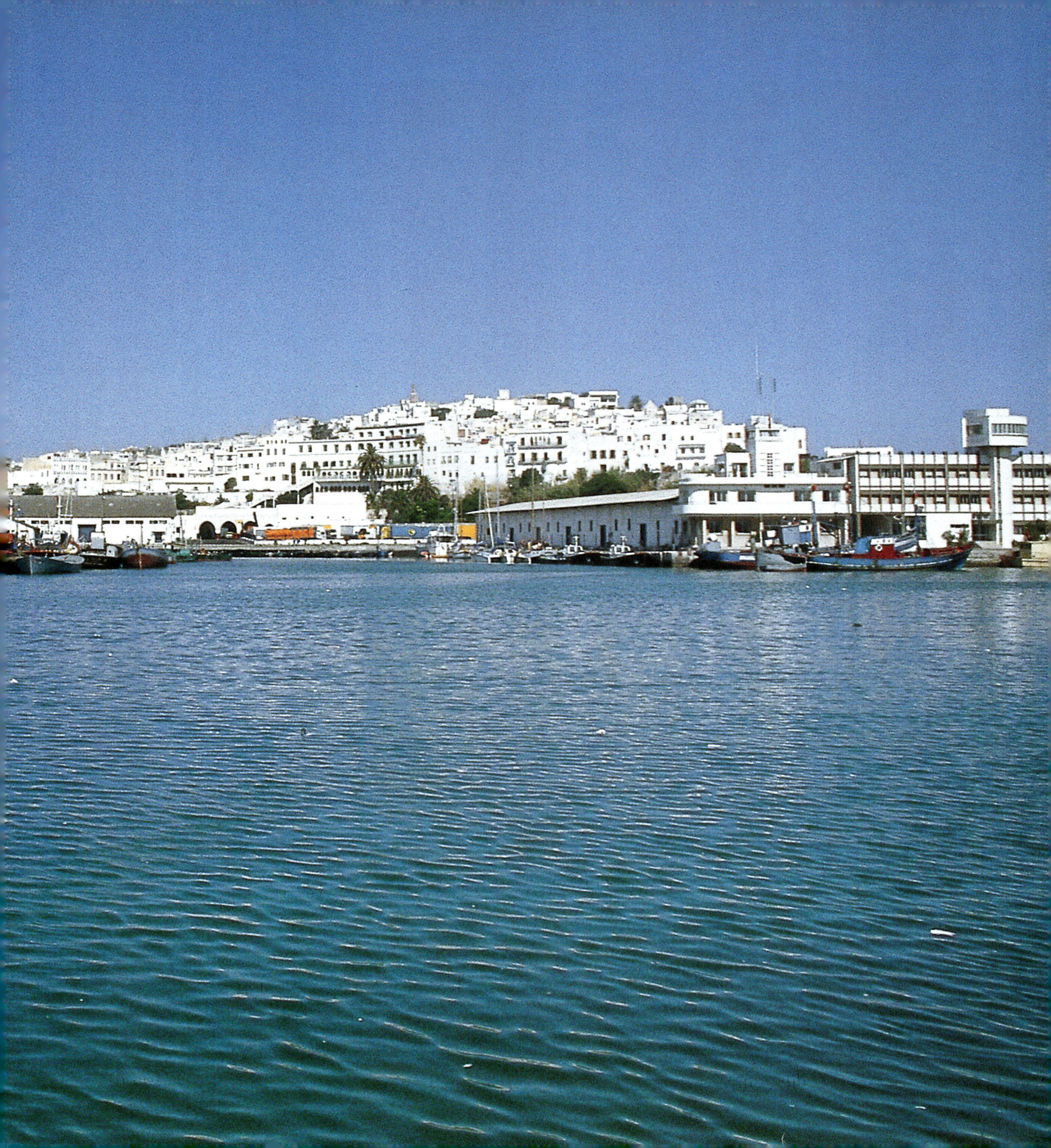

Le bord de mer : de William Burroughs à Walter Harris

Rêver, c'est ce à quoi Tanger invite, avant même qu'on y touche, par air, par mer ou par terre.

On ne prête qu'aux riches, et si Alexandre le Grand marche sur les traces de son « ancêtre » Hercule, si la liaison des deux mers a suivi ou précédé la rupture du nœud gordien, touchons terre au plus bas et abordons Tanger avec tous les souvenirs et tous les rêves que cette ville, ambiguë et cosmopolite, commande.

Dès le port, dès la gare, la première surprise vous attend : les « guides », les faux-guides ! Jeunes, ou moins jeunes, offrant leurs services.

Là-haut, sur la colline du Charf, l'Institut international du Tourisme veille au grain et, d'année en année, diplôme d'excellents étudiants, dont beaucoup pourraient se faire une spécialité précieuse en devenant les guides experts, et recherchés, d'une ville qu'on doit présenter comme on l'aime.

En attendant, le plus simple est de pouvoir être accueilli par un ami marocain, et si vous n'avez pas, dès l'arrivée, la chance d'avoir cet ami, faites-vous en un au plus vite et, livres sous le bras, parcourez cette ville étrange, mythique, aux quartiers non communicants, puisque bâtis — depuis toujours — sans plan d'urbanisme apparent.

C'est encore William Burroughs qui est le meilleur guide, aux alentours du port et des bas-fonds de la vieille ville.

« Tanger, c'est la fin du monde, non ? » lui demandait un « junky » dans un bar des docks de Londres ou de

La gare maritime de Tanger connaît une intense activité de bateaux spacieux et confortables, tels que le « Boughaz », le « Marrakech », l'« Ibn Batouta » et d'autres, reliant l'Europe à l'Afrique.

Les pêcheurs de Tanger, entre le stade artisanal et la pêche industrielle.

New York. Pour nous, Tanger n'est pas la fin du monde ; ce n'est pas la fin d'un monde non plus : Thierry de Beaucé l'a montré subtilement dans sa *Chute de Tanger*.

Avec quelques autres livres, de Paul Bowles bien sûr, et des écrivains marocains recueillis et transcrits par lui, de Robert Briatte (sa biographie de Bowles et son onirique *Tanger s'il y a lieu*), de Daniel Rondeau, de Paul Morand, de Joseph Kessel, de Michelle Green, d'Iain Finlayson, de John Hopkins, de Mohamed Choukri et de Dominique Pons (publié par un éditeur enfant de Tanger : Jean Picollec), le voyageur pressé est pourvu.

Du bateau, il a déjà été séduit par la rade, la plage immense, les restes de remparts d'où les « rois » de Tanger l'ont déjà repéré. Les belles demeures de la Kasbah, du Marshan, de la Montagne préparent des fêtes, chez Malcolm Forbes, chez Yves Vidal, chez Adolfo de Velasco, chez Salah Balafrej, les Oueslati et quelques autres.

Nous irons d'abord le long de ce front de mer, sur cette avenue des F.A.R. (Forces Armées Royales), anciennement avenue d'Espagne, à la poursuite de Roland Barthes, de Michel Foucault, de Samuel Beckett.

Ancienne brasserie de Bretagne, le restaurant L'Marsa est un des exemples de ce que la jeune génération d'hommes d'affaires tangérois sait faire : un établissement bien restauré, bien entretenu, qui devrait donner le ton. Il détonne, au contraire, dans la masse grise des façades lépreuses, derrière lesquelles, souvent, ne se passe plus rien ; comme si on attendait que tout se délite et s'effondre pour faire place à la frénésie immobilière des buildings qui poussent partout, et n'importe où.

C'est là, pourtant, que Bertolucci, transformant une façade grise en hôtel des années 40, a tourné le début et la fin de son *Thé au Sahara*, avec un Paul Bowles énigmatique qui semblait se demander quel écrivain avait écrit le livre...

L'Hôtel Cecil, un peu plus loin, a souvent abrité Michel Foucault ; ses chambres à l'ancienne, à hauts plafonds, font encore rêver. A l'Hôtel Rif, plus loin, tout le monde est descendu un jour ou l'autre ; l'accueil d'Aimé Serfaty et de Simon Cohen est chaleureux, et leur connaissance de la ville et de ses divers milieux, appréciable.

Les architectes de l'Hôtel Rif, Dupré et Raulin, sont également ceux du Consulat de France ; la piscine est dans le rocher.

Simon Cohen sort de l'Hôtel Rif, son petit chien au creux du bras. Plus « Finzi-Contini » que jamais, Simon regagne sa maison de la rue de la Plage, où les argenteries, les miroirs des plafonds, les bronzes d'art, les photos de famille et les portraits par Claudio Bravo ou l'orientaliste déniché à Moscou ou à Portobello Road font un intérieur étonnant, à la Visconti. Derrière la maison, l'ancien cimetière juif, qu'on peut visiter en appelant la gardienne ; c'est un enclos, autrefois hors les murs, envahi d'herbes folles.

Le front de mer vous mènera jusqu'à la Villa Harris, en passant par l'Hôtel Solazur, où les touristes allemands et anglais admirent le ballon offert par l'hôtel à Malcolm Forbes, dont la nacelle se gonfle sur deux étages. Le ballon est là, pour les invités de marque de la fameuse fête Forbes (19 août 1989) qui y étaient logés, ceux du moins qui n'étaient pas venus sur leur yacht. Samuel Beckett y descendait, avec son épouse, et marchait, solitaire, sur la plage.

Dominent déjà les buildings de la promotion immobilière en cours, qui surgissent çà et là, sans plan d'urbanisme apparent, et on se prend à rêver à ce qu'un urbaniste, un architecte, pourrait accomplir dans une volonté établie, dans un souci à la Prost, sinon à la Hassan Fathy... Les architectes urbanistes ne manquent pas, pourtant, à Tanger, où quelques beaux immeubles le prouvent, que nous n'aurons pas de peine à reconnaître...

Comment les peintres ne seraient-ils pas inspirés par ces lignes, ces couleurs, ces volumes ?

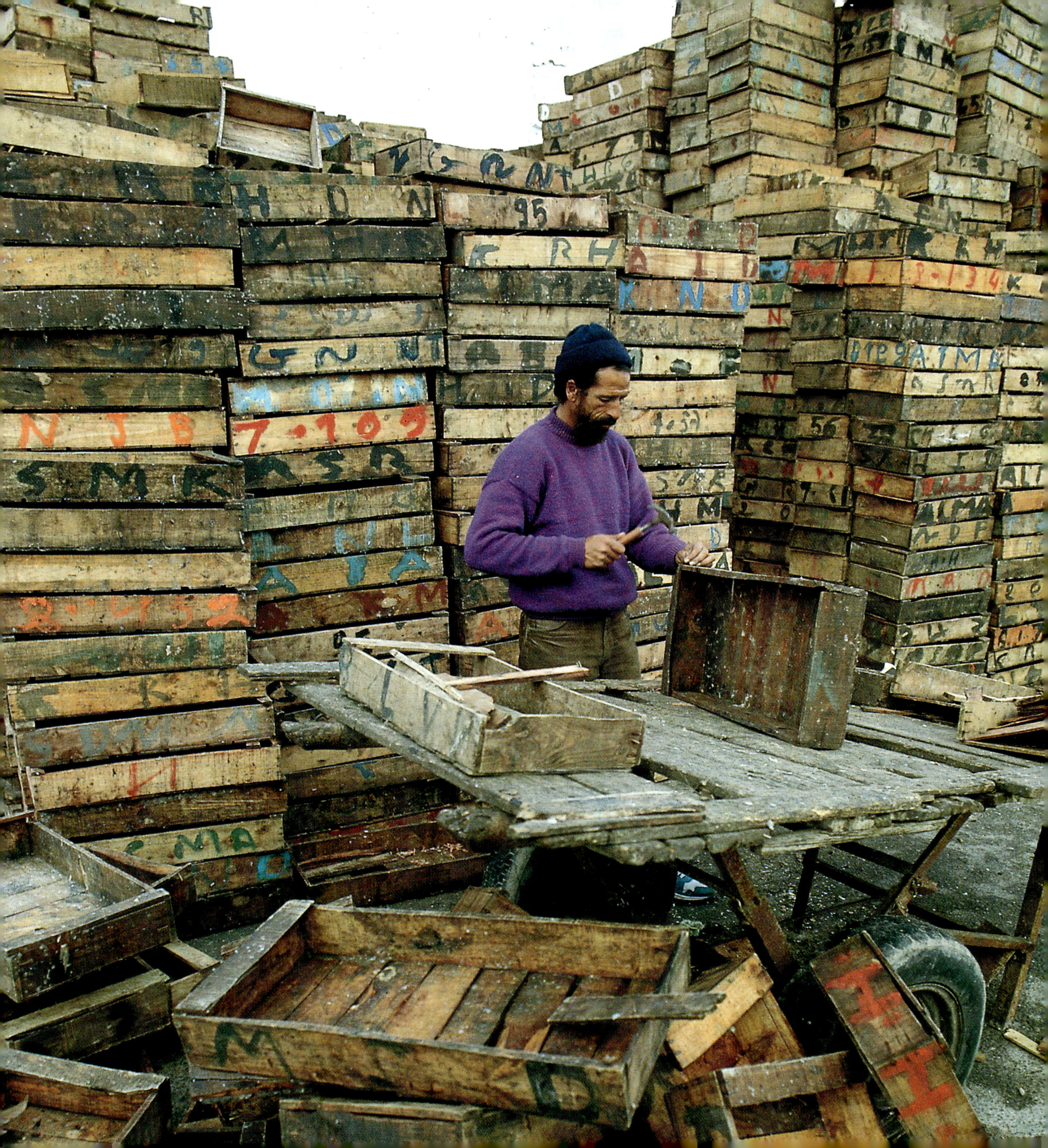

Derrière ce front de mer, des terrasses ont encore vue sur la mer, et Tahar Ben Jelloun peut admirer, entre son épouse et ses enfants, la vue « imprenable », d'ouest en est ; son ancien appartement, qui domine le Miami (une boîte toujours à la mode), est aujourd'hui celui d'un jeune économiste international, Nicolas Gergely, signe d'un renouveau de Tanger qui continue d'attirer, non pas des retraités, mais de nouvelles générations actives, locomotives de demain : n'est-ce pas Carlos Ibarra, peintre sculpteur, décorateur de Madrid ? Ils cohabitent fort bien avec les vieux Tangérois, nostalgiques, bien sûr, dans leurs appartements 1930, qui disent toujours que ce n'est plus comme avant, comme avec les écrivains et les peintres de Tanger, rencontrés Galerie Tanjah-Flandria, grâce à Souad Bahechar et à Jamal Souissi, et Galerie Delacroix, grâce au Centre Culturel Français.

Tanger n'est pas qu'une vieille belle, les jeunes générations y travaillent, s'en inspirent et exportent une image de plus ajoutée à toutes les idées reçues.

Puis, c'est le bâtiment à la Lyautey de l'ancienne Manufacture des Tabacs, flanqué d'une maison à tourelle que le dessinateur Loustal a intégrée dans une de ses bandes dessinées, alors qu'elle paraît en sortir.

Un brouillard de filets de pêche contraste avec les pommes rouges des flotteurs : le Jardin des Hespérides était — dit-on — dans la région...

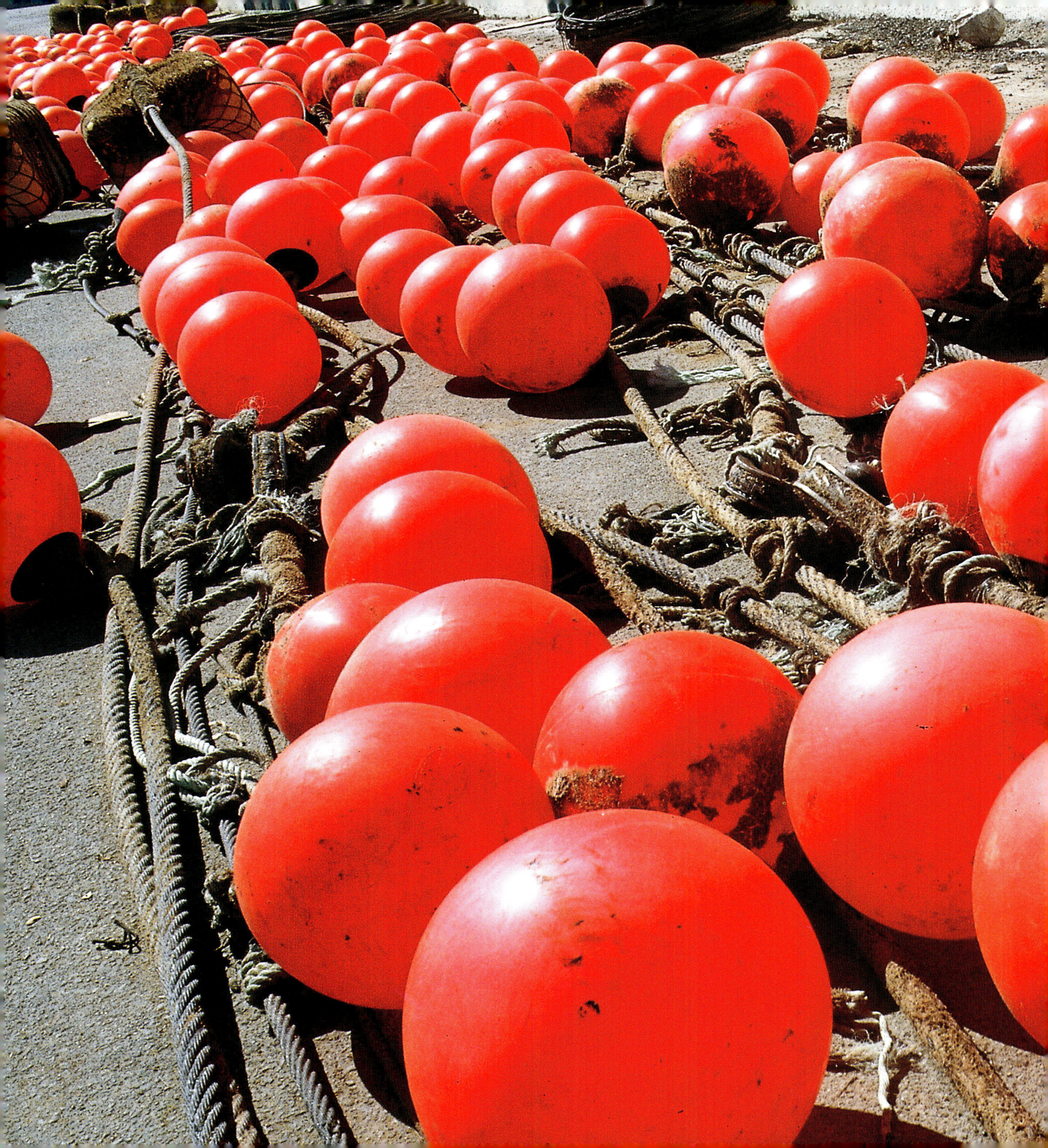

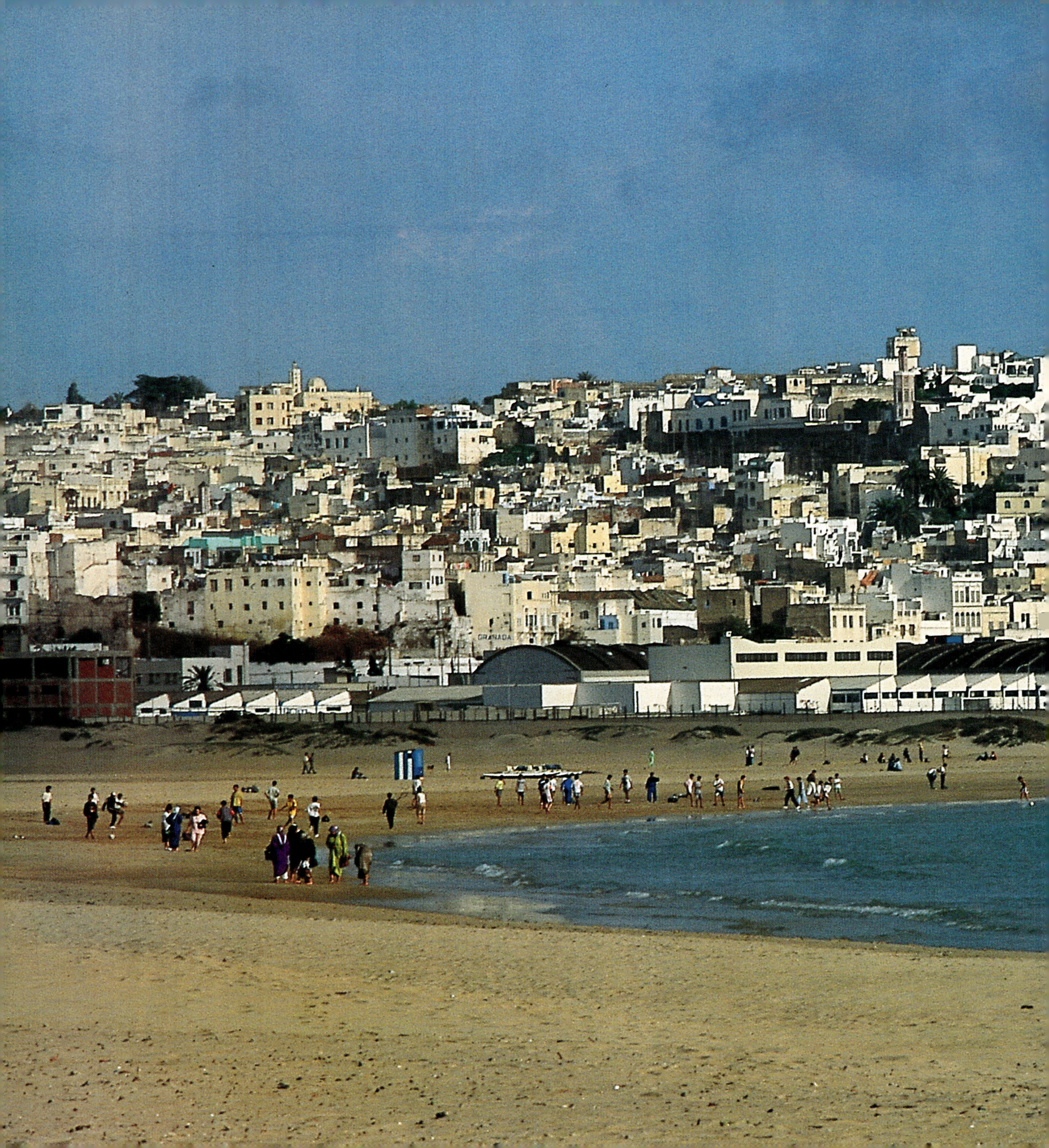
GRANADA

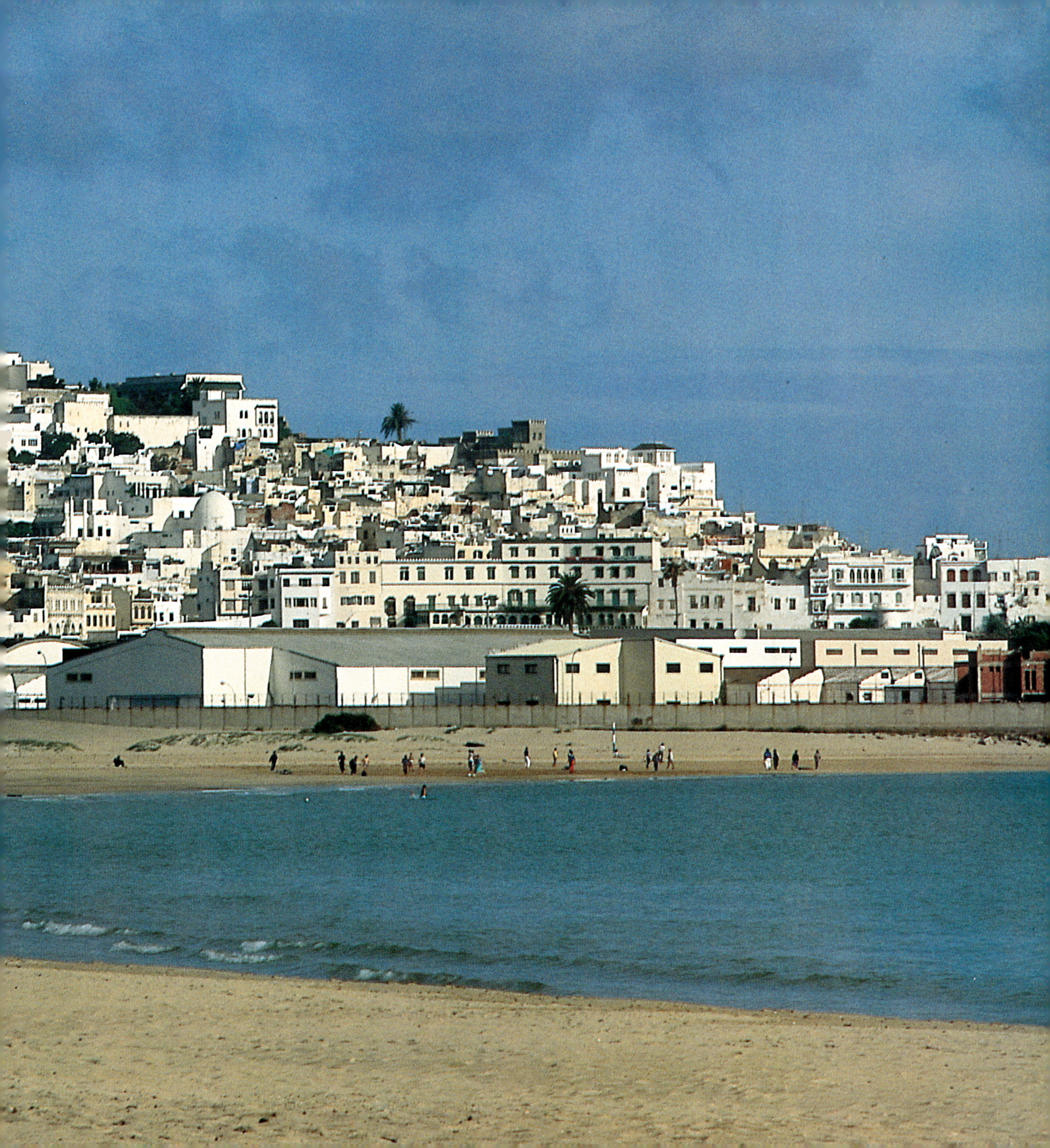

On traverse le passage à niveau : Eh ! oui, le train longe la plage, entre les hôtels et la mer, et ce n'est pas la moindre surprise de Tanger que ce train sifflant et cahotant au-dessus des « balnéaires ». On parle toujours de repousser la gare à quelques kilomètres comme, en 1992, on parle de transporter le port à des dizaines de kilomètres au sud, après l'aéroport : un serpent de mer de plus pour les bruits et rumeurs de Tanger.

En attendant, on laisse passer le train pour aller se perdre dans les jardins glorieux de la Villa Harris, ancienne villégiature du célèbre journaliste américain enlevé, lui aussi, par le rebelle Raïssouni au début du XXe siècle. Walter Harris y a planté des essences rares, comme l'ont fait, au Marshan et à la Montagne, d'autres Anglais, retour des Indes, qui en ont rapporté des graines précieuses.

La Villa Harris fut, un temps, le casino où les officiers d'intendance de l'occupation espagnole se suicidaient — dit-on — après avoir joué, et perdu, la solde de leurs compagnies. Le Club Méditerranée y entretient avec soin un jardin unique où l'on peut continuer à rêver.

A rêver que Tanger est encore une ville de rêve, un mythe, une ville-culte pour lecteurs de livres-cultes, une ville à l'aura perverse et diverse, qui sent le soufre comme certains vieux souvenirs, et qui, pour celui qui l'aime et l'habite « normalement », a surtout le charme indéfinissable de ce qui ne sera bientôt plus : Istanbul, Alexandrie, Trieste, Venise ; la Méditerranée finit ici, ou bien elle commence, car ce n'est pas la fin d'un monde, Bill Burroughs, c'est la porte de deux mondes, une porte qui s'ouvre, de plus en plus, à deux battants, sur le monde maghrébin et africain et sur le monde occidental.

On le voit nettement en revenant de la Villa Harris vers le port, le long des restaurants de plage où toutes les nationalités côtoient les touristes marocains de l'intérieur, de plus en plus nombreux l'été.

La plage est propre, aujourd'hui ; la mer est belle et on distingue bien les côtes d'Espagne : attention, il va pleuvoir demain !

On le voit au Nautilus, réussite sobre du décorateur américain Stewart Church, où Jacques Demignot trouve peut-être l'inspiration pour les tissages et les tapis de son atelier Z'Rabi ; on le voit au Chellah Beach Club, où la championne de funboard Nathalie Simon anime une plage de sable fin, une des plus soignées de la baie ; on le voit à ce caboulot presque niçois, Emma BBC Beach, tenu de main de maître par une espèce de Suzy Solidor danoise qui a été, dans le temps, chauffeur de taxi à Tanger, où elle a même dirigé une petite compagnie de ces véhicules, éphémère, car il ne faut quand même pas trop brusquer le macho... Un restaurant libanais sert, plus loin, de bons mezzés et, passé le Miami qui est, la nuit, une boîte comme il y en avait à Cannes du temps des « Trois Cloches », on arrive au Yacht Club, assoupi et tranquille le jour, « mondanisé » le soir par Gian-

Le restaurant Nautilus, un des meilleurs de la plage, grâce à Rachid Temsamani, et un des plus harmonieusement décorés, grâce à Stewart Church, qui a très bien élaboré les plafonds en treillis traditionnels.

La piscine de l'Hôtel Rif (architectes Raulin et Dupré, ceux du Consulat de France), bien intégrée dans le rocher.

Derrière la paillotte du Balnéaire Chellah, où la championne de funboard Nathalie Simon a donné du caractère et du style à la plage, un des deux ou trois beaux immeubles modernes.

Carlo, suivant le mouvement menant de Marrakech, l'hiver, à Tanger, l'été.

Les glaces et les créponnés de citron sont savourés, en famille, sous les palmiers du front de mer ; à l'Est, les lumières de Malabata et du Charf, d'où Salah Balafrej, président des Hôteliers et Promoteurs de Tourisme, nous regarde de la terrasse de sa somptueuse maison (voir page 256-257), due à Stewart Church, demeure que Salah Balafrej a voulue, à contre-courant, regardant la ville, offerte devant lui, alors que la mode poussait vers l'Ouest. Signe que Tanger n'est pas immuable ni endormie, et qu'on y peut rêver partout.

Y rêver au curieux destin de cette ville, longtemps salle d'attente de l'Empire chérifien, souvent occupée, et détruite, comme toutes les villes-frontières, toujours accueillante, mais aussi offerte à l'extérieur, comme tous les ports.

Y rêver d'une colline l'autre, à ce partage architectural de la ville, partage décidé administrativement en 1948, et qui se présentait ainsi : à l'architecte français Fournier de Cora, le centre ville et le siège de l'Administration de la zone ; à l'italien Messina, le port et la zone industrielle ; à l'espagnol Antonio, les quartiers résidentiels de la Montagne et environs ; et au britannique Cordier, l'habitat économique.

Le Yacht Club de Tanger, rendez-vous des vieux Tangérois nostalgiques, des douaniers et des cadres de la Zone franche voisine.

L'escalier d'Emma BBC Beach : tout commentaire affaiblirait l'image...

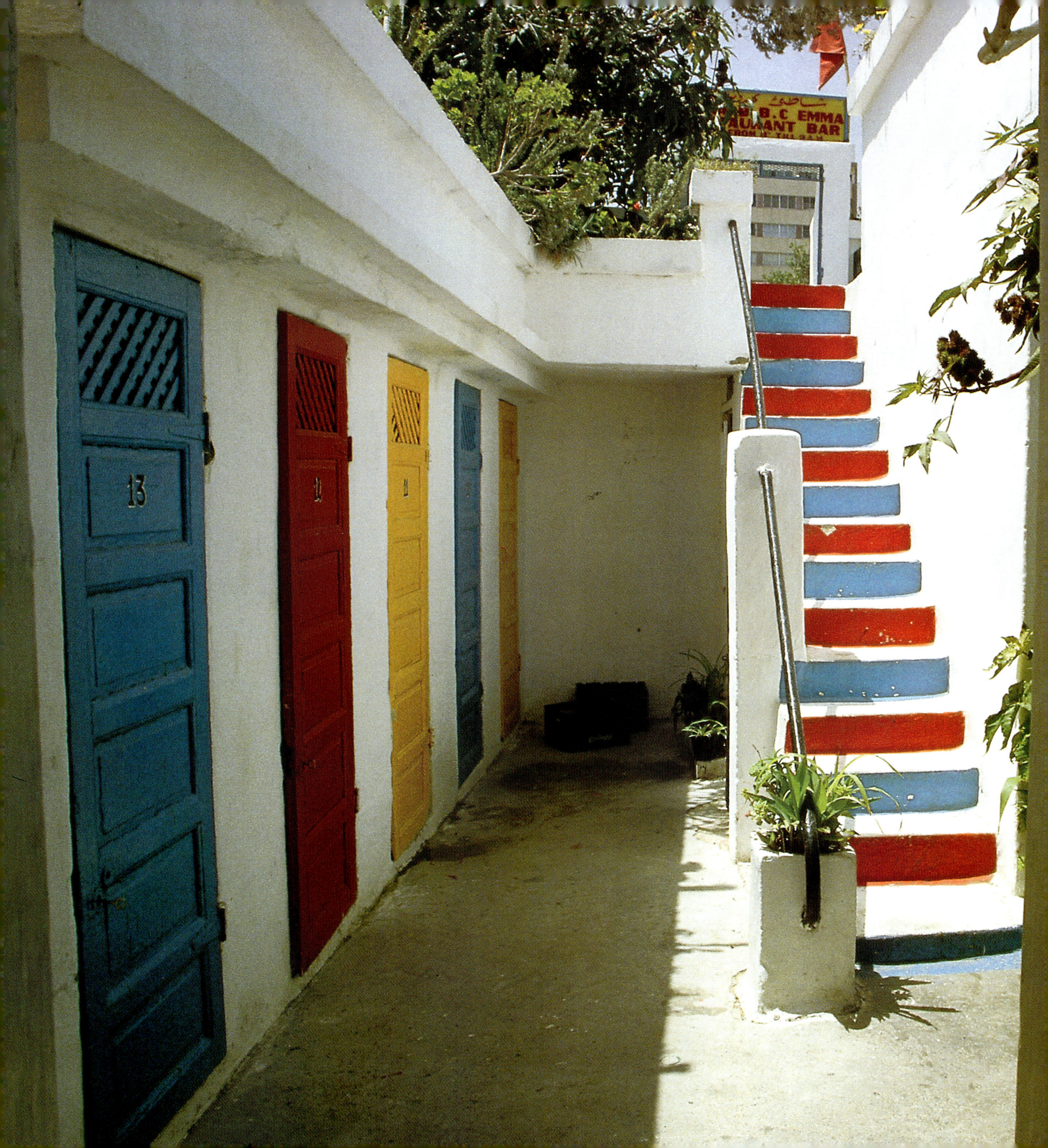

B.C EMMA
BAR

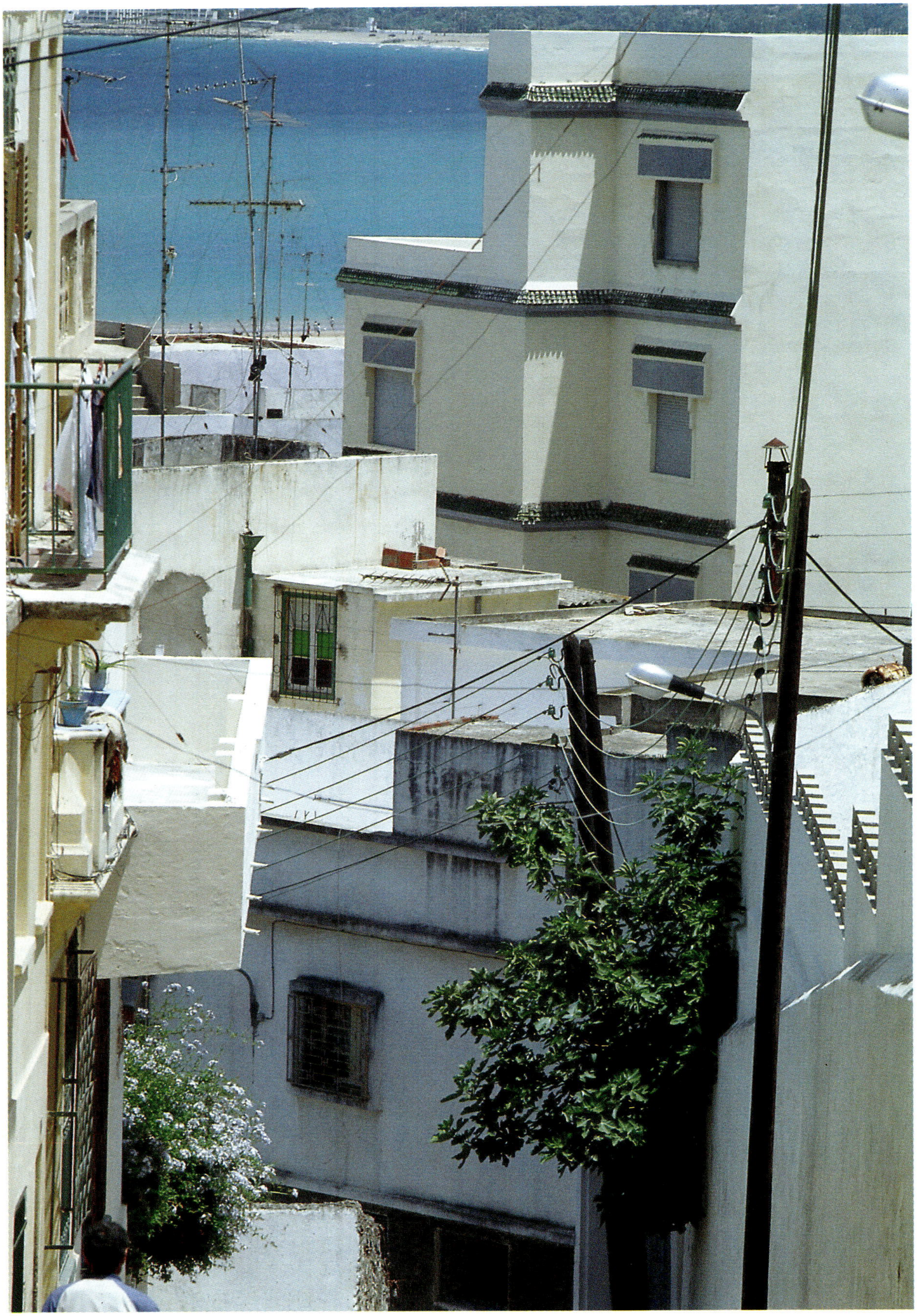

A deux pas du port et de la plage, on est déjà en pleine ville et l'œil plonge avec ravissement sur ces échappées de lumière, ce bleu « Matisse », ces blancs crémeux.
Et de simples, mais confortables et très correctes pensions, marient le style andalou et les poèmes libertins d'Omar Khayam.

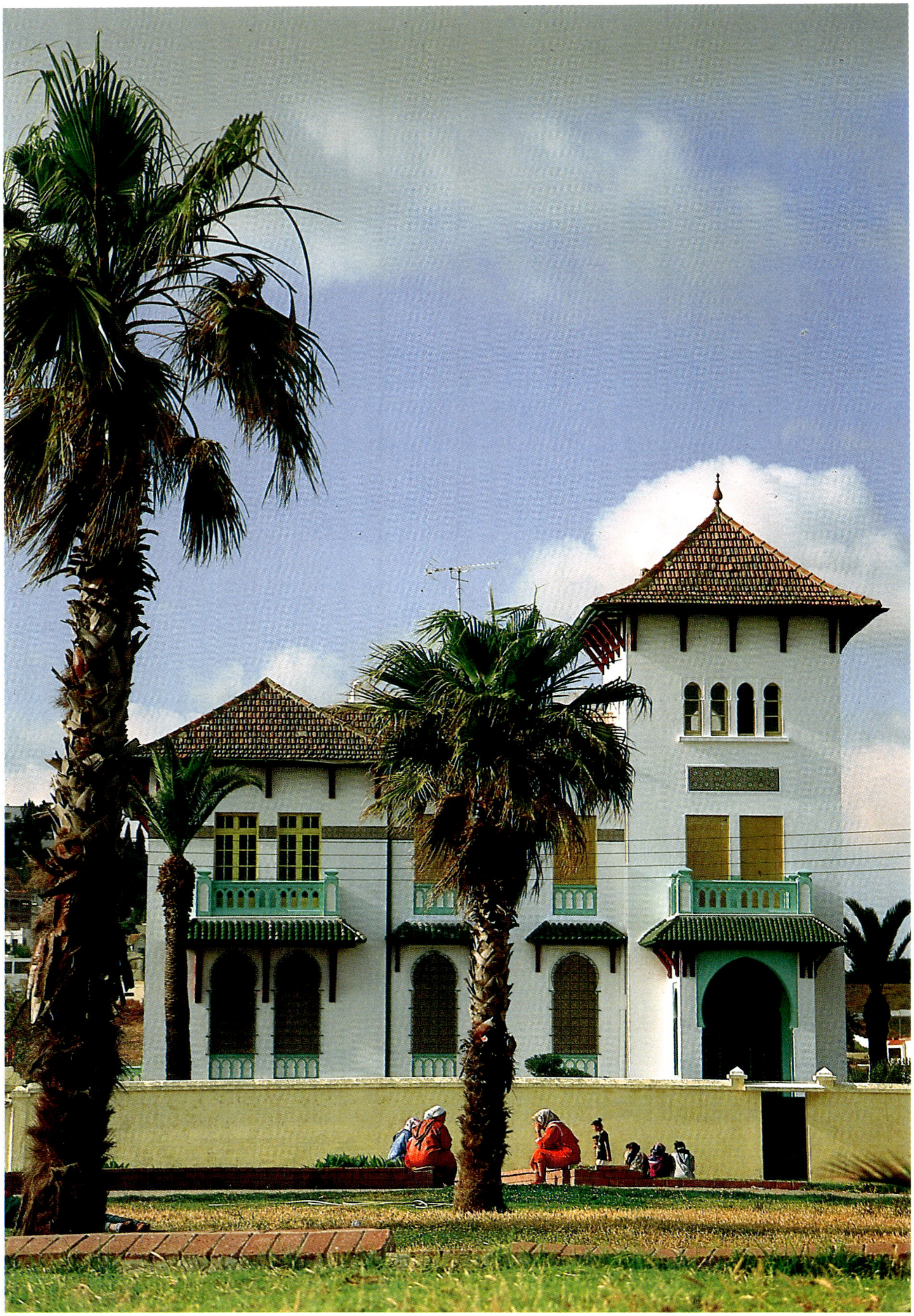

A gauche, un des rares exemples tangérois de cette architecture néo-mauresque qui a donné son style à Rabat, puis à Casablanca : le dessinateur Loustal s'en est inspiré pour la couverture de la B.D. V comme engeance *(Loustal et Tito Topin).*
Ci-dessus, l'ancienne Manufacture des Tabacs, d'où ne sort plus aucune Carmen, et qui est aussi « habitée » que l'étaient les entrepôts Lainé à Bordeaux, devenus un musée du 21e siècle... et sa porte d'entrée, à droite.

D'où cette variété curieuse, ces quartiers qu'on croirait édifiés pour une autre ville, un autre pays, ces façades madrilènes, ces « pâtisseries » à l'italienne, ces souvenirs, ou ces hommages aux frères Perret ou à Mallet-Stevens et ce confort anglais dans les détails comme le rêve poétique dans les jardins.

Chacun, ainsi, peut y retrouver ce qu'il aime ou préfère, sans que Tanger soit pour autant une « auberge espagnole », selon l'expression si heureusement disparue...

« De tous les pays qui ont survécu aux convulsions dont la surface du globe a été agitée... Tanger est cette même ville qui, par sa position, ses climats et ses jardins, avait les charmes de l'illusion » disait déjà Chénier, cité par Mohamed Larbi Ben Othmane dans « Maroc-Europe ».

L'artisanat traditionnel se perpétue sous les mains de fée, les mains de fer aussi, sur des métiers de haute lice. Les motifs marocains voisinent avec les nœuds modernes et les carreaux 1930. L'atelier Z'Rabi (les tapis), grâce à Jacques Demignot, Christian Freydiger et Simon Ben Slimane, a fait revivre un art qui s'endormait. Et même le chat s'appelle... Matisse !

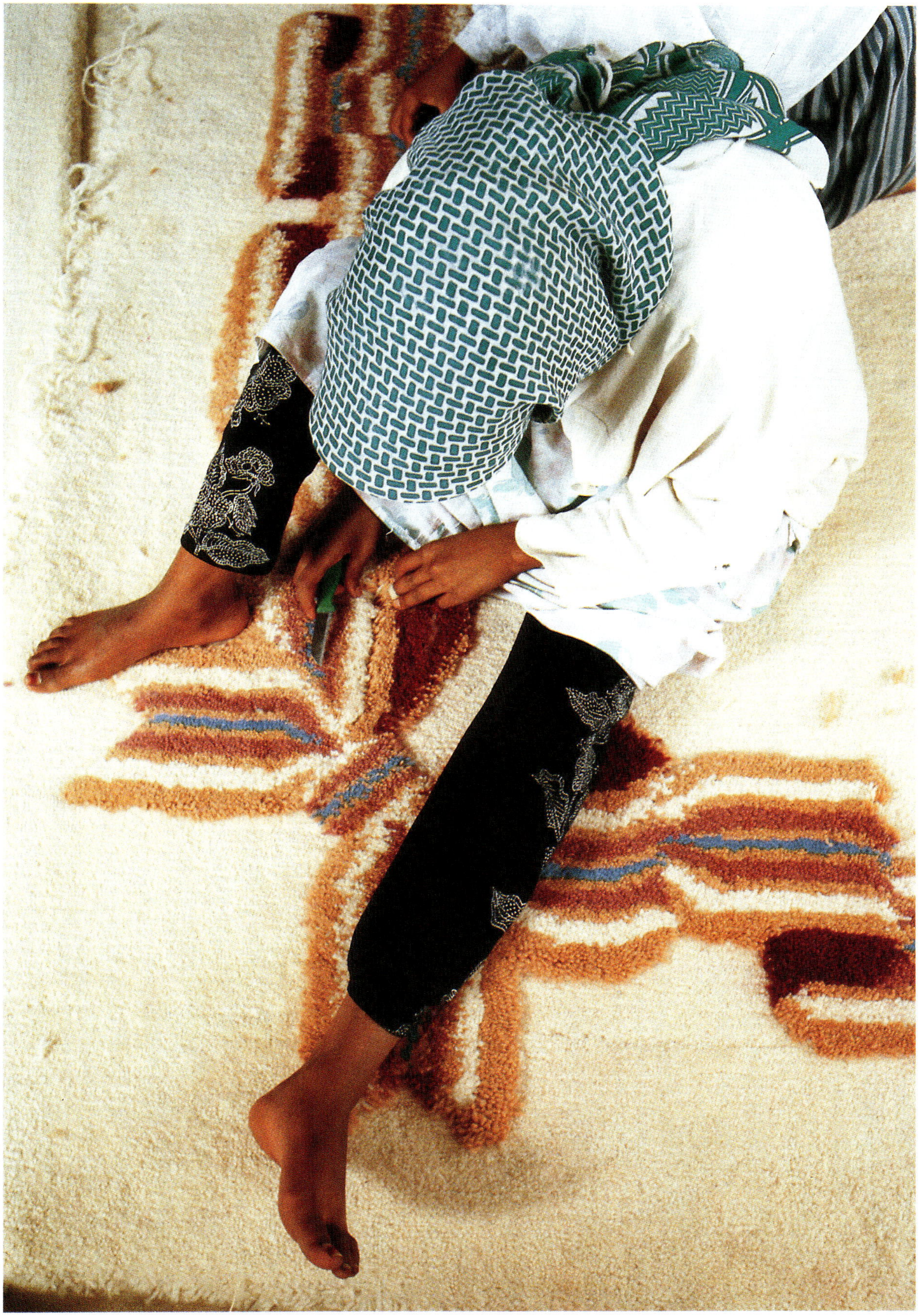

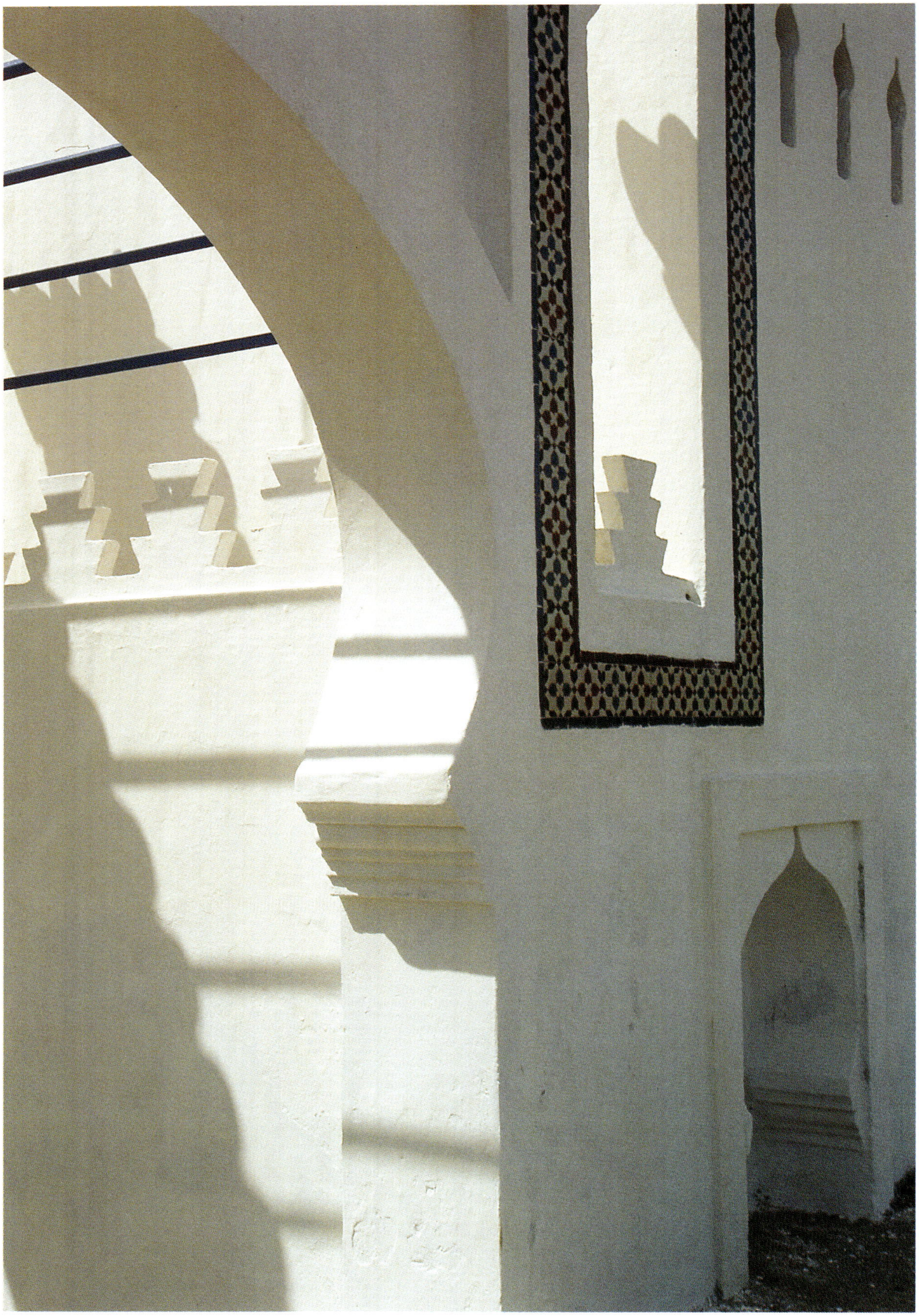

Walter Harris, correspondant du « Times » et familier du sultan Moulay Hassan (1873-1894), auteur d'un livre qui fait autorité sur Tanger et le Maroc, avait fait construire une maison de rêve dans un parc encore aujourd'hui préservé. Grâces en soient rendues aux Municipalités successives qui en évitèrent le lotissement et au Club Méditerranée qui l'entretient avec soin : Dominique Mosse, le jardinier-paysagiste, a choisi le Club pour les essences rares que le parc compte encore.
Ce fut aussi un casino et la légende veut que les officiers comptables de la garnison espagnole y jouaient leur solde, désespérément.

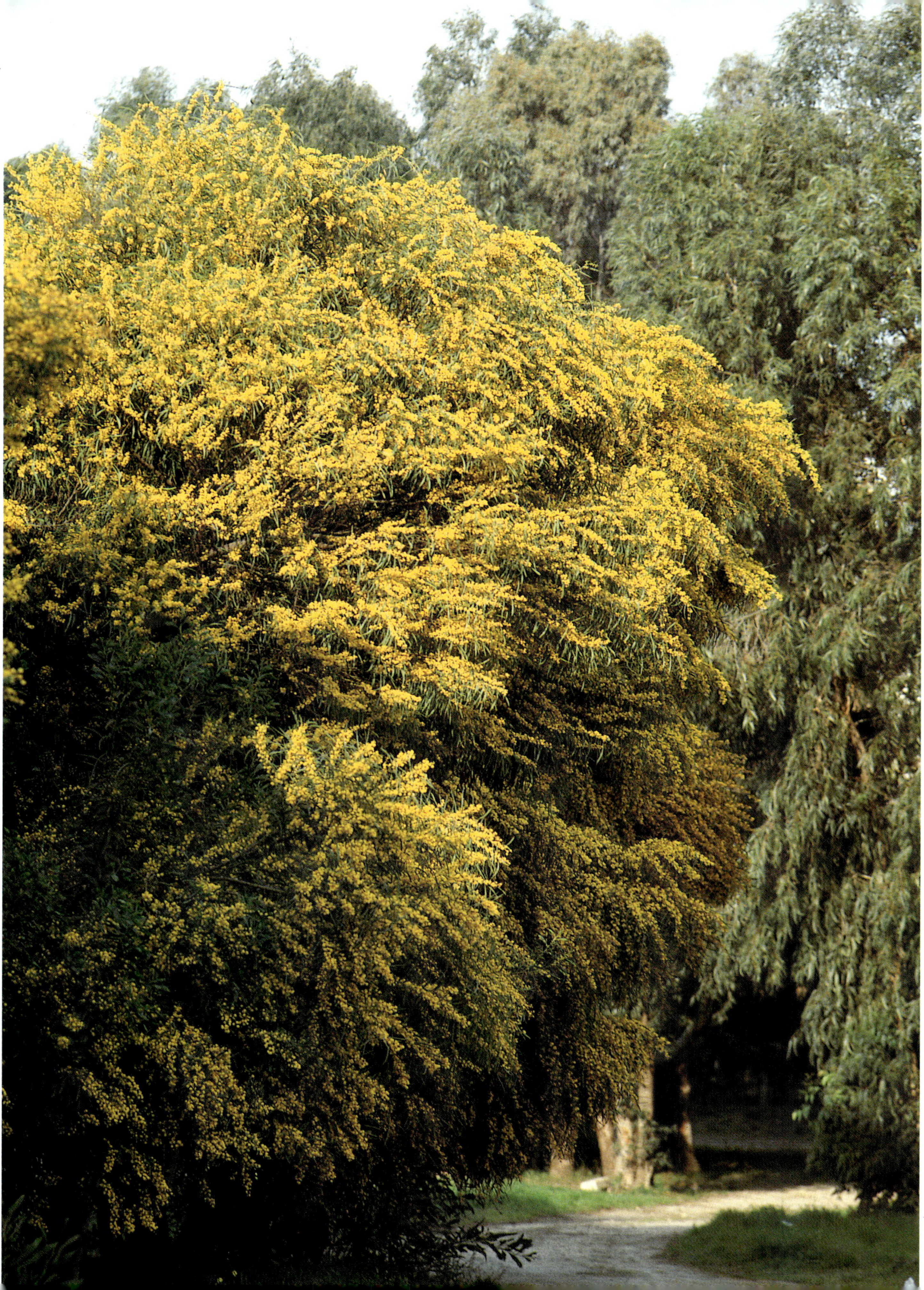

75

Dans les murs — Médina et Kasbah — avec René Caillié, Delacroix et Barbara Hutton

Dès le port, dès la gare, aux abords des remparts et des ruelles qui escaladent la vieille ville, on sent le vieux monde happé par les paumés d'ailleurs.

Etudiants trop blancs, ou rougis de coups de soleil, le havresac pesant et livres en main, les couples ne se défendant pas mieux que les solitaires.

Heureux sont-ils quand un étudiant marocain les prend en main, qui, pour la compagnie, pour le partage des repas, les mènera à travers les ruelles vers une de ces pensions, autrefois maisons de passe, où un afflux nouveau, celui des Africains en quête de passage vers l'Europe, a créé de nouveaux marchés...

Bâties sur les vestiges des remparts, les belles demeures attendent. L'Hôtel Continental est inchangé depuis toujours ; bien sûr, Irina Ionesco n'y aura pas de l'eau chaude à son gré, mais elle photographiera, tout autour, ce que son œil fiévreux capte de vrai, d'insolite.

Une autre prêtresse de l'objectif, Cherie Nuttig, s'est intégrée à fond et elle forme, avec Béchir de Jahjouka, un couple américano-tangérois réussi, plus que, naguère, le peintre Yacoubi dont la fille, américaine, cherche parfois à Tanger le vrai visage d'un père mal connu.

Les musiciens de Jahjouka, les maîtres-joueurs de flûte, ont donné, parfois, dans cet hôtel ouvert sur le passé, des séances de musique inoubliables, après cette Fête de la Musique du 21 juin 1990 où ils avaient improvisé, dans la cour du Centre Culturel Français de Tanger, un bruissement de flûtes hors du temps, en hommage à Maurice Fleuret, instigateur de la Fête de la Musique et défenseur inégalé des musiques traditionnelles. Béchir et ses frères jouent, parfois, dans une maison, dans un jardin, pour des amis seulement, mais c'est à Jahjouka qu'il faut aller les écouter, en prenant le temps d'y passer un jour, deux jours, comme les Rolling Stones le firent, amenés par Hamri et Brion Gysin, après Ornette Coleman, après cette princesse étrangère aussi, qui y fêtera princièrement un « Aïd ».

Revenant au quartier du Baroud, où est l'Hôtel Continental, on passe devant des portes banales, et la plus sommaire — que nous fait remarquer le professeur Hamid El Hnot qui connaît et aime tant sa ville — ouvre sur un miracle vert amande et blanc, la maison de ce grand couturier parisien tombé amoureux de Tanger il y a peu et qui, déjà, y a pris racine et fait pousser des fleurs en y trouvant l'inspiration pour des robes de rêve.

Comme toujours dans les kasbahs, c'est aussi le miracle de la juxtaposition d'une maison à l'autre, un boyau sombre, où le ciel ne perçait qu'à peine, devenant un patio couvert sur un bassin étoilé où les nénuphars sont autant de petits Monet. Des colonnes, asymétriques, y rappellent ce que le baron d'Erlanger avait un jour défini, pour son palais de Sidi Bou Saïd où un chemin d'eau, copié sur l'Alhambra,

Quand un mur se présente avec autant de grâce et d'allure, il ne peut passer inaperçu.

Spectacle quotidien des toits en terrasse de la Kasbah où les maisons, retapées par les étrangers, voisinent avec la grande lessive, le nettoyage hebdomadaire et, même, les moutons de l'Aïd.

débouche sur une porte, mais surtout pas dans le juste milieu de la porte, car « seul ce que Dieu fait peut être parfait... ». Principe qu'ont dû adopter beaucoup de bâtisseurs ici où un escalier ne présente que rarement des marches égales (voir le restaurant Nautilus !)...

Le miracle vert amande du grand couturier ouvre sur le petit bassin du Yacht Club, le parking des énormes camions internationaux, sur le soleil levant, en gloire au-dessus de Malabata, et sur la porte de la Douane qui a vu, un jour de 1828, pénétrer furtivement René Caillié, découvreur de Tombouctou et, un jour de 1832, entrer officiellement le cortège du comte de Mornay, ambassadeur du roi de France, avec son peintre, Delacroix. Pas encore de Delacroix ici, mais les fixés sous-verre d'un artiste tangérois voisinent harmonieusement avec un poisson doré de Lalanne, des sculptures réalisées par le directeur des Beaux-Arts de Tétouan, Mohamed Ouazzani, et des portraits — orientalistes, bien sûr — d'Alterio. Les nappes y viennent de l'avenue Montaigne (Porthault) et aussi du Bazar Franco-Inglès de la rue de la Liberté, capharnaüm qui mérite le détour et qui est ouvert quand le propriétaire ne joue pas au bridge au casino israélite !

Nous sommes en pleine fête de l'Aïd et une odeur de bergerie attaque les parfums du couturier : c'est un bélier rescapé qui contemple le même paysage que nous, sur le balcon de la maison voisine, à un mètre de nous, avec son front rougi de henné et des restes de rubans dans les cornes.

Symbole de ce que devrait rester le Tanger authentique, avec de belles maisons retrouvant leur splendeur d'antan et la vie, la vie de tous les jours, non aseptisée, mais nature.

On peut rêver à ce que le quartier du Baroud pourrait devenir, ses maisons tombant en ruines relevées par des artistes amoureux de Tanger : il y aurait du travail pour les corps de métier

On sort de la gare ou du port, et le petit taxi bleu et jaune grimpe la rue de la Plage vers le Grand Socco. Cléopâtre et Miami ont droit de cité parmi les pensions à prix modique.

L'Hôtel Continental, au sortir du port, est le plus ancien, en l'état, de la ville puisque ouvert en 1865.
Il a connu, certes, des jours meilleurs, mais il a un charme profond, avec son piano à queue défoncé, ses pendules arrêtées au XIXe siècle et la chambre à baldaquin. L'accueil y est chaleureux, fraternel même.

et des emplois créés. Le bas de la Kasbah pourrait ainsi rivaliser avec ce que certains ont fait du quartier haut, relevant, après M. Blake pour Sidi Hosni (qui fut ensuite à Barbara Hutton), des ruines de prisons, des restes de palais, des medersas sans maîtres ni élèves.

Les Tangérois de souche commencent à s'intéresser à leur patrimoine : il était temps ! De petites maisons redeviennent coquettes, des portes ouvrent sur des intérieurs soignés, des pots de basilic, des enfants joueurs derrière qui on devine une fenêtre ouverte sur l'appel du large.

Le syndrome d'Asilah a fait son apparition dans la médina, et on voit de plus en plus de façades « taggées », « rapées », psychédéliquement peintes à fresque avec des motifs souvent très heureux si l'artiste signe ROY, et il exerce, de nuit, entre son chien et sa petite échelle.

Il n'a pas encore sévi au Petit Socco et j'ai toujours peine en arrivant sur cette minuscule placette à imaginer ce qu'était, dans les années d'avant-guerre et juste après, ce cœur de la ville. Les vieilles cartes postales — dont le prix gonfle de mois en mois — nous montrent un petit ballet d'élégantes enchapeautées, de messieurs à col dur, des terrasses de café où le monde entier a passé.

Aujourd'hui, on y passe seulement, et même les groupes de touristes ne s'y attardent guère. J'y ai pourtant entendu, la veille de la fête Forbes, en 1989, une journaliste américaine excitant les milliardaires qu'elle guidait par l'appât de ce « fabuleux Maroc, le pays de Lawrence d'Arabie »...

Le passage n'a pas manqué, pourtant, par ici, et cette journaliste aurait pu titiller l'imagination texane du magnat du pétrole ou de la reine des supermarchés d'Outre-Atlantique par le souvenir de René Caillié, arrivant exténué, un jour de 1828, premier Européen à avoir pénétré Tombouctou... René Caillié allant se faire connaître, déguisé en mendiant, au

L'escalier du Café-cinéma Américain mène, de la rampe du port, au rempart portugais, à la rue des Postes et, à gauche, rue Tapiro, au Palais Tapiro.

Les immeubles de rapport des anciennes compagnies de transport maritime. Bernardo Bertolucci a tourné, sur cette avenue des F.A.R. (Forces Armées Royales), le début et la fin de Thé au Sahara.

Résident français, un peu plus haut, dans ce qui est toujours la Pente des Français (à droite, dans les Syaghyn, avant d'arriver au Grand Socco) et il en ressortit le lendemain, déguisé en marin, pour regagner la France avec le bateau qui venait le chercher.

Quatre ans plus tard, Delacroix arrivait avec l'ambassade du comte de Mornay et il dessina avidement cette fontaine, ce patio, ces colonnes, ce vieillard, peut-être le même accroupi contre le mur depuis sûrement plus de 150 ans.

Les carnets de Delacroix, à Chantilly et au Louvre, rendent cet univers éternel, qui touche à Rome et à la Grèce antique comme à notre cœur.

Tous les « orientalistes » sont passés par là, le professeur Miège l'a déjà dit ; et je me demande toujours pourquoi il n'y eut pas une « Ecole de Tanger », comme il y eut une « Ecole de Tétouan » ; pourquoi il n'y eut jamais, ici, une résidence d'artistes, comme il y eut la Villa Abd el Tif à Alger ; je me demande aussi pourquoi, à part très peu d'entre eux (Tapiro, Dehodencq, etc.), les peintres ne revenaient pas régulièrement, à la recherche de cette lumière unique (n'est-ce pas Matisse ?), de ces modèles intemporels.

On peut rêver à ce que Regnault aurait pu devenir si la guerre de 1870 ne l'avait pas emporté, à trente ans, alors qu'il venait, lui, de s'installer à Tanger, faisant construire un atelier au fond du parc des Bonnet sur ce qui était alors la route de Fès, aujourd'hui angle du Grand Socco et de la rue de la Liberté... Une Ecole de Tanger aurait pu y naître, dommage ! Ce pourrait être une communication pour un prochain « Colloque de Tanger », que la Faculté des Lettres et des Sciences Humaines de Rabat organise avec l'École du Roi Fahd de Traduction.

Au Petit Socco, de nos jours, il y a Drissi el Fenni, aussi habile en recherche de tissus que dans ses aquarelles et ses huiles fluides comme un nuage à travers les agapanthes des jardins

Au sortir de la place de France, ce bel immeuble domine le Théâtre Cervantes et son architecture élégante n'a malheureusement pas inspiré les buildings qui grimpent autour de lui.

Devant la gare, au sortir du port, l'immeuble Renschausen, gothique tangérois : la loterie y eut ses bureaux et c'est dans un de ces « lofts » que William Burroughs et Brion Gysin collaient aux murs les lambeaux de textes qui, de « cut-up » en « cut-in », allaient devenir ces livres-culte que sont Interzone *et* Le Festin Nu.
Quelle belle « Promenade des Marocains », quelle belle « croisette » ce pourrait être...

Le bas de la ville offre un festival de façades aux « pâtisseries » lourdes et variées, dans tous les modes du kitch depuis 1900. Parfois, heureusement, l'influence de l'art musulman impose des lignes plus sobres, des arches pures et on respire mieux.

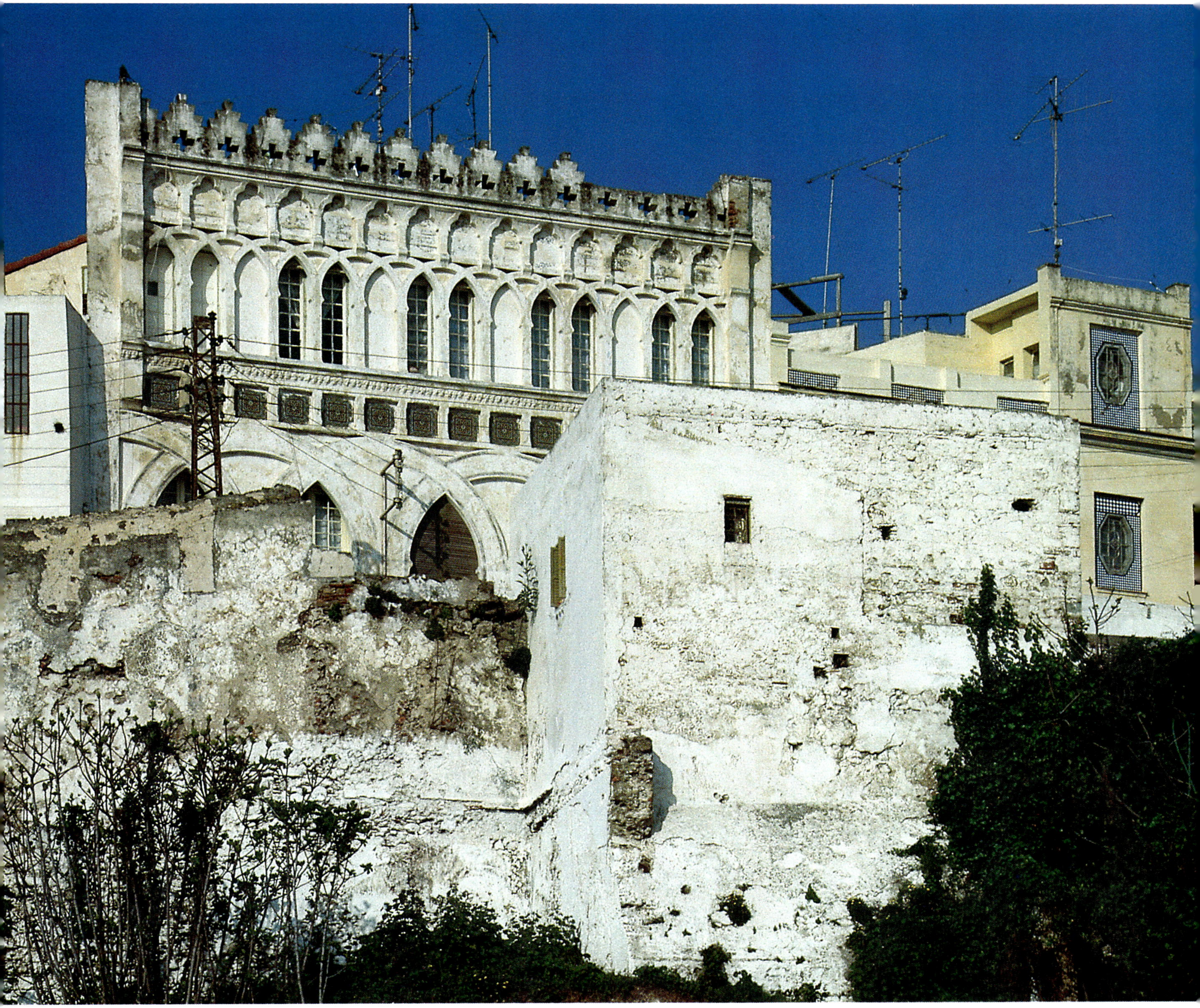

Forbes : sa boutique, à l'enseigne de Volubilis, recèle des « merveilles », et on peut y tomber, à défaut de Lawrence d'Arabie, sur Elizabeth Taylor venant s'acheter un caftan pour être présentée au Roi du Maroc...

Le frère du couturier-peintre, Majid, est le grand antiquaire des souks tout proches ; il n'y en a guère que trois à Tanger : Velasco, Boubker Temli et Majid.

Au Café Fuentes, jadis, le fils de la maison se faisait bousculer par son père, préférant dessiner sur le premier papier trouvé que servir le client, fût-il Burroughs, Djuna Barnes, ou Tennessee Williams accompagné par un guide de choix : Mohamed Choukri ! Fuentes vit toujours, dans une minuscule maison aux volets cloués derrière le Petit Socco ; il a fallu attendre 1992 pour que le président du Rotary Club - Doyen rende un hommage mérité, dans *Le Journal de Tanger,* « au seul peintre de Tanger né à Tanger ». Les collectionneurs le connaissent depuis longtemps, qui ont accumulé les Fuentes : à quand une rétrospective ?

Relisez Joseph Kessel *(Le Grand Socco),* Paul Bowles, Robert Briatte, Daniel Rondeau, Dominique Pons, même, et Pierre Malo pour rêver à ce que devait être le Petit Socco avec ses banques (une douzaine en 1921, 56 en 1954 !), les Galeries Lafayette et autres grands magasins, devenus aujourd'hui des bazars...

On y venait aux nouvelles, et aussi acheter tout ce qui était possible, à bon prix : négoce entièrement libre, y compris l'or, les devises — de partout — et le kif. N'oublions pas, en effet, que, tout comme le tabac ordinaire, le kif était en vente libre, le produit de cette vente garantissant, avec les revenus des douanes, l'emprunt de dix millions cent vingt-quatre mille francs contracté en France, en 1904, par le Sultan Moulay Abdelhafid : la principale artère de la ville nouvelle — le boulevard Pasteur d'aujourd'hui — ne s'est-

Façade impeccablement propre, aux frontons à macarons et aux céramiques « art déco », la pension Miami, rue de la Plage, donne envie d'y rester, à la recherche du temps perdu.
Ci-dessus, le mariage est consommé avec ce qu'on appelle le « néo-mauresque » et l'ensemble est d'une belle élégance.

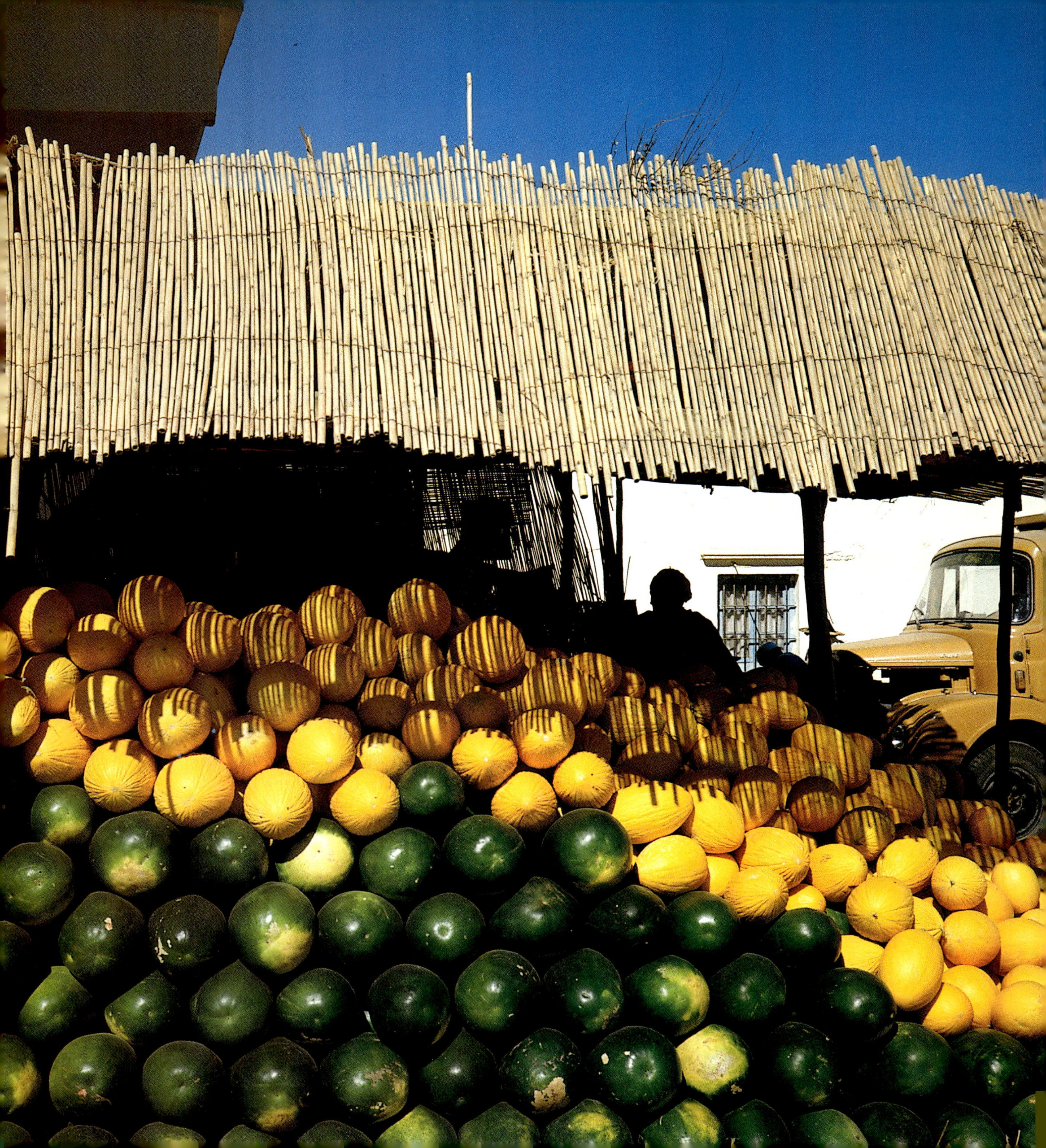

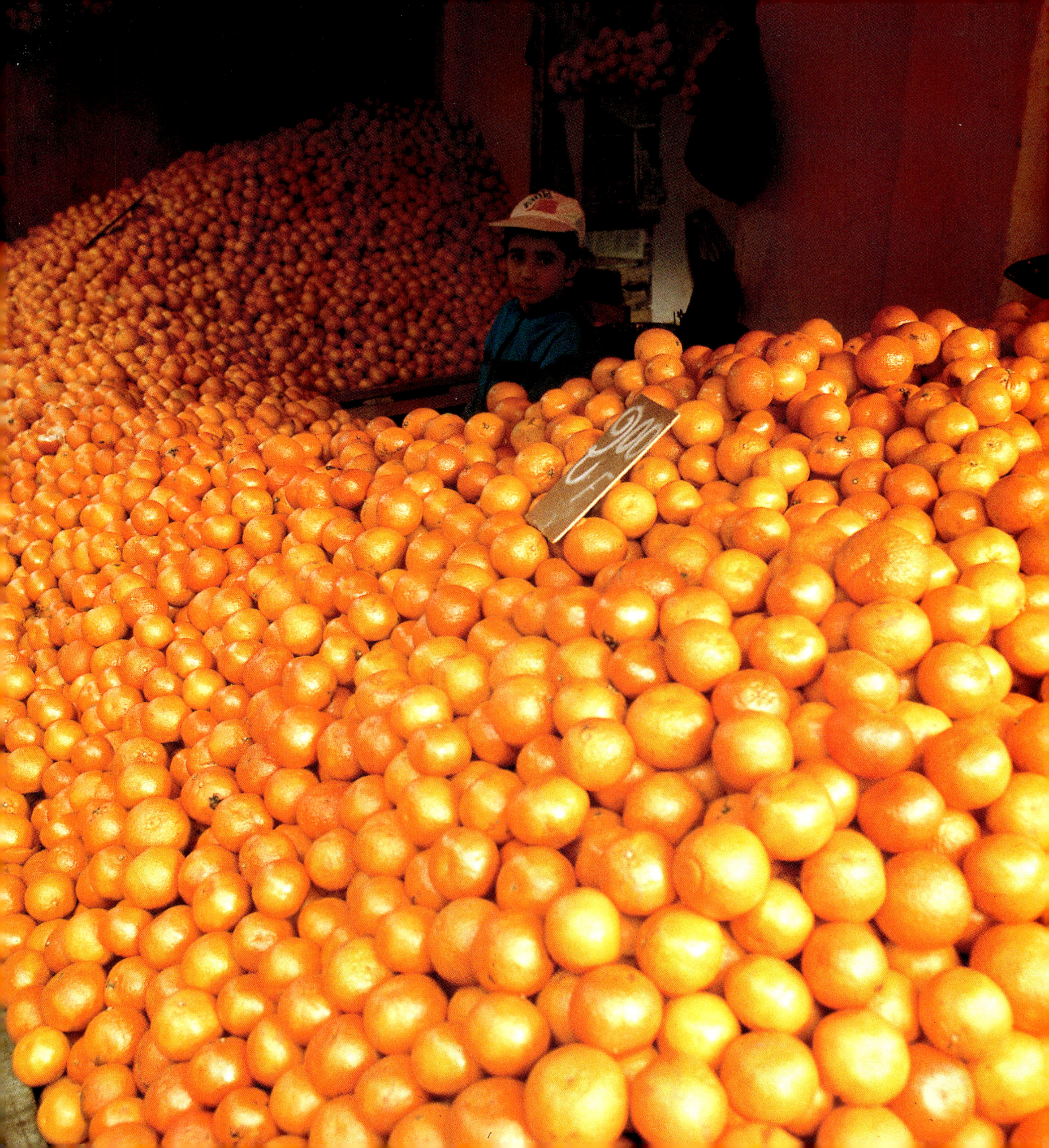
900

elle pas appelée longtemps boulevard de la Dette ? De quoi faire grincer, bien justement, les dents des nationalistes les plus doux.

Petit Socco encore : on a, d'un côté, la belle mosquée El Kebir, de l'autre, l'ancienne église des Franciscains, construite en 1880 sur l'emplacement de la Légation de Suède, mitoyenne de l'ancien Consulat de France ; et derrière, un peu partout, des synagogues : on en dénombre quinze en 1954, la plus belle, la plus émouvante étant sans conteste la « Massat Moche » Nahon, rue Mosès Nahon, au fond d'une petite impasse.

Tous ces lieux de culte se touchent, ces quartiers étant imbriqués les uns dans les autres : pas de mellah à Tanger ! Tout cela participe du cosmopolitisme, certes, mais de la tolérance surtout.

Pour en finir avec le Petit Socco, descendons la rue des Postes (anglaise, espagnole, française, marocaine aussi, j'oubliais), à la rencontre d'un autre peintre contemporain né à Tanger : José Luis Delgado-Guitart, fils du directeur de la poste espagnole, qui vit à Tarifa, en face, et vient se ressourcer à Tanger dès qu'il le peut.

Face au Café Américain, au sortir de l'escalier jouxtant le rempart portugais, une superbe porte espagnole en bois massif et cuivre doré : c'est le Palais Tapiro, naguère décoré par Stewart Church, cet Américain « baba cool » que nous retrouverons dans les plus séduisantes maisons de ces dernières années.

Barbe tibétaine, éternel couffin à la main, Stewart Church arrive en taxi de sa campagne hors les murs et transforme palais et maisons dans son style néo-orientaliste, pastichant Delacroix et Frank Lloyd Wright de Tanger à Cabo Negro.

La maison Tapiro a été le Consulat de Suède et, en face, au Café Américain, on fumait le kif en regardant évoluer les danseurs gnaouas.

Aujourd'hui, dans ce quartier de la rue Temsamani (une des plus vieilles et nobles familles de Tanger), la vie est tranquille, sereine et les grandes demeures ressuscitent aussi, rachetées par des Tanjaouis de goût.

Le hamman Enrique y Cherif a été décrit par Thierry de Beaucé dans sa *Chute de Tanger* où le « bijou » du livre, pour le professeur Abdelmagid Benjelloun, est ce passage : « Selon la tradition, quand un roi du Portugal tombait à la guerre, on murait chacune des ouvertures qu'il avait franchies. Quand Sébastien Ier fut tué, le gouvernement ferma les portes qui lui avaient ouvert l'Afrique.

« Parce que le roi était venu deux fois à Tanger... le gouverneur portugais fit boucher la porte de la mer (Bab el Bahr) et la mer fut condamnée à son tour à partager le deuil des hommes. Je regardais le mur aveugle qui tenait encore, entre ses pierres, un peu du regard du roi... »

Et que de regards perdurent, à Tanger, entre les pierres, entre les regrets et entre les rêves !

Le Musée de la Légation Américaine est tout proche, qui présente, entre autres particularités, d'être le seul monument historique américain situé hors des États-Unis : petit palais offert en 1821 par le sultan Moulay Suleiman

Les bazars ne sont pas spécialisés, mais offrent de tous les produits de l'artisanat marocain : on trouve, malgré tout, à Tanger un bon choix de tapis rifains tintinnabulant de séquins argentés et dorés, et la fouta à raies blanches et rouges fait partie du costume rifain traditionnel.

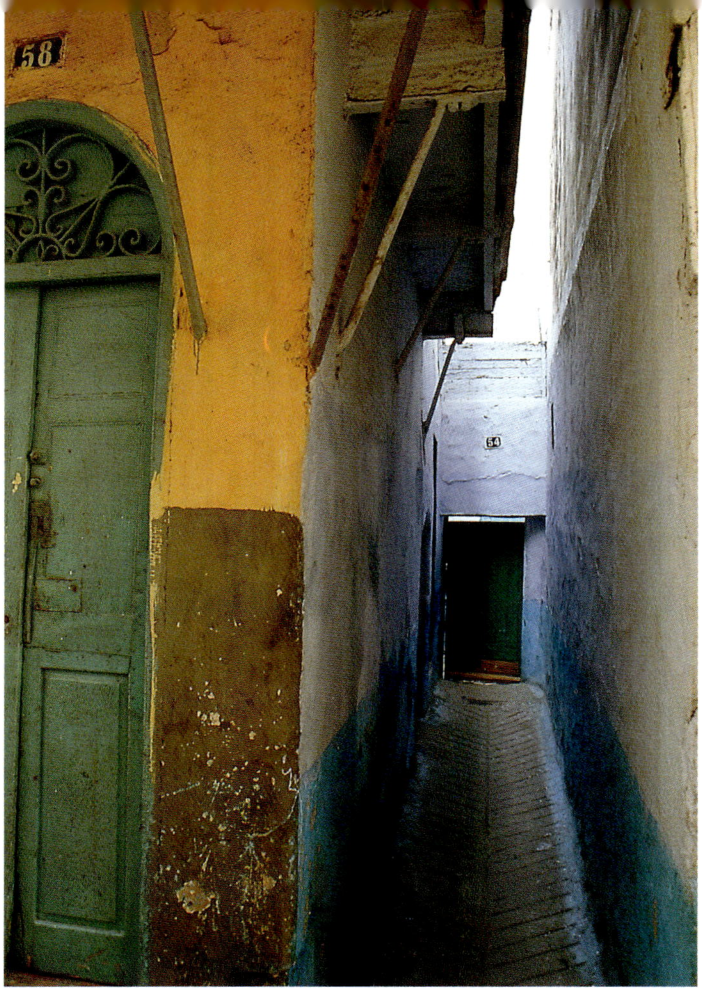
58
54
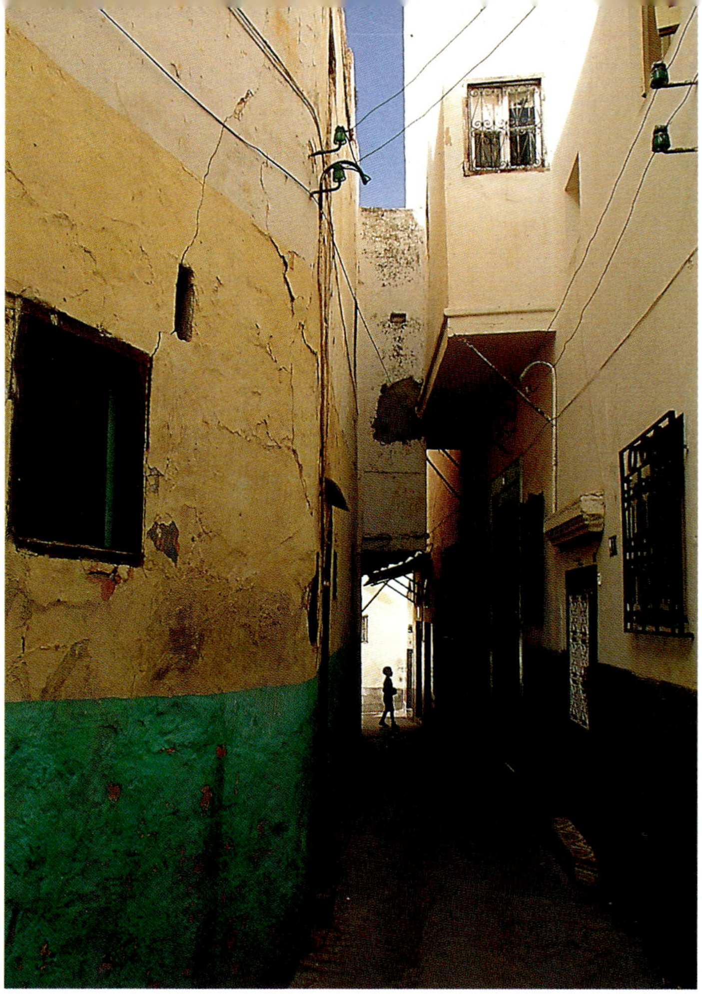
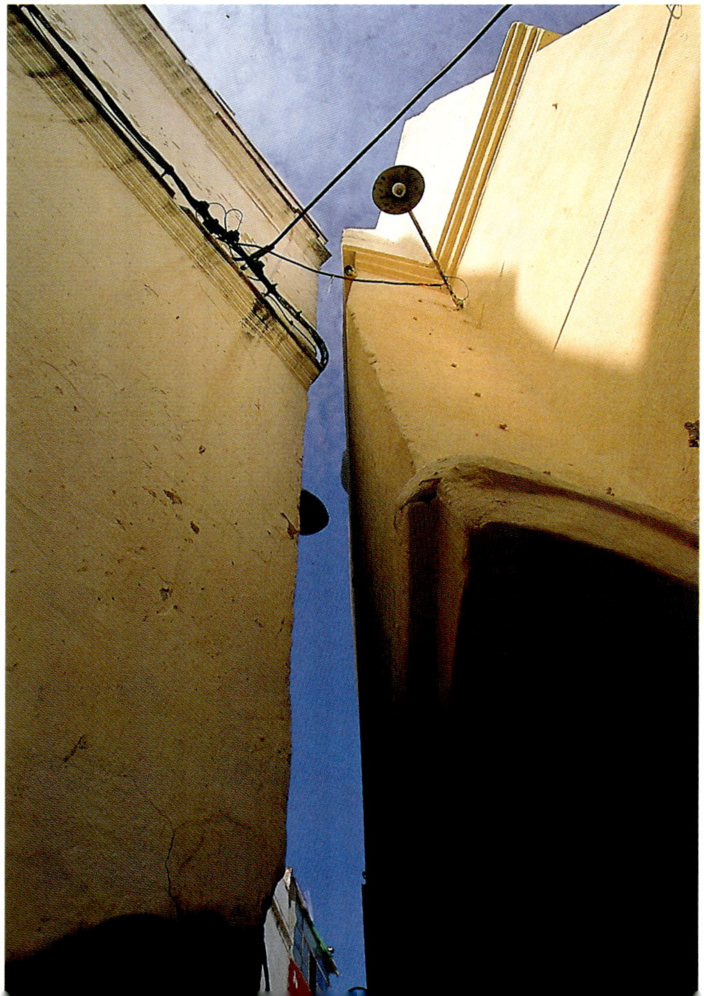
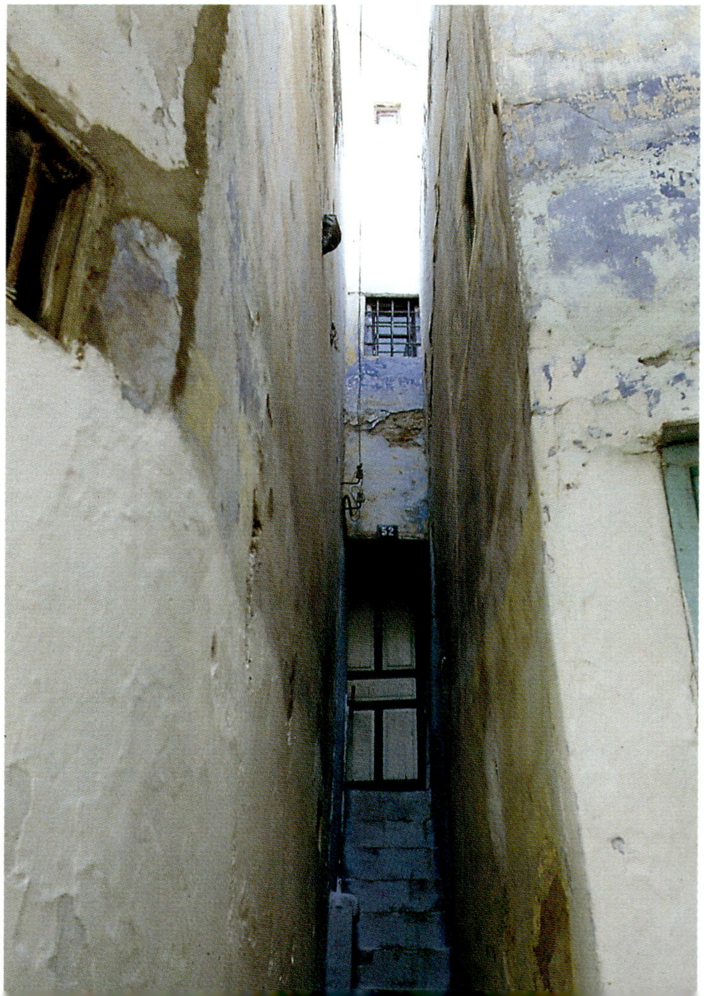
52

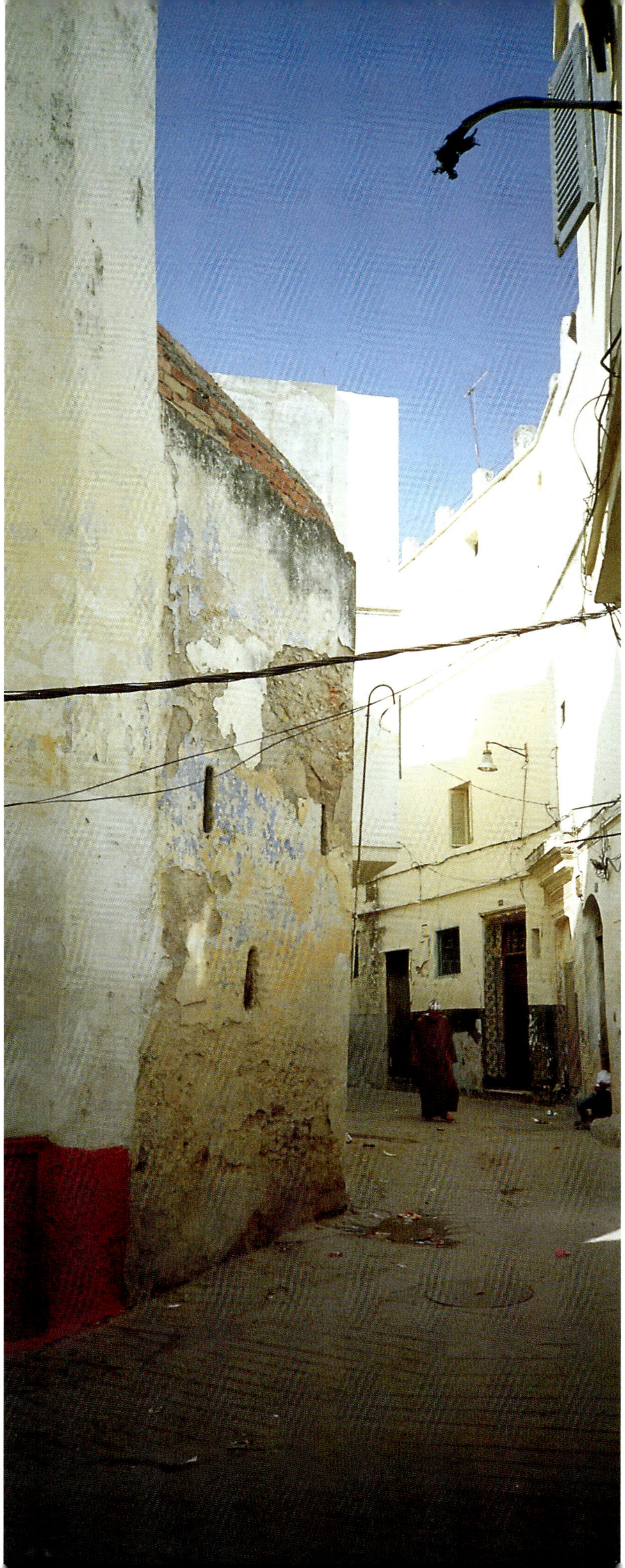

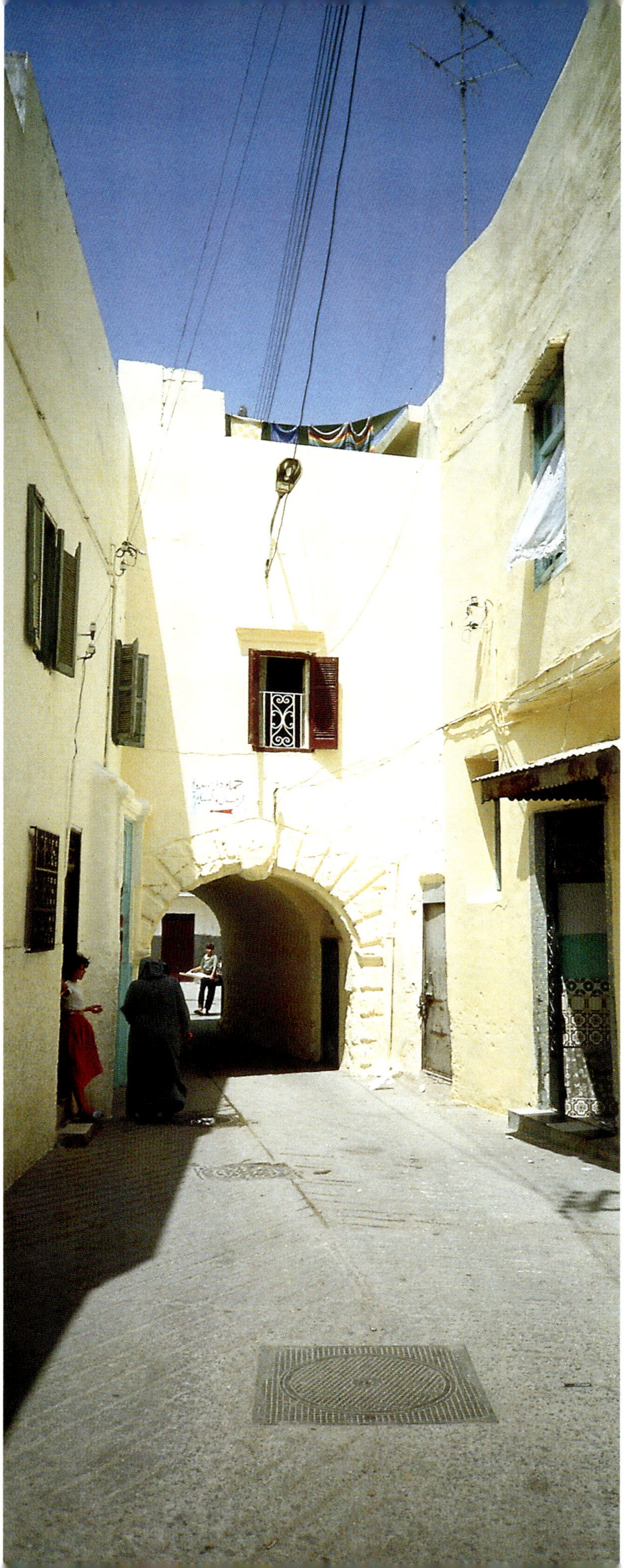

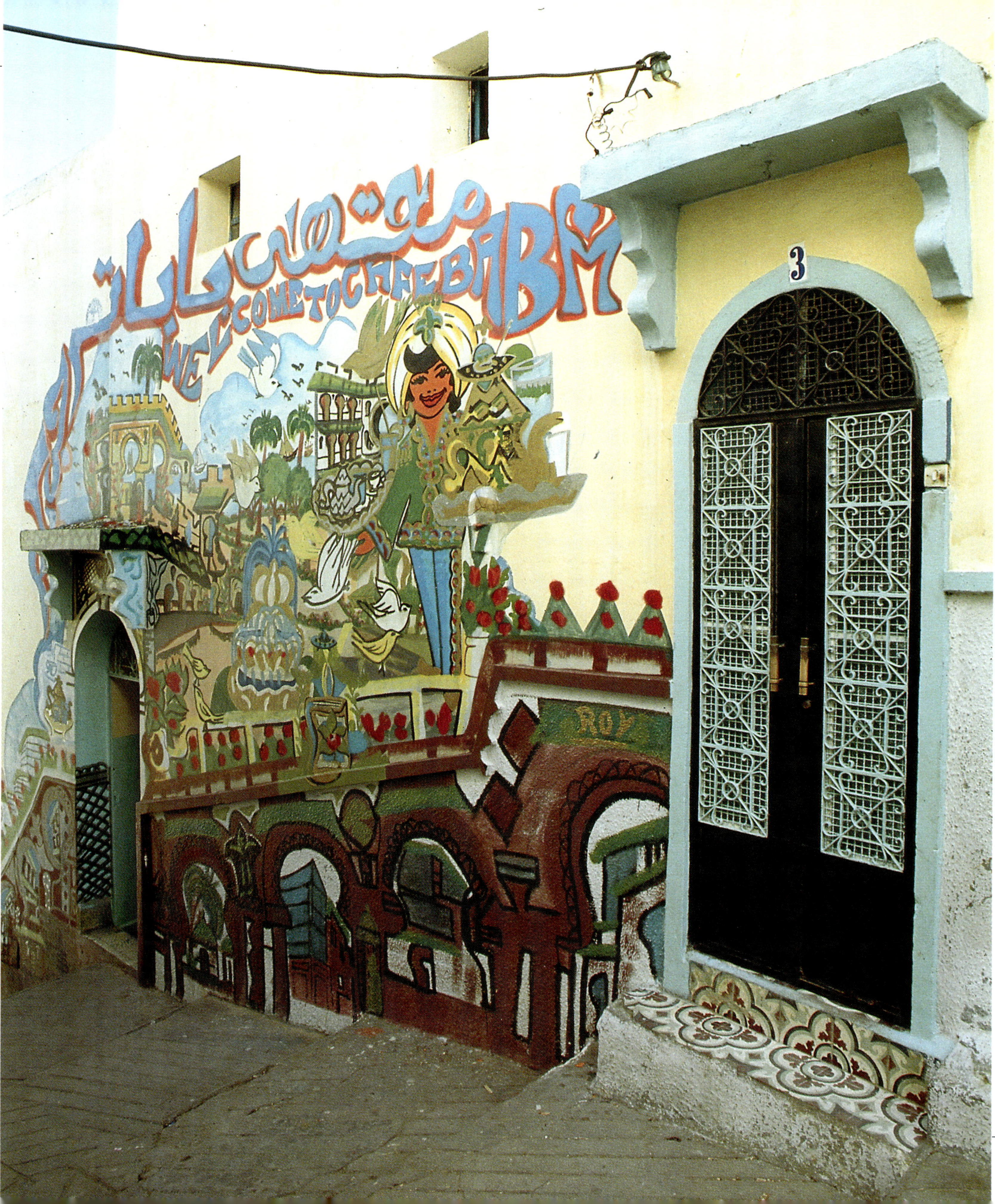
WELCOME TO
ROY
3

95

Page 94 :
Une mode nouvelle envahit la Kasbah, peut-être inspirée des murs peints à Asilah, depuis quelques vingt années, par les grands peintres marocains.
Celui-ci s'appelle Roy et travaille de nuit, avec un seau, une échelle (et un chien), et il « enjolive » de bandes dessinées naïves les façades des cafés, des épiciers, des tailleurs, à la commande.

Mélange de Maroc et d'Extrême-Orient dans cette maison traditionnelle, construite contre la muraille datant du XVIIe siècle du quartier du Baroud. Demeure toute en hauteur, en niveaux et en escaliers, elle domine le port et la baie de Tanger. Ambiance baignée de teinte vert d'eau pour son patio-jardin d'hiver. Bassin de nénuphars et chèvrefeuille grimpant, sol en pavés de trottoir couleur jade. Contraste d'un somptueux mobilier chinois ancien et de sculptures contemporaines dans la blancheur et la sobriété d'une architecture grandiose.

Perspectives d'arches et sol couleur de jade. Lanternes marocaines et, à l'arrière-plan, un tableau chinois du XVIIIe siècle.

Le plan d'eau baigné dans une harmonie de verts. Autour, des lions chinois de marbre. Lanterne artisanale marocaine géante.

97

Chemchia aux motifs géométriques ajourés en plâtre donnant sur le patio. Poisson de Lalanne.

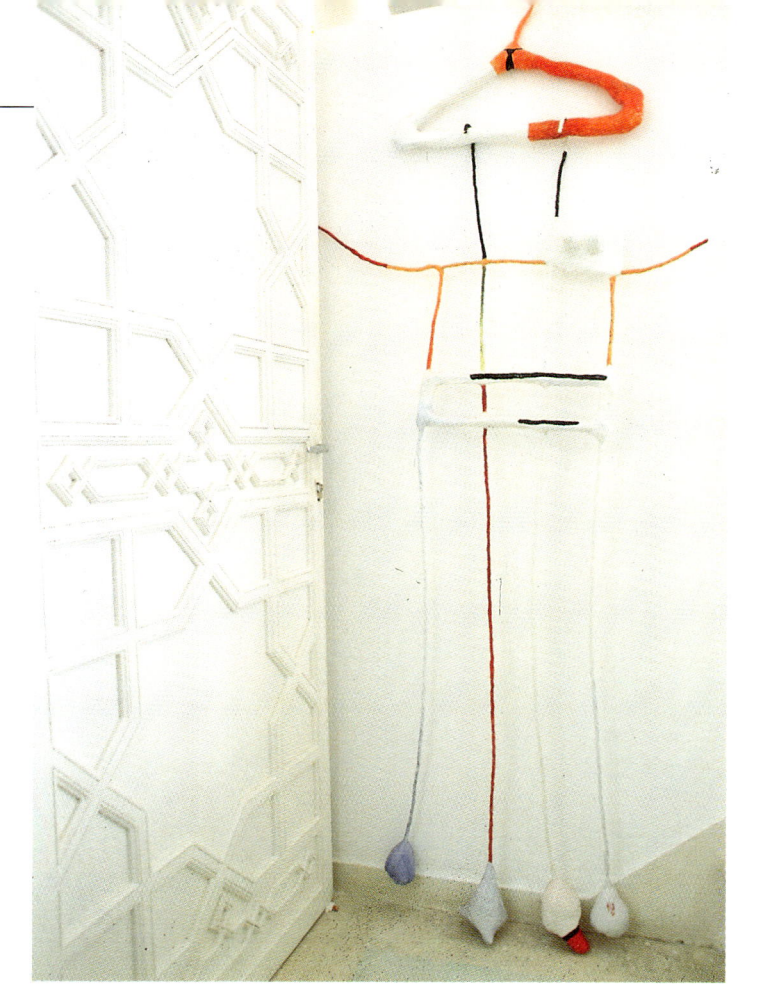

Sculptures de l'artiste Mohamed Ouazzani, qui est aussi directeur des Beaux-Arts de Tétouan.

Ce pourrait être le fortin du Rivage des Syrtes que ce pavillon gris et blanc, sous un ciel tumultueux. C'est, surplombant le détroit presque à pic, le logement de fonction de l'inspecteur des Monuments Historiques, Abdelkebir El Fakar, lequel a fort à faire pour défendre un patrimoine marocain qu'il connaît et aime mieux que personne. Architecte et urbaniste formé à Rabat et en Italie, Abdelkebir El Fakar est de cette jeune génération de fonctionnaires artistes dont le goût ne va pas toujours dans le sens des puissances d'argent, lesquelles devraient, au contraire, assurer le mécénat protecteur du patrimoine marocain.

Ce clocheton en dentelle est le dôme du patio du Palais Tapiro, sous lequel le peintre espagnol a dû peindre les Préparatifs du mariage de la fille du chérif de Tanger, *tableau reproduit page 25.*

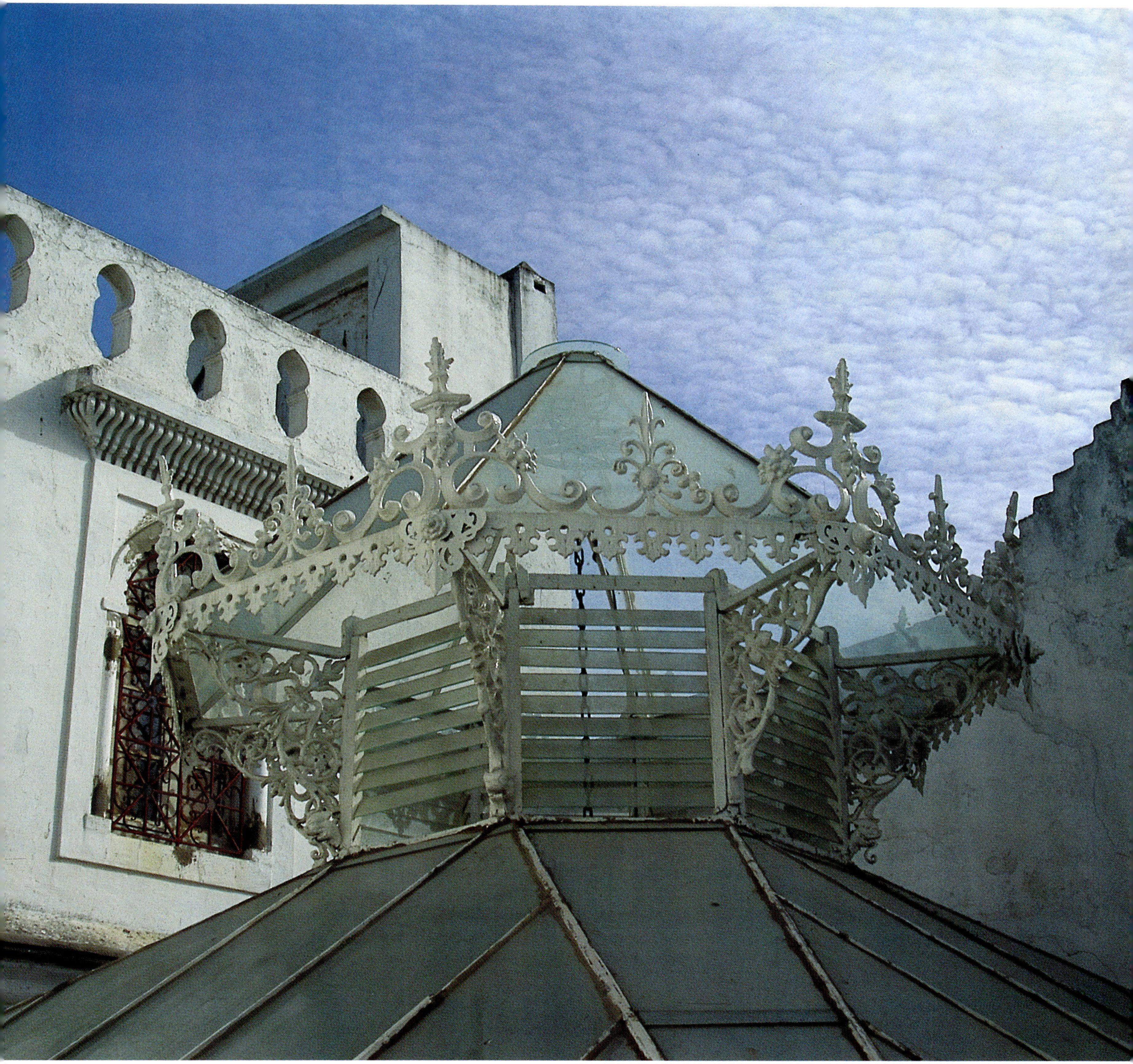

au cinquième président des Etats-Unis, James Monroe, en témoignage de l'amitié vouée par le Royaume marocain à la toute jeune république américaine. Ce fut longtemps le siège de la légation diplomatique et, pendant la Seconde Guerre mondiale, la cachette de nombreux « espions ».

Aujourd'hui, son musée et sa bibliothèque font de ce petit palais, cerné de toutes parts par les terrasses où sèche le linge, un havre de paix et de recherches studieuses. Marguerite McBey, la doyenne, sinon douairière, de Tanger, et reine-abeille s'il en fut, y a créé une collection de tableaux sur le Maroc, enrichie, chaque année, par ses dons et ses achats généreux. Cecil Beaton voisine avec Yves Saint Laurent, Brayer avec R'Bati, Hamri avec Ira Belline, Smedi avec Christopher Wanklyn, Aziz Lkhattaf, à ses débuts, avec Fquih Regragui, le maître de bon conseil. Dans les salons, les escaliers, gravures anciennes, plans, portraits d'ancêtres pourrait-on dire, conduisent aux grandes toiles de James McBey, superbes de couleur et de finesse. C'est un monde disparu, une oasis de Nouvelle-Angleterre hors du temps, animée il y a peu par le trop court passage à la conservation d'Elena Coon-Prentice, dont la mère — d'origine russe — était fille d'un précédent consul américain : Tanger cosmopolite et artiste toujours. Un trésor de plaques photographiques sur verre va y être bientôt trié et « colligé », mine à découvrir et à étudier, merci à l'actuel directeur, M. Thor Kuniholm.

On ressort de la médina par la rue du Portugal, entre l'ancien cimetière israélite et les remparts où se nichent quelques maisons à la Saint-Paul-de-Vence. On passe Sultan's Mill, vendu il y a peu par le consul du Portugal, M. Benchekroun, le marché aux poissons, et on gagne le Grand Socco, dont il n'y a vraiment rien à dire, sinon à déplorer que cette place, hors les murs, ne soit qu'une galette de bitume sans grâce ni ornement depuis qu'on y a

Rue d'Amérique, le Musée de la Légation Américaine, au cœur de la Kasbah : assemblage de maisons, sur trois étages, enjambant même la rue, ce petit palais a été offert en 1821 aux jeunes Etats-Unis d'Amérique par le sultan Moulay Sliman. C'est la plus ancienne possession diplomatique américaine à l'étranger.

détruit les quelques vieilles pierres qui s'y trouvaient, coupé les arbres et chassé le marché aux fleurs.

La Mendoubia ouvre sa belle porte sur un gigantesque figuier banian, plus que centenaire et apporté d'Inde par on ne sait quel amateur de jardins. L'Association pour la Protection de Tanger et de ses Monuments Historiques y a accompli une œuvre de rénovation exemplaire, rendant aux bâtiments administratifs du Mendoub (représentant du Sultan à Tanger) une majesté et une beauté que n'avait même pas eues la Légation allemande : le Kaiser y fut reçu en 1905, provoquant la crise internationale que l'on sait et hâtant la conférence d'Algésiras en 1906.

Les 9 et 10 avril 1947, le Sultan Mohamed V y vint à son tour, avec le Prince Héritier Moulay Hassan et la Princesse Lalla Aïcha : le discours historique de Mohamed V est gravé dans le marbre de trois stèles élevées par l'Association précitée sur les lieux mêmes de l'événement, et Omar Akalaÿ, président de cette Association en sa qualité de Tanjaoui, a su réunir dans le Maroc tout entier, et surtout à Casablanca, bien sûr, les fonds nécessaires à la transformation de la Mendoubia en un Musée Mohamed V.

Les dons y affluent déjà, de partout, comme de Saint-Germain-en-Laye d'où maire et ancien maire ont adressé à Tanger articles et photos du séjour de Mohamed V dans cette ville à son retour d'exil.

Un théâtre de plein air y a été inauguré par le Festival Méditerranéen de la Musique en 1990, avec des chants arabo-andalous retrouvés et dirigés par Joel Cohen. Le jeune peintre Kamal Menebhi y a restauré avec art les énormes portes en bois peint de motifs à la chinoise, du temps de la Légation allemande.

On remonte vers la Kasbah par la rue d'Italie, bordée de maisons patriciennes, restées lourdement sculptées de la splendeur « bancaire » de Tanger. On entre à nouveau dans la Kasbah par la porte du Marshan, laissant à gauche la maison du consul de l'Equateur, le regretté Marc Gilbey, qui avait niché, sur les remparts mêmes, un havre de paix et de goût raffiné, conseillé par Robert Gérofi dont nous reparlerons à propos de bien d'autres demeures.

En face, une petite porte, modeste, ouvre sur le siège de l'Inspection des Monuments Historiques, où un petit pavillon gris et blanc surveille le détroit, flanqué de deux canons anglais. L'endroit est admirable et on y pourrait donner des spectacles sans être gêné par le bruit de la rue.

La rue mène à la place de la Kasbah, toujours entre les remparts sur la mer et quelques jolies maisons imbriquées dans ce qui fut le Palais du Sultan et ses dépendances.

Les enfants du quartier nous escortent jusqu'à la résidence d'été de l'antiquaire Adolfo de Velasco, qui se partage entre Marrakech et Tanger.

Demeure superbe dont les terrasses donnent sur le riadh (jardin) même du musée de l'ancien Palais du Sultan et sur la Qoubbat El-Khadra de ce riadh. Demeure somptueuse qui ne peut vivre que par des fêtes raffinées, dans les salons aux plafonds immenses, sur les terrasses qu'on dit, à tort, « hollywoodiennes », car elles sont du meilleur goût. Une piscine vient d'y être aménagée, la plus haute de la ville, donc du Maroc.

Pour les historiens de Tanger, et pour Michaux-Bellaire, au premier plan, « il est certain que certaines parties du palais lui-même ont été usurpées à différentes époques, démolies, reconstruites, transformées de façon à autoriser des attributions privées... ».

On ne peut que s'en féliciter et envier les heureux possesseurs de ces maisons donnant sur le riadh du Palais : Velasco, l'Australien Barry White qui a abandonné sa galerie d'art

*Les salons du Musée de la Légation Américaine ont conservé leur élégant mobilier des siècles passés : les miroirs et les lustres de Venise ornent aujourd'hui des concerts ou des colloques.
Gravures anciennes, tableaux historiques, portraits par James McBey accompagnent le musée dans le musée que constitue la collection, rassemblée par Marguerite McBey, d'œuvres sur Tanger et le Maroc d'artistes marocains et internationaux.*

Construite entre 1860 et 1870 près du port par des architectes anglais et français, cette maison au charme viscontien servait à l'origine de villégiature à ses propriétaires qui vivaient au Marshan. Ambiance orientale d'un vestibule aux vitraux de couleur fabriqués à Manchester pour l'Afrique du Nord. Un thé servi comme au temps de Marcel Proust, dans la salle à manger miroitante de cristaux et d'argenterie. Reflets de murs mordorés d'un papier peint d'époque resté en place depuis 1880. Cette maison romantique, à laquelle on accède par un escalier à double révolution, se cache aujourd'hui au fond d'un jardin secret, à quelques pas des ruelles du Socco.

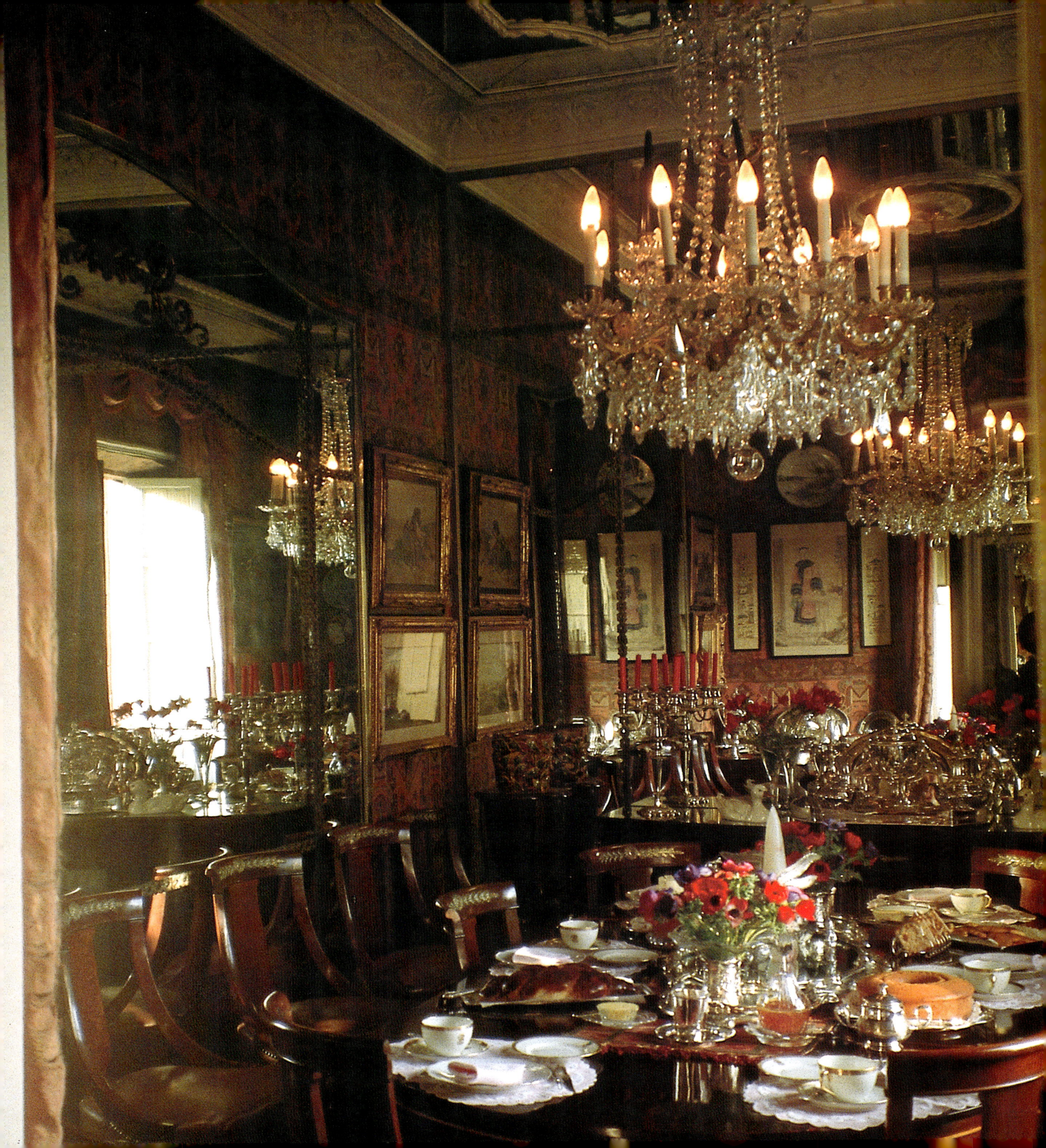

de Melbourne pour vivre à Tanger, Yves Millecam, peintre néo-réaliste. En face, un prince irlandais — de maison royale (Munster) — y peint des hommages à Matisse.

Donnant sur la ville, le « Palais » Akaaboun s'ouvre souvent pour des fêtes de musique, où les Rolling Stones se retrouvent pour un temps avec les joueurs de flûte de Jahjouka, où le groupe allemand de rock Dissidenten vient chercher l'inspiration dans le hachisch et où les décorateurs de mode et de revues d'intérieur sont heureux de trouver un décor presque fait tout exprès.

Passé la mosquée, on tombe sur une maison d'angle, au-dessus de l'antiquaire qui occupe l'ancien méchouar des Khalifas : Stephen Frears y tourna certaines scènes de son premier film.

Le Musée s'ouvre à gauche, et on ne peut qu'en recommander impérativement la visite, en souhaitant que le conservateur, l'archéologue Mohamed Habibi, puisse vous en faire les honneurs. Il est modeste et discret, mais plein de science et d'érudition sûre, et il a redonné vie à ce palais endormi par des conférences d'archéologues éminents comme le professeur Lenoir, qui retrouve, bon an mal an, la vieille voie romaine du Sud, par des concerts de musique andalouse ou gnaoua. La partie archéologique est remise à l'honneur et fort bien présentée. Robert Gérofi, ce personnage mythique qui apparaît en filigrane ou en profil perdu, et dont nous reparlerons souvent, avait été, il y a quelque trente ou quarante

A droite, la mosquée de Sidi Bou Abid, au Grand Socco, dégagée récemment des petits commerces qui la parasitaient. Un projet d'aménagement du Grand Socco est visible au Palais du Marshan et les Tangérois sont invités à donner leur avis.
A gauche, minaret octogonal typique du Nord du Maroc.

شعب أبي كر بم في ذكرى ميلا دكم ال

Le palais de l'antiquaire-décorateur Adolfo de Velasco, hérité d'un grand excentrique anglais, David Edge, situé en plein centre de la Kasbah, multiplie niveaux, terrasses et cours intérieures. Blancheur immaculée d'un univers stylisé d'or, d'argent et de miroirs, il évoque un Hollywood perdu, des rêves d'Orient, décors majestueux d'un monde mythique. Piscine d'émeraude dominant la perle du détroit, petits pavillons recouverts de verdure, jardins suspendus tout en lauriers blancs. Au plus profond de la maison, un patio ombragé recèle mille et un trésors : meubles sculptés provenant de palais de maharadjas, profusion de tubéreuses pour des bouquets somptueux composés par un maître des lieux à la générosité hors pair.

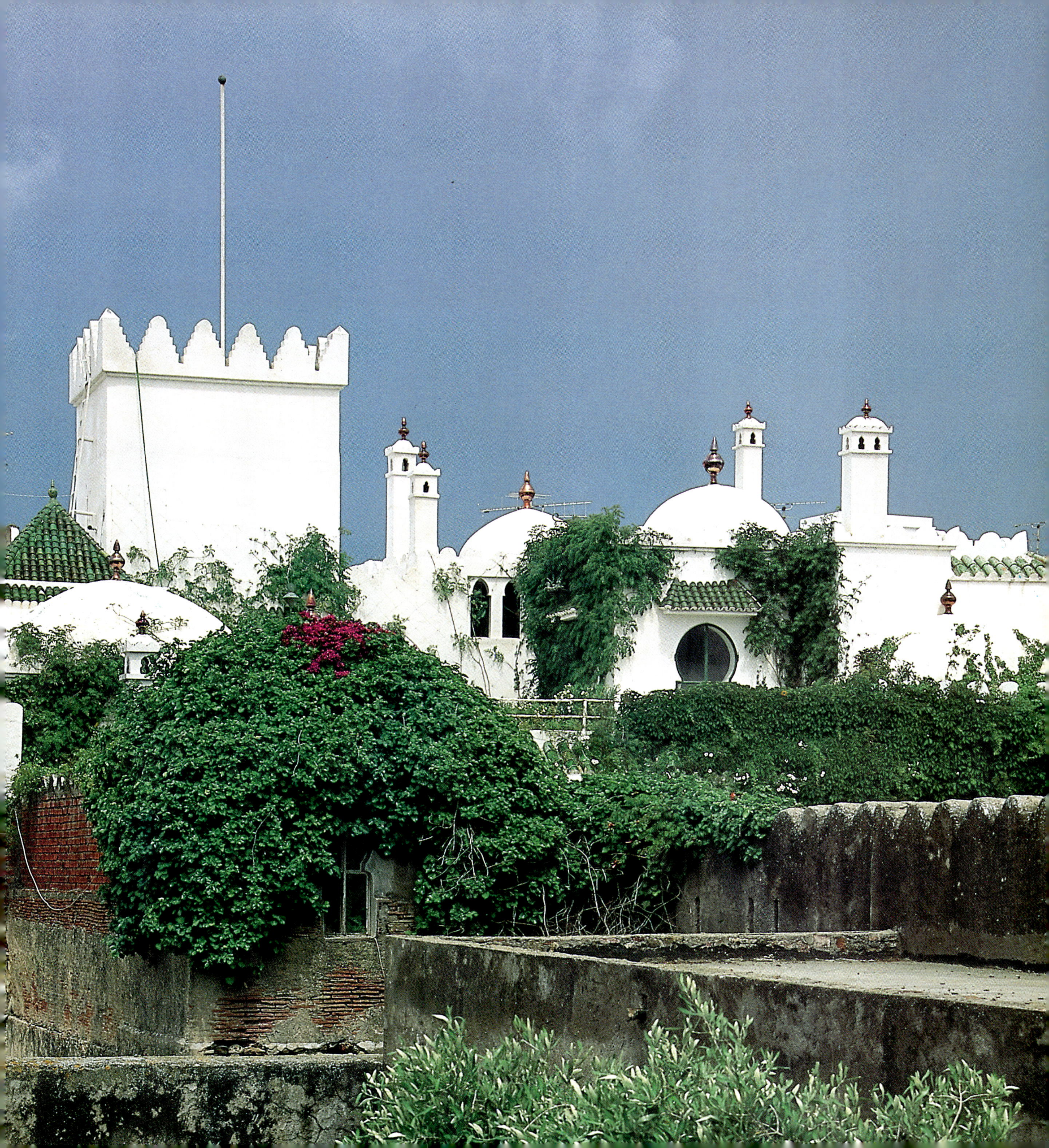

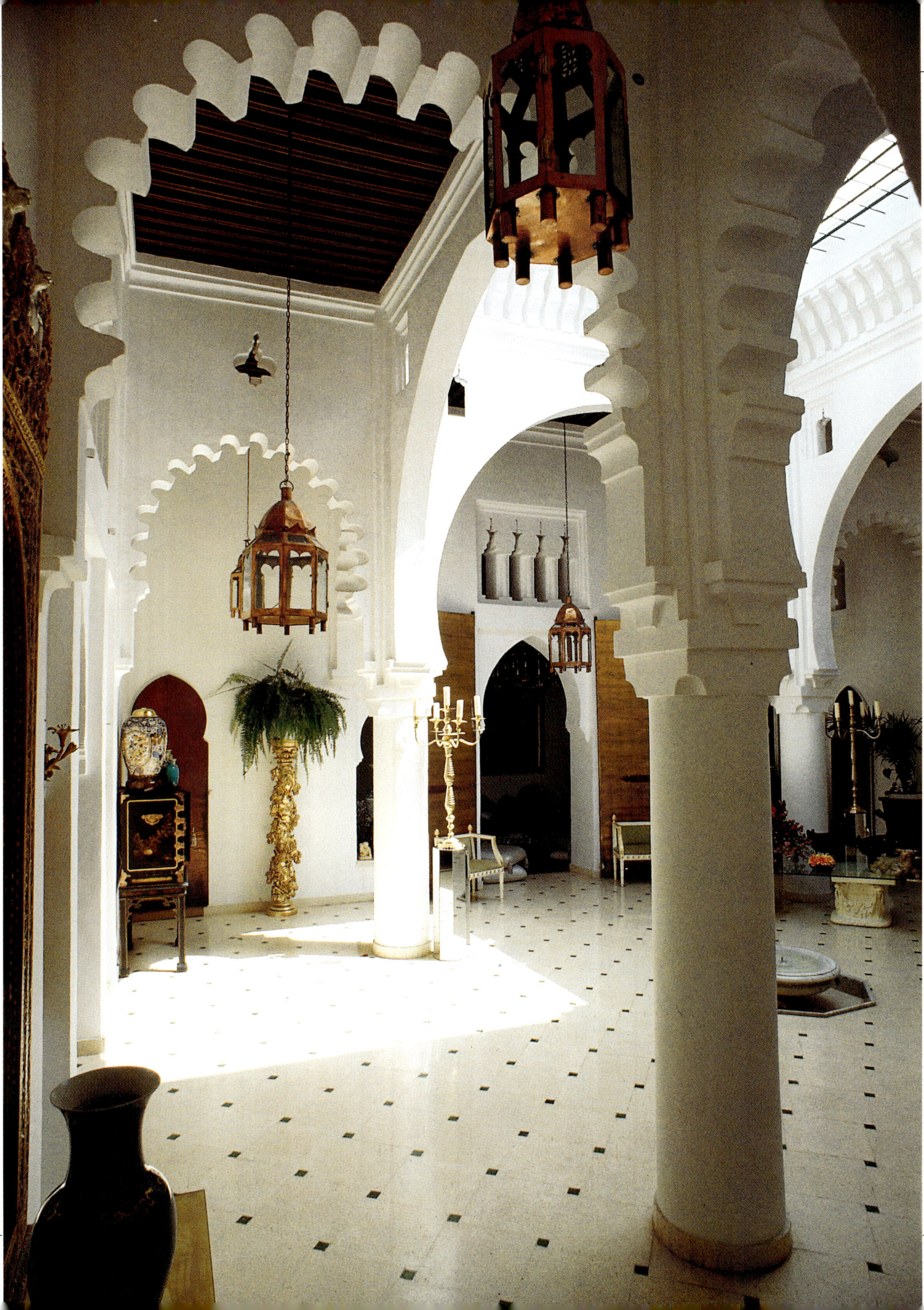

113

Pavillon bleu. Miroir fait à Séville pour l'Orient. Au plafond, petite voûte céleste peinte par Stewart Church.

Page 112 :
Patio central où sont dressées les tables pour de somptueux dîners.

Page 113 :
Salon argent. Mobilier indien XIXe en bois sculpté argenté et tentures de soie sauvage saphir et gris perle. Lampadaire de Venise.

Salon doré. Mobilier indien en bois sculpté doré à la feuille et tentures de soie sauvage émeraude. Gros plan sur la table chinoise en cloisonné. Dahlias oranges, canard chinois en jade et candélabres de bronze.

Salon d'en haut, tout en longueur, avec des fenêtres à ogives en moucharabiehs.

ans, le conservateur de ce fonds très riche accumulé par les chercheurs français Ponsich et Michaux-Bellaire, enrichi par des legs de l'ancien proviseur Régagnon et de la princesse Marthe Ruspoli.

Ne pas manquer de demander à faire éclairer le plafond du Bit el Mal (la pièce des coffres) qui est signalé, dans l'ouvrage de base *Tanger et sa zone* (1921), comme « un des plus beaux plafonds de ce genre au Maroc, rappelant par sa richesse ceux des Tombeaux Saadiens de Marrakech... ».

On remarquera aussi que l'entrée de la salle hypostyle du Bit el Mal va être rendue à son ancienne allure, avec un escalier permettant l'accès direct par la place. Les trois arches seront vitrées dès que les crédits affectés à cet effet seront dégagés. Le mécénat de Saint-Gobain, avec son fameux verre incassable, ou d'autres, y serait le mieux approprié du monde.

Pour la petite histoire, rappelons que ces énormes coffres de bois de cèdre, bordés de fer, servaient à recueillir les revenus des douanes (Bit el Mal = Chambre du Trésor). La monnaie d'argent était alors rare et les règlements se faisaient surtout en monnaie de bronze, les *flous* (singulier : *fels*) qu'on ne comptait pas, mais qu'on pesait. Les balances sont toujours là, mais il n'y a plus de « flous ».

Place de la Kasbah, peut-on imaginer qu'il y eut naguère un Bal des Petits Lits Blancs, comme à l'Opéra de Paris ? Souhaitons d'en voir le souvenir rappelé à tous, un jour, avec cet album que le sauveteur de York Castle prépare sur sa demeure de rêve.

A l'opposé de York Castle, la « petite » maison baptisée Dar Zéro aurait pu s'appeler Dar Pepys, puisque Samuel Pepys, dit-on, y écrivit dans son fameux « Journal » (sous ce même figuier qui serait donc tricentenaire...) que « Tanger devait devenir la place la plus importante du roi Charles II dans le monde ».

La porte qui suit, Bab Al Aasa, est

*Le Musée de la Kasbah occupe la plus grande partie du Palais du Sultan, rénové dès Moulay Sliman en 1821, puis à l'occasion des visites des sultans Moulay Abderahman en 1828 et Moulay Hassan en 1889.
A droite, très anciens et très précieux costumes traditionnels.*

York Castle, forteresse de la fin du XVᵉ siècle au sommet des falaises abruptes de la Kasbah. De son immense terrasse crénelée qui surplombe la baie de Tanger, la vue s'étend de Gibraltar à Trafalgar. Cet ancien château portugais-mauresque fut occupé par les Anglais en 1664. Leur gouverneur, le duc d'York, frère du roi Jacques II, partit ensuite à la Nouvelle-Amsterdam qu'il baptisa New York. Cette demeure, puissante et seigneuriale, s'organise autour d'un patio à ciel ouvert carrelé de céramiques de Fès. Au centre, une pièce d'eau bordée d'une galerie d'arcades. Force et simplicité se dégagent de cette enclave de fraîcheur en pleine ville arabe.

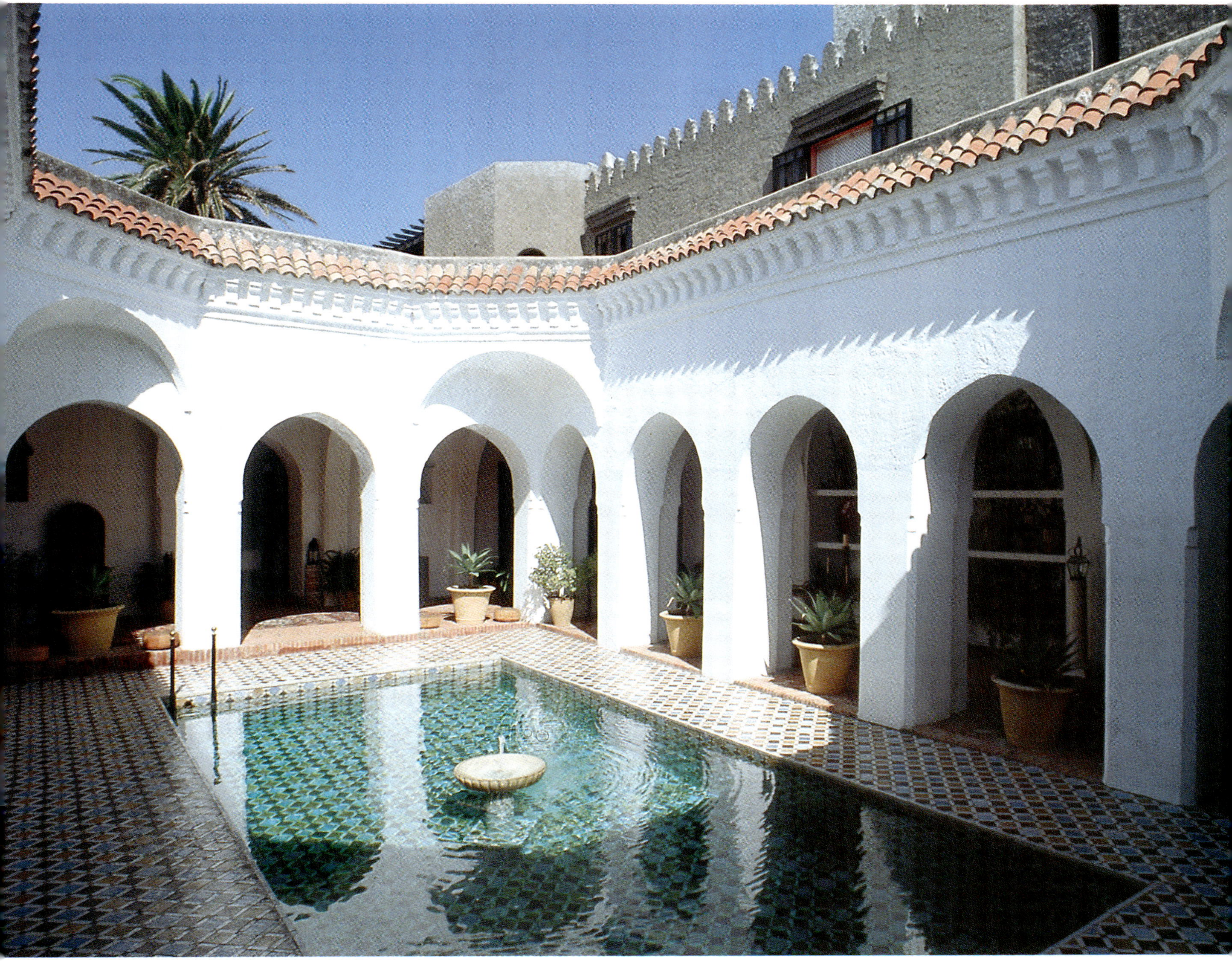

Sur la place de la Kasbah, Bab Al Bahr, la porte de la Mer, donne sur le détroit avec les côtes d'Espagne au loin et, à gauche, York Castle avec ses tours et ses terrasses ressuscitées.

A l'autre extrémité de la place de la Kasbah, on descend vers la vieille ville par Bab Al Aasa, la porte où les condamnés étaient jadis bastonnés et où, aujourd'hui, les photographes du monde entier font poser leurs modèles devant cet admirable décor de zelliges. Ici, Julie Delpy, entre deux films.

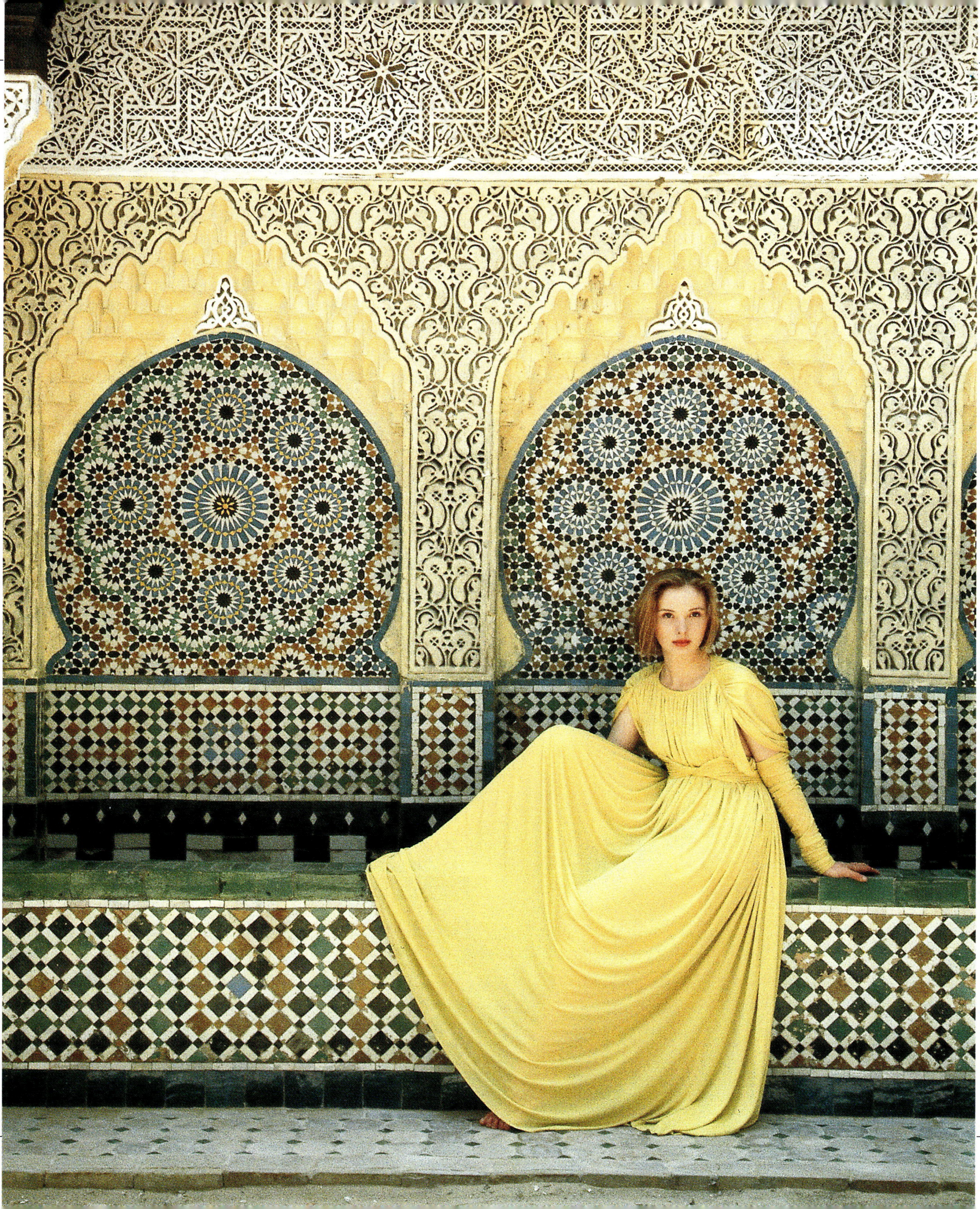

celle où l'on bastonnait les voleurs, en leur offrant, pour contrepartie, une des plus belles vues qui soient sur les terrasses de la Kasbah, le port, la baie, le détroit, jusqu'à Gibraltar par temps clair. Matisse y a peint le « paradis », avec le café suspendu entre ciel et terrasse, et Marquet, avec ses échappées de ruelle, a incité Matisse à plonger dans la lumière de Tanger aux environs de 1912-1913.

On descend de là vers Sidi Hosni, le paradis sur terre de Barbara Hutton, enclave plus andalouse que mauresque entre les ruelles et la coupole du tombeau de Sidi el Hosni ben Tahami El-Ouazzani. Un diplomate anglais y aménagea un petit palais sur les quelques maisons mitoyennes, berceau de la vieille famille Akalaÿ. Robert Gérofi — lui encore, sans qui Tanger ne serait pas ce que nous en connaissons, dût sa modestie en souffrir — prodigua des conseils précieux, et Barbara Hutton, l'héritière des magasins à prix unique Woolworth, y vécut tumultueusement et capricieusement.

Malcolm Forbes a créé un Musée qui, chaque jour, attire et instruit des centaines de visiteurs, marocains et étrangers, et l'on peut espérer que le Maroc, que Tanger, en héritera un jour. Mais de Barbara Hutton, que reste-t-il ? Des photos de mondaine hautaine sur les tables de ses fidèles amis.

Tout à côté du « palais » Barbara Hutton, un petit bazar s'appelait encore il y a deux années « Bazar Barbara Hutton » : triste symbole de ce qui revenait à la source et qui aurait dû s'inscrire au fronton d'une « Fondation Barbara Hutton », comme il y a la Rockefeller ou la Rothschild. Mais le Tanger éternel guette, et qui a acheté Sidi Hosni ? Des Chinois de Hong Kong, en prévision du retour à la Chine de cette ville à part, des Chinois qui, peut-être, misent sur la place bancaire offshore du Tanger de demain... Deux banques françaises, entre autres (le Crédit Lyonnais et la B.N.P.), y sont associées

Sidi Hosni, où le souvenir de Barbara Hutton flotte encore : exemple typique de l'assemblage de plusieurs maisons, plus ou moins grandes, jusqu'à former un petit palais.

Dar Sherif Ben Sadek, vaisseau architectural dominant Tanger, fut au XIXe siècle le premier consulat espagnol. Aujourd'hui, la maison résonne de jeux et de rires d'enfants ; leurs parents, Laure Welfling et son mari, ont fait de cette ancienne école coranique une demeure à la Escher dans des perspectives à la Chirico. Damiers noirs et blancs des sols, ballustres néo-classiques et toiles gigantesques en font un théâtre surréaliste.

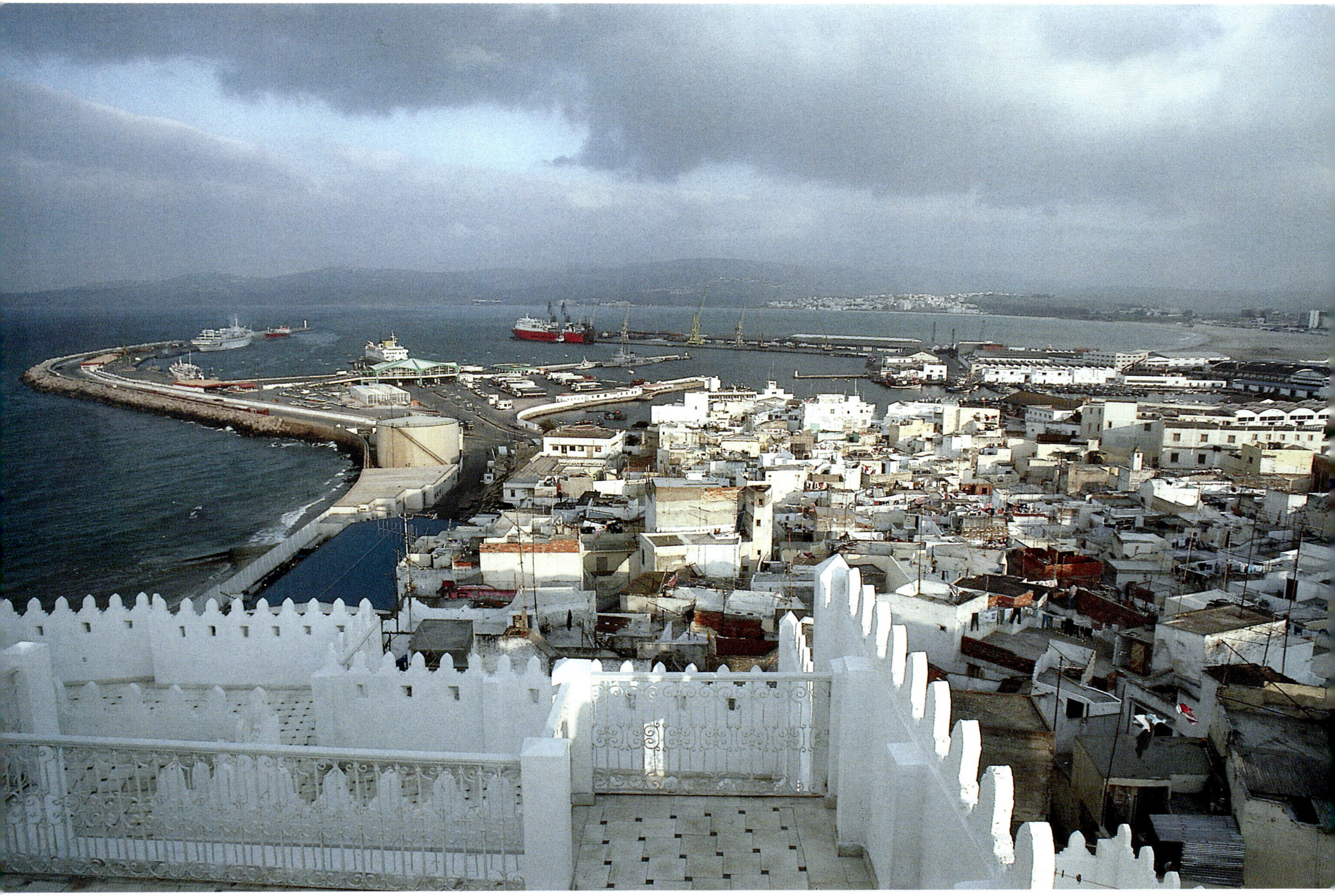

au Crédit du Maroc et à la B.M.C.I.

René Thomas, PDG de la Banque Nationale de Paris, y a signé cet accord en juin 1992 et l'ancien créateur du corps de l'Inspection générale des Finances au Maroc qu'il fut s'est réjoui de sa présence à Tanger, « cette ville qui est à la croisée de tous les chemins et qui est capable plus que d'autres d'avoir une faculté d'adaptation extraordinaire...

« ...Tanger peut devenir un observatoire privilégié des économies maghrébines, dont l'avenir nous concerne et nous apporte ses économies qui sont complémentaires » (Aziz Yacoubi, « Le Matin du Sahara », 6 juin 1992).

Ne quittons pas ce quartier d'El Amrah sans rappeler qu'il est celui où Paul Bowles avait acheté une maison dans les années 60, pour Jane et Cherifa. « Tanger était encore une ville relativement plaisante à l'époque, et non le gigantesque taudis qu'elle est devenue depuis », écrit Bowles dans son autobiographie ; Paul Bowles y vit toujours, apparemment heureux, dans une intense activité créatrice et inspirée : miracle de Tanger ?

Par temps clair, le miracle de cette lumière unique de Tanger, qui a séduit Matisse et bien d'autres : c'est le lot des terrasses de la Kasbah, riches ou pauvres.

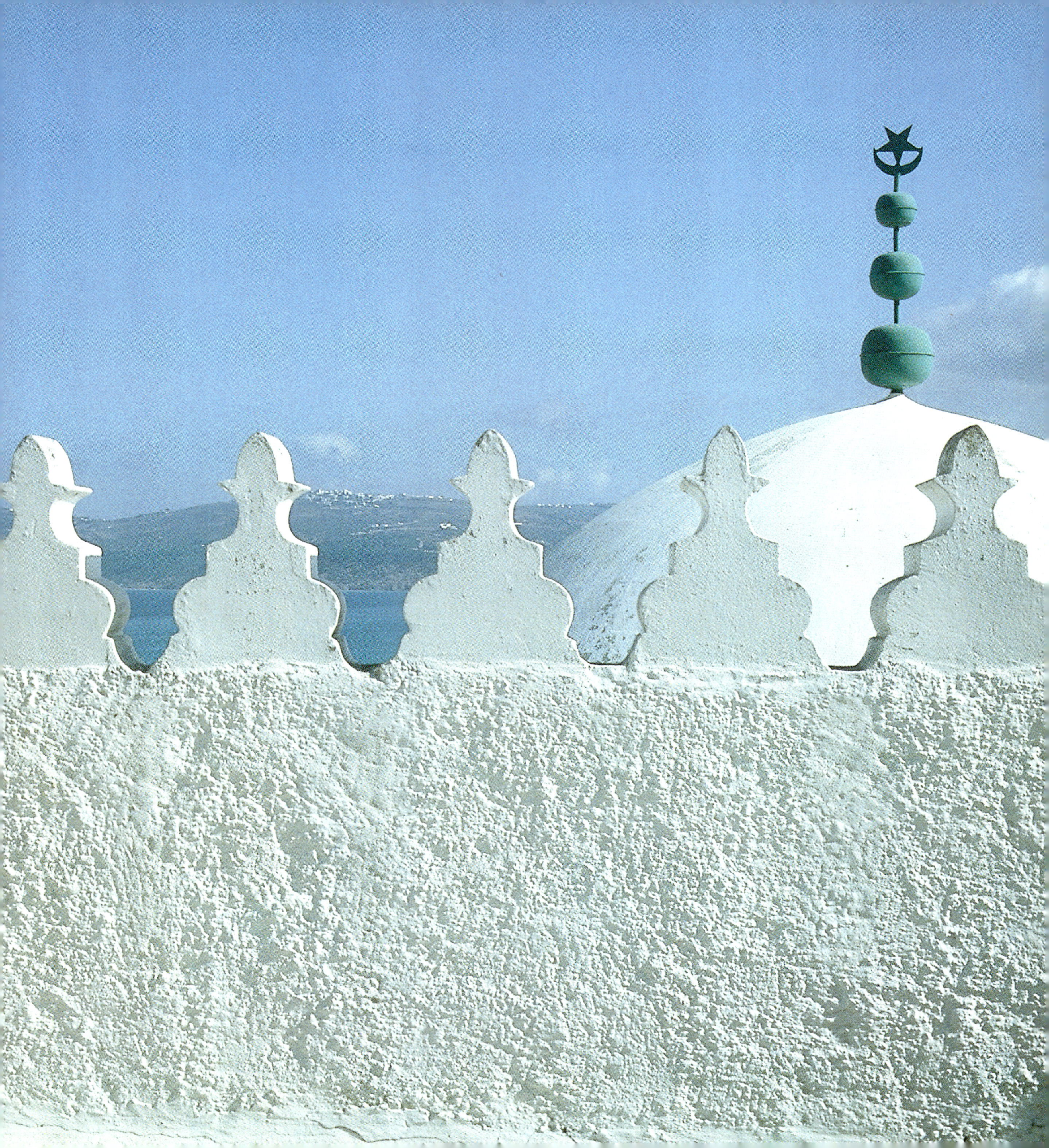

Le Marshan (hors les murs) avec Paul Bowles, les Scott et les débris de Paul Morand

Le Marshan fut le premier agrandissement de la vieille ville, hors les murs, et ainsi nommé d'après une famille du cru.

Dès la porte de la Kasbah, quelques belles maisons — de familles juives — que l'on commence, enfin, à faire revivre : les successions, impossibles à régler, sont la cause de bien des immeubles fermés, non entretenus, à la merci des squatters.

Princesses du Golfe, décorateurs parisiens, Irlandais de famille royale succèdent à Garibaldi, dont le souvenir est inscrit au mur du très beau Consulat d'Italie, inscription qu'Attilio Gaudio rapporte ainsi : « Giuseppe Garibaldi, dans ce lieu exilé, s'arrêta dès qu'il eût accompli les exploits romains, songeur et indomptable, présageant les exploits futurs de la Libération, étant toujours soldat d'une seule et même idée : l'Italie. »

Et Attilio Gaudio dit sa surprise d'avoir été présenté, par le consul italien M. Zanetti, au médecin tangérois Kabbaje, descendant d'un Marocain qui commerçait à Gênes où il participa, en blouse rouge, à la fumeuse « expédition des Mille » : les décorations du volontaire garibaldien sont encore aujourd'hui la fierté de la famille Kabbaje.

Succèdent à Brion Gysin, qui avait installé son restaurant « Les Mille et une Nuits » dans une aile du Palais Menebhi : Hamri y officiait, avant de devenir un peintre de qualité. Le Palais Menebhi, comme les palais de Fès — d'où vient la famille —, ne montre rien de son importance, de ses trésors, derrière un long mur gris où il s'étend sur plusieurs hectares... Les Menebhi sont artistes et, sur trois générations, ont produit des peintres qui n'exposaient pas, bien sûr ; le plus jeune, Kamal, lui, oui !

Le Café El Hafa (de la falaise) est un lieu magique, comme le Sidi Chabane à Sidi Bou Saïd, comme d'autres terrasses à Capri. On y boit du thé fort, on y fume, bien sûr, et, trop souvent, on y tombe sur des photographes ou des cameramen venus filmer Paul Bowles « in situ ».

La puissante maison des Chérif d'Ouezzane, face à leur cimetière de famille, est au-dessus, avec son porche irréprochable et son patio de marbre rose où Si Moulay Driss perpétue la musique arabo-andalouse, jouant parfois lui-même sur le luth offert à son grand-père par le Sultan Moulay Hafid. La maison ne date que de 1320 (1900, puisque nous sommes en l'an 1412 de l'Hégire), mais, dès 1881, un comte de Chavagnac a dédicacé un très délicat dessin du célèbre minaret octogonal de la mosquée d'Ouezzane. La Cherifa d'Ouezzane, la grand-mère anglaise, habitait au-delà du petit jardin de curé aperçu derrière les cages d'oiseaux.

Apperley, le peintre anglais, habitait le quartier lui aussi, et on peut y voir encore quelques maisons dans le style de Le Corbusier ou de Mallet-Stevens, dues souvent à Robert Gérofi et à son associé, F. de Pierrefeu, comme celle des Coty.

L'Orientalisme est le propre du Musée Forbes, dont la façade toujours impeccable, aux bougainvillées taillées avec soin, fait penser à un Monte-Carlo d'opérette.

C'est une bonne moitié du Palais du Mendoub (le représentant du Sultan, Si M'Hamed Tazi), que Malcolm Forbes avait achetée pour y situer le siège des éditions arabes de son magazine quand Beyrouth connut les malheurs de la guerre.

Le milliardaire américain Malcolm Forbes a acheté une partie du Palais du Mendoub (le représentant du sultan à Tanger, S.E. M. Tazi) et Robert Gérofi, qui en est le conservateur, a aménagé l'intérieur et les jardins pour en faire une demeure-musée. On y visite aussi une collection unique au monde de soldats de plomb et de reconstitutions de batailles.

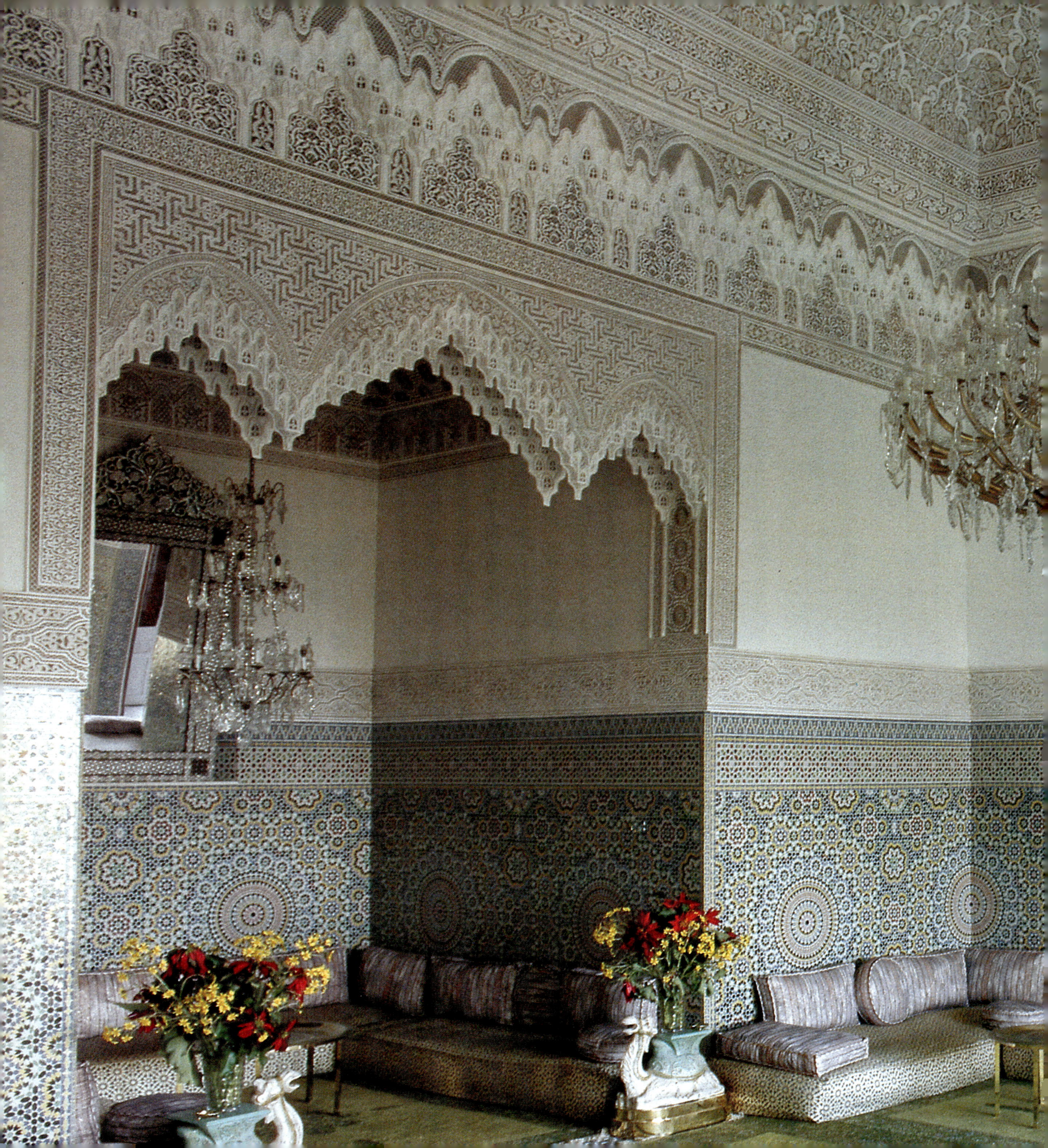

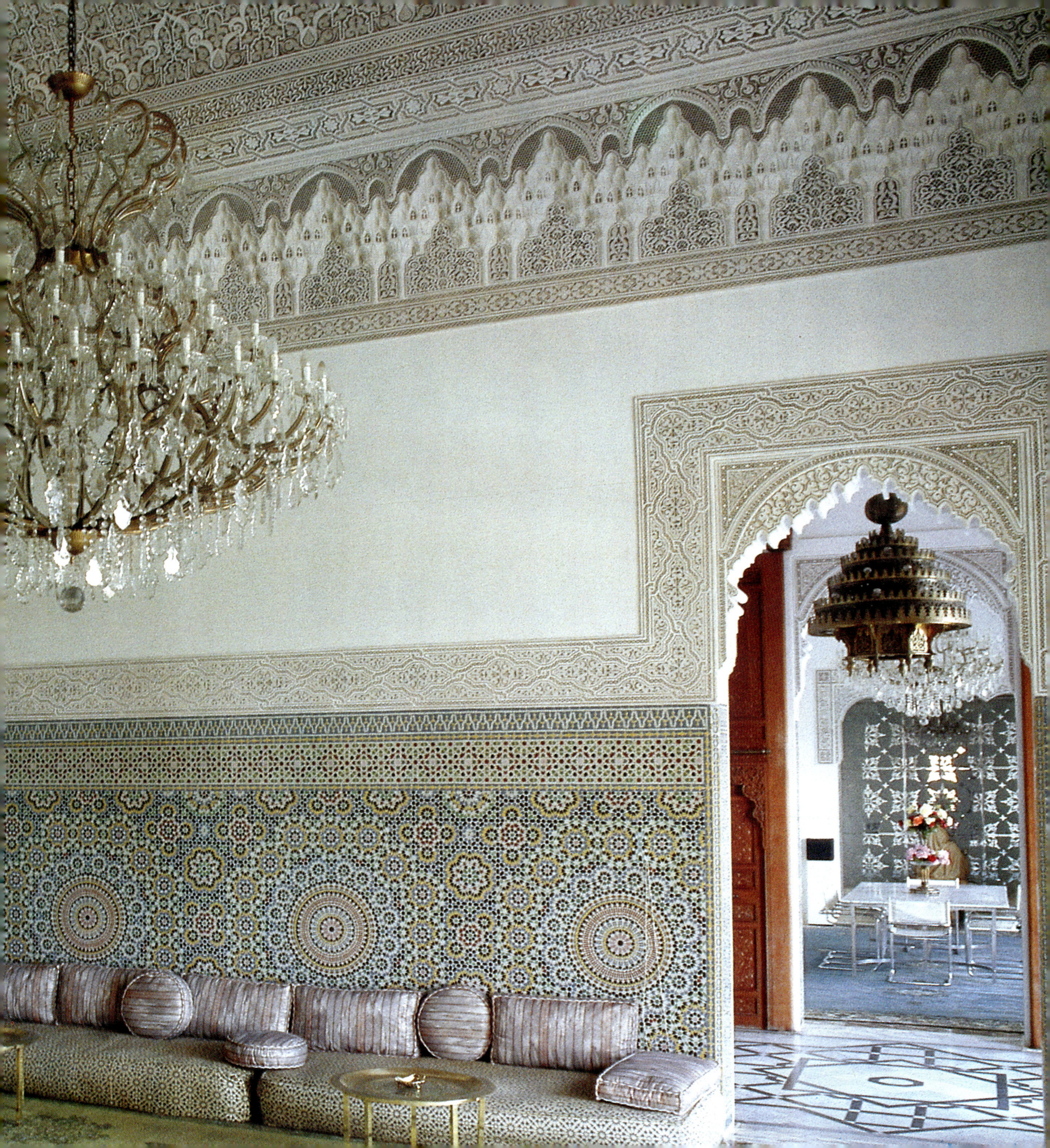

Double page précédente :
Un des salons d'apparat du Musée Forbes, alliage parfait du décor marocain le plus travaillé et des meubles modernes.

Seuls les privilégiés peuvent visiter les parties privées du Musée Forbes : cartes et gravures sur Tanger et le Maroc et une impressionnante collection d'orientalistes, dans les couloirs, les salons et les appartements.

L'édition arabe de « Forbes Magazine » a vécu, et un Musée y est consacré aux soldats de plomb, d'étain, aux reconstitutions de batailles et, en règle générale, à tout ce qui touche l'information sur les dernières guerres (tracts, affiches, mobilier de campagne, etc.).

Les appartements privés de la famille Forbes ne peuvent être visités que grâce à la courtoisie du conservateur, infatigablement dévoué, intelligemment érudit, Robert Gérofi. Le salon du Mendoub y est pratiquement reconstitué, avec le jeu d'échecs du maréchal Lyautey et quelques dizaines de tableaux orientalistes. Cartes et gravures anciennes, du Maroc et de Tanger, tableaux orientalistes encore, et toute une « rue » McBey (avec aquarelles et gravures de James et de Marguerite) recouvrent les murs des couloirs, des escaliers et de ce passage couvert conçu par Robert Gérofi à la façon d'une ruelle andalouse.

Les jardins donnent sur le détroit et l'on voit les côtes d'Espagne par temps clair (il pleuvra donc demain, ajoutent les Tangérois) ; la fête du 70e anniversaire d'Ali Dada Forbes (sic, les cartes d'invitation portaient ce surnom affectueux) y avait rassemblé, le 19 août 1989, des centaines d'invités : le gratin de la finance et du « business » international, autour de S.A.R. le Prince Héritier du Maroc, S.A.R. le Prince Moulay Rachid, S.A.R. la Princesse Lalla Amina, son époux

On le croirait de marbre, ce personnage en burnous qui nous tourne le dos, dans une alcôve du Musée Forbes, et c'est une œuvre américaine, en vinyle moulé, qui se soulève d'un doigt !

M. Fouad Filali, Elizabeth Taylor, etc. Repas marocain, chants et danses choisis à merveille parmi les meilleurs groupes traditionnels, feu d'artifice : ce fut là un peu la fin d'un monde puisque, depuis, Malcolm Forbes est mort, Robert Maxwell et son empire aussi, plus pitoyablement, et que les « jouets capitalistes » dont Forbes aimait à décorer tout ce qui l'entourait et le portait, ces jouets ont effrité le monde communiste dans les divisions et les déchirements que nous subissons aujourd'hui.

Un monde disparaît, et un autre monde renaît, avec la descente tranquille du chemin Shakespeare, qui longe le Palais Tazi sans autre indication de nom que sur le relais d'électricité où l'on lit : « Shakespeare, danger de mort ». La partie des femmes du Palais Tazi est toujours habitée par les veuves du Mendoub, dans une atmosphère de béguinage à la Pierre Loti. Un immense patio est ordonné autour d'un non moins immense candélabre de Venise, et salons et chambres s'ouvrent tout autour, décor inchangé depuis toujours et façade aveugle sur la mer : c'est le harem clos sur lui-même, avec des patios inattendus et des pavillons andalous déserts. Quel merveilleux hôtel cela ferait, loin de la ville et près de tout !

Le chemin Shakespeare se poursuit, avec une maison rose, pleine de tableaux soigneusement choisis et d'amis bridgeurs, les maisons aban-

Un moment rare, à saisir au printemps : le bleu des agapanthes, le bleu de la mer, le bleu du ciel, le bleu des zelliges : harmonie parfaite des jardins Forbes.

données du Mokri (chargé des finances auprès du Mendoub), du Caïd MacLean, qui est maintenant au Domaine Royal.

Les vieilles dames de Tanger se souviennent des fêtes où l'on allait à dos de mule. Aujourd'hui, c'est le chemin des amoureux et le pèlerinage des filles qui vont poser la main sur le rocher de Lalla Fatima, dans la mer, au bout de la rue du Nord, sous la Villa Alba.

D'autres demeures abandonnées, où Paul Bowles habita, dans un inconfort total, avant d'inaugurer « un hôtel qui venait d'ouvrir au bout du Marshan : la Villa Mimosa ».

C'était juste avant l'indépendance, une époque entre deux mondes, que Paul Bowles se rappelle ainsi : « Nous l'ignorions alors, mais nous vivions au Maroc les deux ou trois derniers mois de cette bonne vieille existence coloniale paisible et facile... ». Pas moins de cinq adjectifs pour qualifier cette tranche de vie !

C'est à la Villa Mimosa que Paul Bowles écrivit *Après toi le déluge,* que Terence Creagh-Coen, de retour des Indes, finit ses jours dans le jardin délicieux, plein d'essences rares, de George Dorian, Autrichien partagé entre Los Angeles et Vienne.

Le consul du Portugal et son épouse, artiste peintre portugaise, habitent en face, dans la partie achevée d'un immense palais à ressusciter, juste au-dessus d'un terrain vague où un chantier semble avoir été stoppé par la main d'une fée ou de l'autorité.

C'est là qu'habita Paul Morand, dans une grande baraque sans grâce ni beauté, louée pour neuf ans, en 1950, à un amiral anglais.

Les Morand se fixèrent peu à Tanger, qu'ils n'aimaient pas vraiment et où ils ne furent sans doute pas accueillis comme ils espéraient l'être. A la Librairie des Colonnes, Yvonne et Isabelle Gérofi suffoquaient quand Hélène Morand commandait les livres de Céline ; les Européens, les Français surtout, qui venaient, vers 1950, « se blanchir » à Tanger n'étaient pas du même monde que les Morand et ceux qu'ils pouvaient voir, au bal Beistegui à Venise, par exemple (1951), ignoraient encore Tanger, sans doute.

« Je n'aime pas beaucoup Tanger, écrit Paul Morand. C'est une personne officielle, une fiction diplomatique. Elle

Les appartements privés, au premier étage du Musée Forbes. Par temps clair, l'œil porte jusqu'à Gibraltar, à droite, après le Djebel Moussa.

La statue représentant Le Bûcheron, d'après une fable de La Fontaine, agrémentée d'un décor inattendu de toiles d'araignée, est de Chambard.

ne pousse pas de racines profondes dans la terre d'Afrique... Mais Tanger est beau à la minute où, de l'Atlantique, on l'embrasse avec Gibraltar, d'un seul coup d'œil. Entre l'Afrique et l'Europe, il n'y a pas plus d'opposition tranchée qu'entre l'Europe et l'Asie... Ici, l'Apollon blond rencontre les fétiches à clous... ».

La maison a été rasée en 1987 et des azulejos bleus et blancs — plus fassis que portugais — indiquent, comme une plaque dans un cimetière, les restes de la maison Morand, et la margelle d'un petit puits, bleue aussi, fait rêver les nostalgiques à la poursuite des fins de monde. Hélène Morand a dû souvent caresser de ses belles mains baguées cette margelle où Paul Morand, essoufflé, s'asseyait de retour de son bain de mer quotidien. Premier séjour des exilés de luxe : été 1950 ; premier livre marocain : novembre-décembre 1951 ; janvier-Pâques 1953 : les Morand attendent fébrilement, à Tanger, le décret de réintégration au Quai d'Orsay ; en 1954, Jacques Laurent publie, dans la revue « La Parisienne » et en trois livraisons : *Hécate et ses chiens,* seul texte important écrit par Morand à Tanger, et, en juillet 1955, le ministre plénipotentiaire de deuxième classe Paul Morand est admis à faire valoir ses droits à la retraite.

1956, fin du séjour — écourté — des Morand rue Bakkali, chemin Shakespeare, Marshan, Tanger. C'est aussi l'année où prend fin le Protectorat français sur l'Empire chérifien, comme le note à propos Jean-Pierre Péroncel-Hugoz dans *Villes du Sud.*

En face, à Dar Al Qouas (la maison des arcades), les Scott se souviennent, qui sont là, eux, depuis toujours.

Depuis 1918, en tout cas, puisque sir Basil Scott acheta alors le palais que le représentant du sultan du Maroc dans le Nord, Si Guebbas, avait commandé, dès 1913, à un architecte français.

Les jardins Forbes sont ouverts au public qui visite le musée.

Ambiance de sérail pour cet immense palais, Dar Tazi, autrefois Dar El Fassia, battu par tous les vents et surplombant le détroit de Gibraltar. Construit au début du siècle, il vit centré sur son patio décoré d'azulejos sévillans, éclairé par un lampadaire somptueux en cristal de Venise. Les chambres, aux lits à baldaquins damassés de rouge sombre, meublées de sofas et d'armoires à glace, s'ouvrent sur la cour intérieure. Galeries aux rambardes de fer forgé, arches marocaines en plâtre ciselé, enfilade de salons décorés de coussins de velours, ici tout n'est que luxe, calme et volupté.

Salon de réception marocain traditionnel. Banquettes et tentures de velours frappé, fenêtres aux vitraux de couleur, lustre de cristal de Venise.

Vue centrale du patio en azulejos sévillans, galerie de fer forgé et lampadaire en cristal de Venise.

Le Naïb du sultan avait choisi le plus bel emplacement de ce nouveau quartier, dominant tout le détroit, jusqu'aux côtes d'Espagne, et proche des demeures du caïd MacLean et du consul d'Allemagne.

Sir Basil et lady Scott sont les plus symboliques figures de ce Tanger cosmopolite et leur fils, Michael, s'y intégra plus encore, en bon musulman qu'il était devenu, passant sa vie à enseigner et à apprendre, à voyager et à lire : Cherry Scott n'en finit pas de travailler au catalogue de la très riche bibliothèque qui va être transférée à Cambridge. Sir Basil Scott avait été « Chief Justice » à Bombay, et anobli par Edouard VII en 1909 ; c'est lui qui rédigea les statuts pour la zone internationale avant d'être appelé par Sa Majesté britannique à représenter les affaires de Tanger à la Conférence de Versailles.

Pour terminer Dar Al Qouas, il emmena un *maallem* marocain à Grenade y prendre exemple des plafonds et des murs de l'Alhambra pour le grand patio et les salons de Tanger.

Lady Scott, elle, partageait son temps entre la vie mondaine de l'époque, ses travaux artistiques — des aquarelles de grande qualité en témoignent — et les œuvres de charité.

De même que tous les visiteurs de marque, entre les deux guerres, ne manquaient pas d'être reçus à Dar Al Qouas, de même les malheureux trouvaient toujours un accueil généreux chez ce couple béni encore des vieilles gens du quartier.

Détail d'une pièce donnant sur la galerie avec ses lourdes portes à double battant.

143

La princesse Mary avec le yacht royal, le prince et la princesse Youssoupoff sur leur bateau venant de Corse, le comte Tolstoï, Wilfred Theisger, le grand explorateur du monde arabe, l'amiral Oliver, le poète John Heath-Stubbs, le père de la sociologie, le Finlandais Westermarck, et en voisins les MacLean, Walter Harris, les Chorfa d'Ouezzane, les Paul Morand et l'ambassadeur du royaume chérifien à Londres, M. Menebhi, que lady Scott initia à l'aquarelle : le livre d'or de Dar Al Qouas est celui du Gotha et de la vie intellectuelle de l'entre-deux-guerres.

Plus curieux encore est à rappeler que, descendant en ligne directe du roi Charles II par son grand-père irlandais, lord Stuart of Decies of Dromana, et Barbara Villiers, duchesse de Cleveland, lady Gertrude Scott finissait ainsi ses jours dans une ville, Tanger, qui avait été apportée en dot à Charles II par son mariage avec Catherine de Bragance en 1661. Tanger et l'île de Bombay devenaient propriété personnelle du roi Charles II d'Angleterre, pour quelque vingt années...

Michael Scott, dans sa modestie exemplaire, ne s'en faisait pas gloire et cet homme, si fin, si érudit, avait été un héros de la dernière guerre, grièvement blessé alors qu'il tentait de sauver un de ses soldats.

Comme beaucoup de Français, voulant rallier Londres pendant l'avance en Afrique du nord des troupes de l'Axe, ont été aidés à le faire par les Scott et les Erzini, qui cachaient dans l'écurie les candidats à l'embarquement clandestin vers le Portugal ou plus loin.

Ferida Benlyazid écrivit un bel hommage à « Si Abdellah, Scott of Glenaros » dans « Le Libéral », rappelant justement que « les petites gens de la rue Shakespeare témoignent de la droiture et de la bonté qu'il avait toujours manifestées à leur égard ».

Aujourd'hui, Dar Al Qouas appartient à un Français, artiste et créateur inspiré, qui sut gagner la confiance des

Ce petit puits, à gauche, avec ses zelliges bleus, est tout ce qui reste de la maison de l'amiral Gaunt, où habitèrent les Morand, au Marshan.
Le 19 décembre 1951, Paul Morand écrivait à Charlotte Fabre-Luce une lettre enthousiaste vantant « ses jardins pleins de jasmins roses (!), d'hibiscus, mimosas, arums en fleurs ».
Juste au-dessus, la première terrasse est celle du consul du Portugal et de Madame Benchekroun, et, au-dessus encore, Dar Al Qouas, la maison Scott, que l'on retrouve à droite, dans son parc.

Scott et qui fera revivre cette belle demeure si riche en souvenirs.

Au sud, Dar Al Qouas est bordée par le cimetière du Marshan, que Claudio Bravo n'aimait pas traverser quand il habitait là, sur le versant ouest (protégé du vent d'est), face aux belles maisons de la Vieille Montagne où il a émigré, faisant revivre une maison espagnole de style plutôt florentin.

Au-dessous, c'est la plage aux Juifs, Merkala, théâtre de bien des nouvelles de Paul Bowles et des écrivains marocains qu'il a suscités : n'Rabet, Char'hadi, Yacoubi et, bien sûr, Mohamed Choukri.

Au-dessus, c'est le village qui entoure le cimetière, qui l'entoure jusqu'à le pénétrer, puisque des ruelles y débouchent, brusquement, sur les moutons et les gosses qui y passent leur vie.

Un long mur que débordent de beaux arbres, c'est la Malletière, bâtie par un diplomate, puis habitée par un jeune lion de la mode parisienne.

Delacroix a dessiné la montagne d'en face ; après Marquet, et Camoin, Matisse a peint toute sa vie les acanthes et les agapanthes de ces jardins perdus ; Francis Bacon y avait laissé, dans le pavillon du parc de Louise de Meuron, des feuilles et des feuilles de dessins et d'esquisses : Louise de Meuron les a jetés, ignorant, ou dédaignant, leur valeur ; Claudio Bravo, dans sa période néo-réaliste, a dessiné cent fois le cimetière, la Villa Mimosa, les moutons ; et le peintre Jean-Charles Blais, hier encore, s'y blessant chez des amis, y trouvait lieu à une exposition.

Tout cela sur deux cents mètres, dans la même lumière, grise, bleue, opaque ou légère, un des miracles de Tanger que Favre fait rougeoyer dans des toiles à la Bonnard.

Nous retournons sur le plateau du Marshan en laissant la Villa Santa Barbara, à droite.

Passé la mosquée (1913-1916) bâtie grâce à des aumônes et collectes publiques, on arrive au Palais du Gouverneur, édifice quasi mussolinien, dans

*A cent mètres près, de part et d'autre de la
« maison Paul Morand », voilà la vue qu'on
a sur le détroit et sur la Vieille Montagne
à droite. Encore intacts, des endroits de rêve.*

« L'Eléphant blanc », aux portes bleues, à pic sur le détroit : maison d'une artiste espagnole qui ouvre un musée dans la Kasbah.

le parc duquel une fontaine en forme de qoubba a été édifiée par Lady Scott, aux environs de 1900, pour que les bergers et leurs troupeaux puissent y boire.

L'avenue est bordée, du côté nord, par des maisons très « françaises », bâties pour les cadres des banques de la zone internationale, de l'autre par des hôtels particuliers qui font irrésistiblement penser à la grande maison des Finzi-Contini : ce sont les demeures des Cohen, des Nahon, des Abensur, des Laredo, vendues, ou cédées.

Un petit livre, modeste mais lourd de souvenirs et de notes pleines de vie, est à lire absolument si l'on veut imaginer ce que fut le Marshan dans les années 20. Abdelkader Chatt écrivit, en 1932, *Mosaïques ternies* publié par les Editions de la Revue Mondiale et Georges Duhamel salua d'éloges mérités ce « premier roman marocain ».

Les Editions Wallada, à Casablanca, l'ont judicieusement réédité, par la grâce d'Omar Akalaÿ, montrant là, une fois de plus, son souci d'être le mainteneur de la restauration et de la pro-

Au sortir de la Kasbah, le quartier Bouknadel, vers le Marshan, un ancien palais abritant une administration.

Au Marshan, donnant sur le détroit, le Palais des Chorfa d'Ouezzane, datant du XIXe siècle.

Aux deux bords opposés du Maghreb, il y a le Café Sidi Chaabane, à Sidi Bou Saïd, en Tunisie et, à Tanger, le Café Al Hafa (de la falaise) en petites terrasses et balcons sur la mer, comme deux jumeaux semblables.

Au sortir de la Kasbah, le quartier Bouknadel, vers le Marshan, un ancien palais abritant une administration.

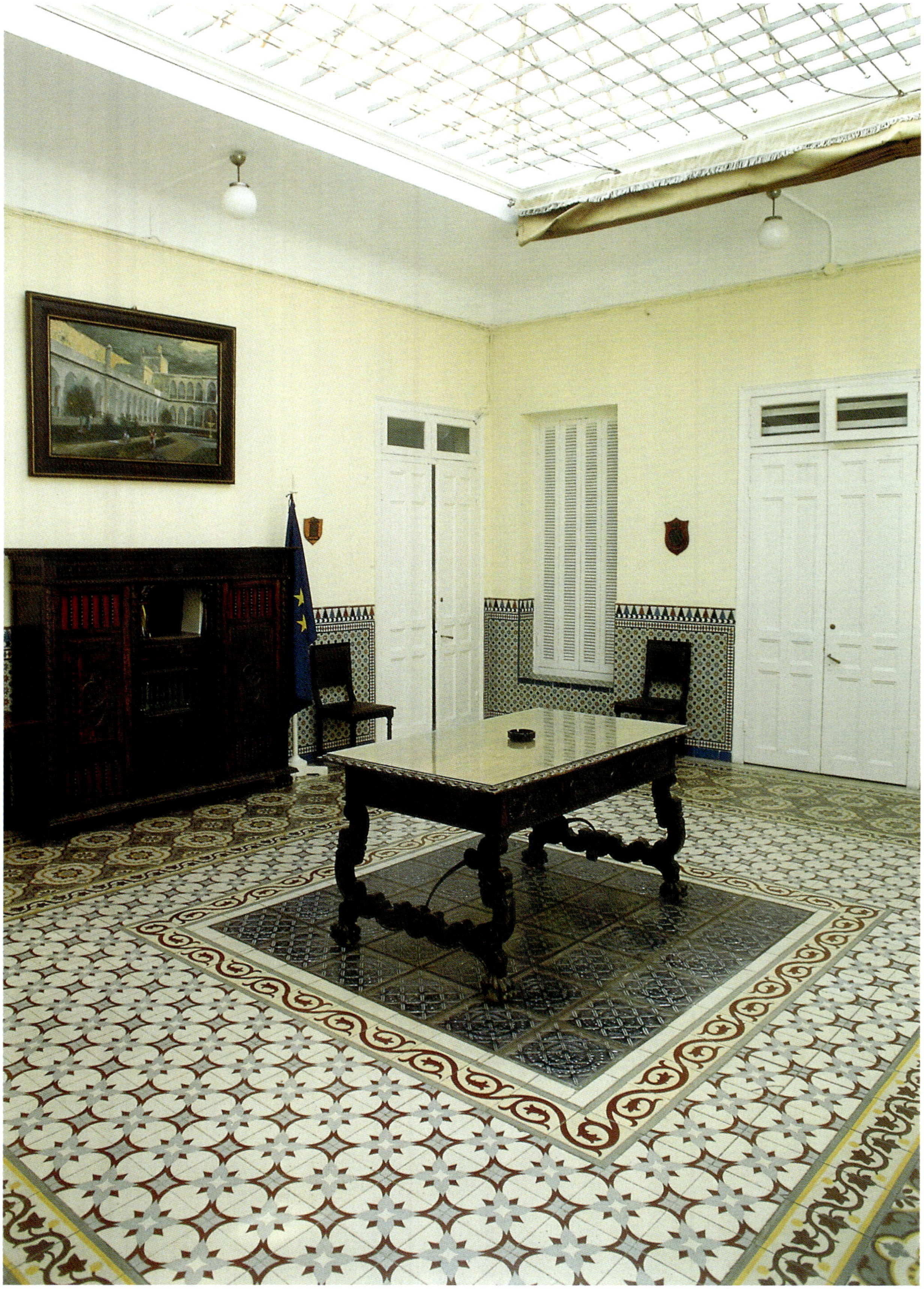

Au Marshan, le Consulat d'Italie occupe un beau palais où subsiste le souvenir de Garibaldi qui, dans son exil, y fut accueilli, dans ce qui était alors la légation sardo-piémontaise : Garibaldi se rallia à la maison du Piémont et à Cavour en 1854.

Au Marshan, donnant sur le détroit, le Palais des Chorfa d'Ouezzane, datant du XIXe siècle.

Aux deux bords opposés du Maghreb, il y a le Café Sidi Chaabane, à Sidi Bou Saïd, en Tunisie et, à Tanger, le Café Al Hafa (de la falaise) en petites terrasses et balcons sur la mer, comme deux jumeaux semblables.

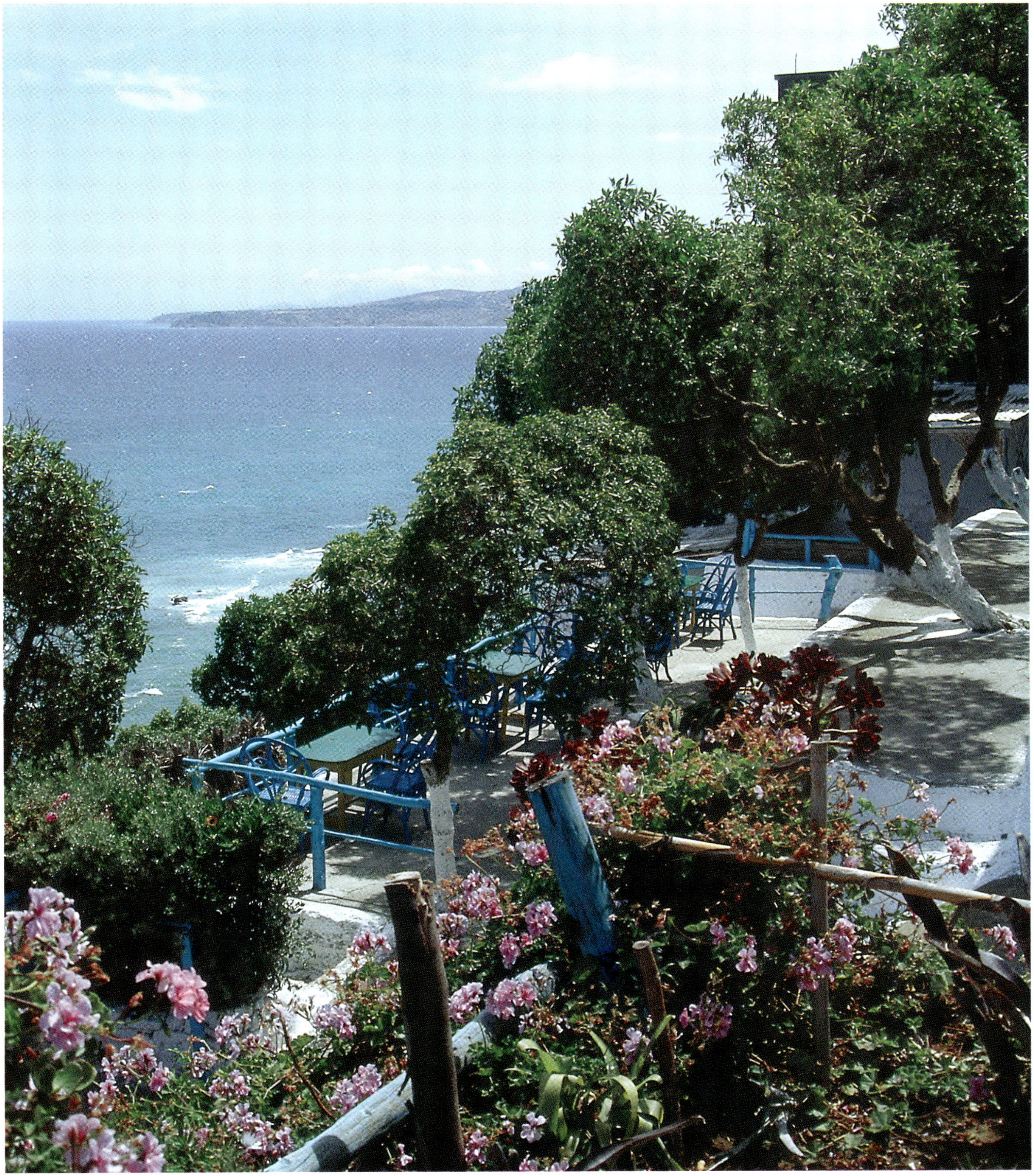

Si d'aventure, dans la falaise, vous avez la chance de voir une porte ouverte dans une ruelle en pente, vous découvrirez une « maison de rien » : Dar Oualou. Un djinn décorateur, Jean-Louis Riccardi, y a accumulé pour ses propriétaires des trésors de savoir-faire et de goût. Doux mélange d'Europe et d'Afrique qui rend cet endroit unique.

Soleil en tôle dans le patio. Sur les murs, tentures en patchwork.

Vue générale du patio. Pouf tapissé de panthère sur des tapis marocains. Lampadaire syrien et étoiles marocaines.

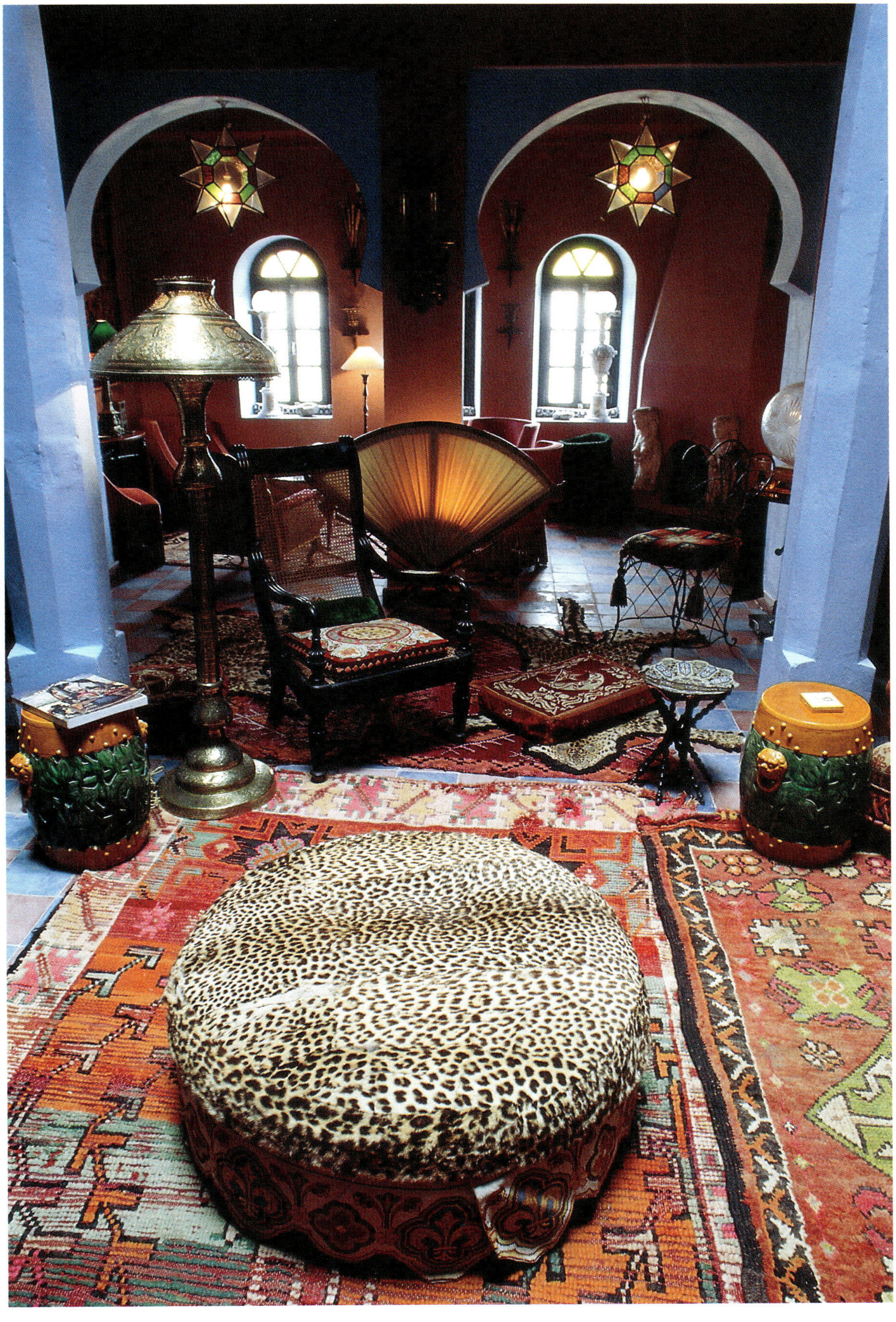

motion de Tanger. *Mosaïques ternies* vous fait partager la vie d'été de quelques familles tangéroises, dans une atmosphère de « villegiattura » quasi sicilienne. Avec ces « Scènes de la vie marocaine » infiniment touchantes et rendues avec précision, tact et subtilité, Abdelkader Chatt a été le précurseur d'une « Ecole littéraire de Tanger », prenant sur le vif et rendant par une écriture, simple et limpide, le courant même de la vie.

La mosquée du Marshan, édifiée de 1913 à 1915 par des souscriptions privées et des dons.

Derrière le palais du Marshan, lieu de réception du Gouvernorat, cette fontaine avait été construite par lady Scott, vers 1920, pour que les bergers qui y faisaient paître alors leurs moutons, puissent se désaltérer.

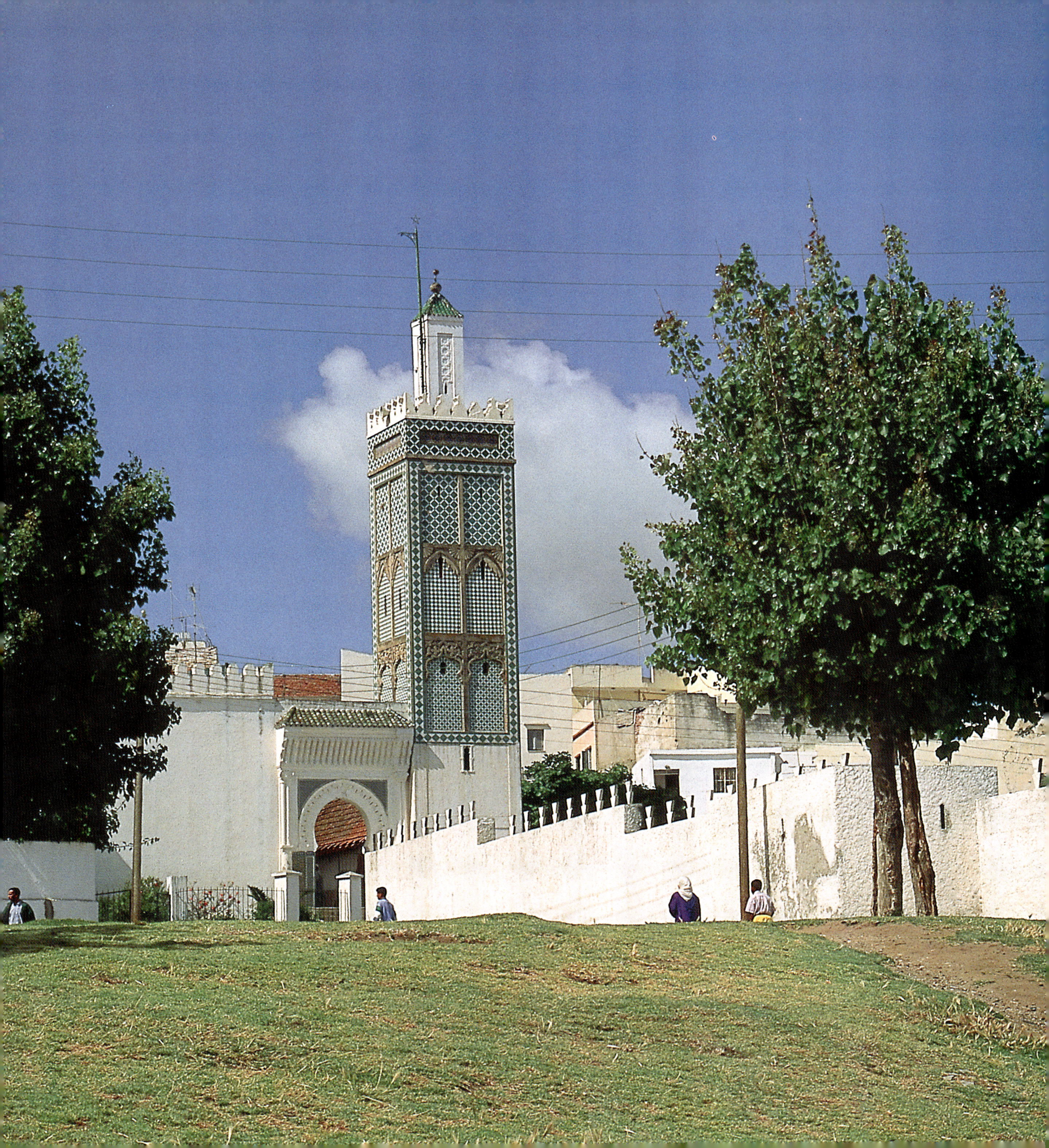

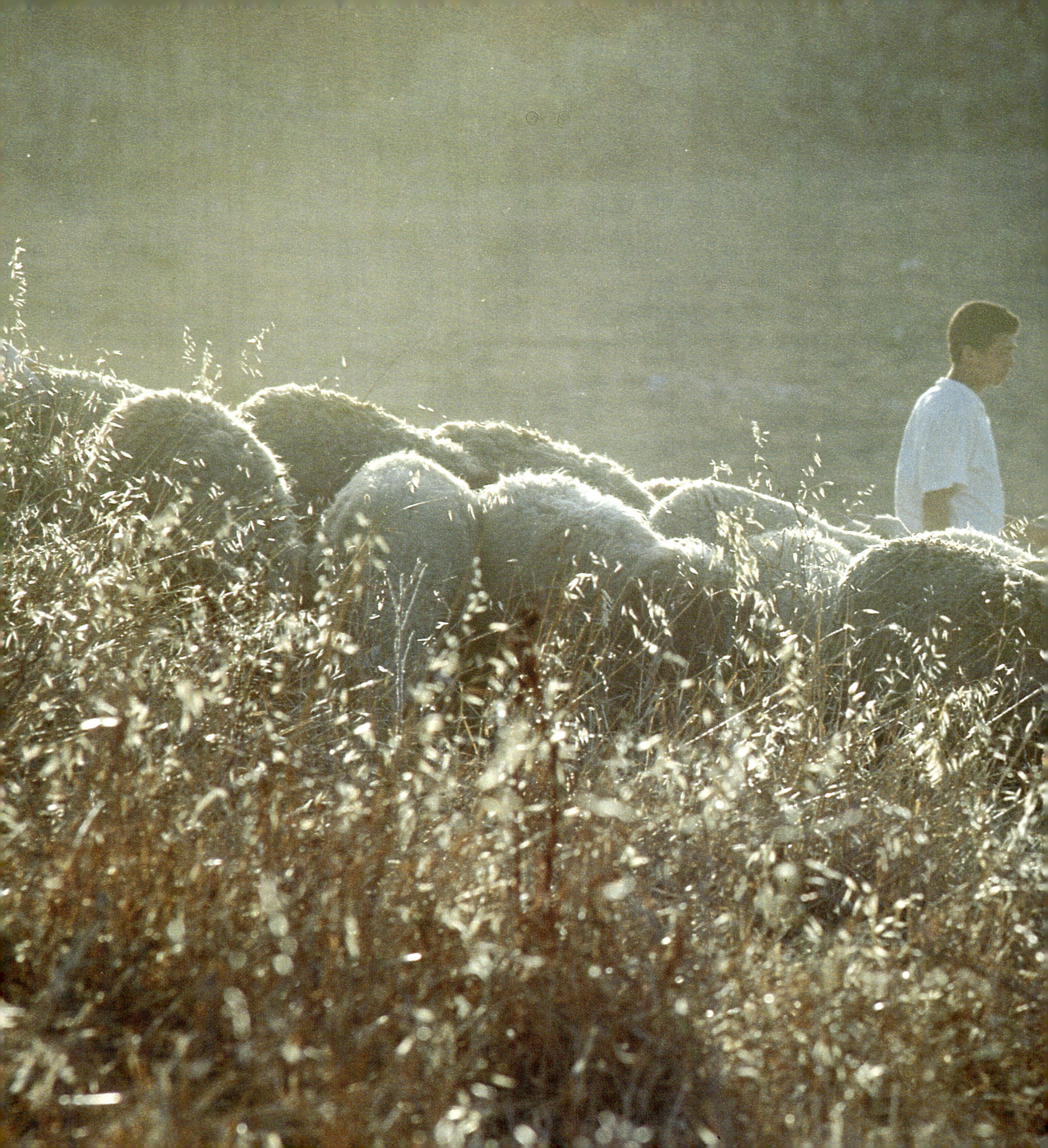

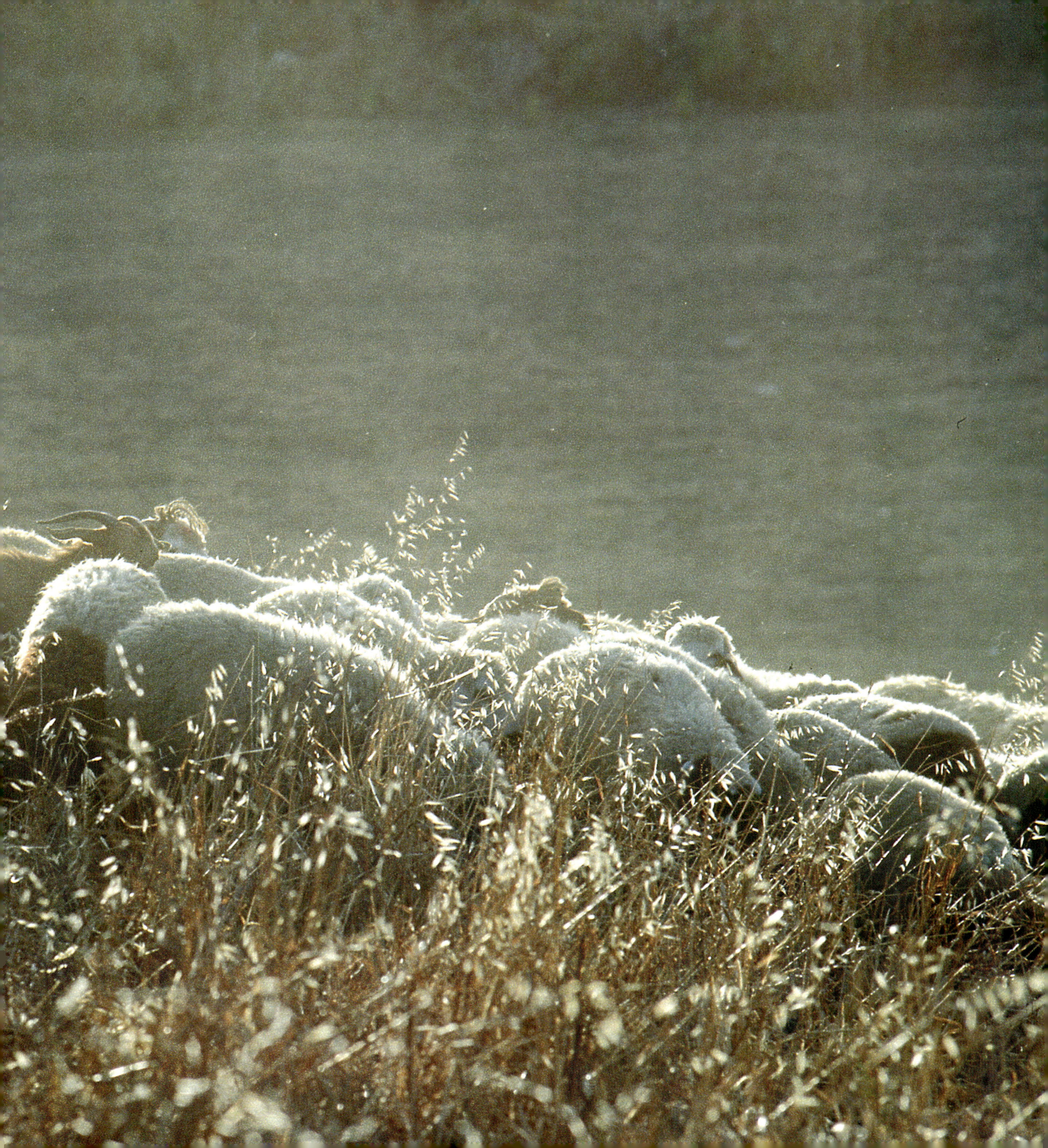

Le paradis — pas encore perdu — de la Vieille Montagne : de la Rivière aux Juifs à la chaussée romaine

Bougainvillées, mimosas, eucalyptus bordent le chemin de la Vieille Montagne en un enchantement perpétuel.

« Fleur de la Montagne », c'est le nom du café qui, dès le bas du long chemin pentu, donne le ton : pas d'esbrouffe, la nature respectée, la vie de tous les jours, à deux pas des ruines d'un aqueduc romain, près de la Rivière aux Juifs où la route devient torrent lors des pluies subites. La plage de Merkala est toujours le domaine des personnages de Paul Bowles, de

Au bas du chemin de la vieille Montagne, la porte de Mount Washington, qu'on appelle souvent la « porte Delacroix », qui l'aurait dessinée.

Char'hadi, de M'Rabet, de Choukri, mais, dès la montée vers ce paradis encore préservé, le danger guette...

Quelques « châteaux », de fortunes récentes, gâchent le paysage de leurs toits en pagode implantant scandaleusement, dans la nature inchangée depuis Delacroix et Matisse, des architectures lourdes. Seule, parmi les constructions récentes, celle d'un député de Tanger, homme d'affaires de premier plan et mécène des clubs de football, s'accroche avec harmonie à la colline, au bord d'un long escalier hollywoodien.

Au premier tournant, la porte crénelée de Mount Washington est, pour beaucoup, appelée la porte Delacroix, qui l'aurait dessinée en 1832.

En 1951, le terrain valait de 800 à 1 600 francs le mètre carré à la Montagne, contre 20 000 francs sur le front de mer et de 40 000 à 120 000 francs au centre ville. Puis, dès les premières années de l'indépendance, tout fut à vendre à Tanger, et l'or avait fui les banques.

Mais des gens « chic » revinrent, ou découvrirent la Vieille Montagne, où les McBey avaient acheté des terrains dès 1932. C'est ainsi qu'un artiste mécène, un peu plus haut, donne chaque année un récital de piano et de chant dans le pavillon, très « Belle au Bois Dormant », qui fut l'atelier de sir John Apperley ; le comte Jean de Beaumont voulait lancer un festival de musique à Tanger, dans les années 50 : le flambeau est repris, de main d'artiste et de mécène accompli.

Les hauts murs gris, d'où débordent les chèvrefeuilles et les bougainvillées, cachent de somptueuses demeures. Claude Thomas traduit scrupuleusement, et poétiquement, Paul Bowles en français dans une des plus vieilles maisons de la Montagne. Noël Mostert se repose, en travaillant, du succès de son bestseller *Super Tanker,* et Claudio Bravo travaille aussi, sans relâche, devant son chevalet ou devant ses parterres de rosiers, achetés par centaines aux pépinières de Jnane Sghrir, à Marrakech.

Tout à côté d'Al Foolk (la felouque), propriété des McBey, Joe McPhillips III vient de transformer son Gazebo (Belvédère), en y mêlant harmonieusement les meubles de famille aux trésors d'artisanat marocain et aux œuvres de Claudio Bravo, Marguerite McBey ou Yves Saint Laurent, qui vient de dessiner, pour l'Ecole américaine, les costumes de l'Hippolyte d'Euripide, joué — pour la première fois peut-être — en arabe classique. Sous ses fenêtres, les arbres moutonnent en un tapis vert bien taillé, portant le regard ébloui jusqu'au détroit, jusqu'à l'Espagne, jusqu'à Gibraltar.

Marguerite McBey travaille, elle aussi, doyenne de Tanger et douairière. L'atelier de Marguerite McBey a été celui de James, dont les gravures et les portraits ont fait le tour du monde avant de faire — encore maintenant — les beaux jours des salles de vente.

Octogénaire, infatigable, Marguerite McBey nous laissera, avec ses aquarelles tendres et précises, des pans entiers de la mémoire de Tanger : le Dradeb *avant* les antennes de télévision, le marché du Dradeb *avant* qu'il ne fût clos, les fleurs *avant* qu'elles ne se fanent et nous tous, *avant* de vieillir plus vite que les pierres...

Des palmiers géants semblent protéger, dans le parc d'une des plus belles propriétés de la Vieille Montagne, le pavillon qui fut l'atelier du peintre britannique sir John Lavery, qui lança le Marocain R'Bati.
Chaque été, un récital de musique y est offert par l'actuel propriétaire, renouant ainsi avec des mécènes comme Jean de Beaumont qui voulait créer un festival à Tanger.

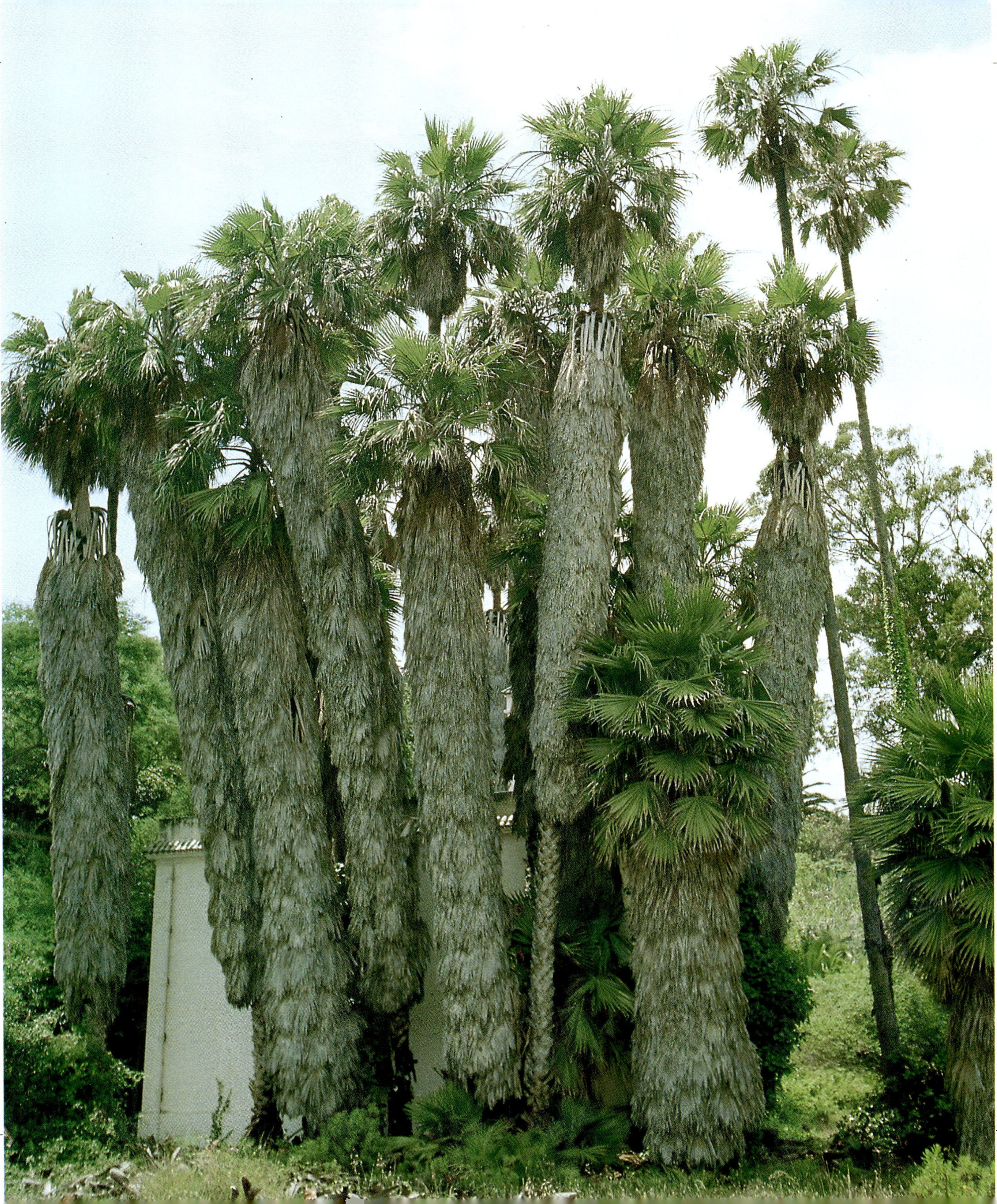

Derrière une porte traditionnelle marocaine se cache une villa hispano-mauresque enfouie dans un jardin de palmiers et de lauriers roses. Construite au XIXᵉ siècle, elle a été remodelée dans les années 20 par une marquise espagnole, qui lui a donné un ton andalou : azulejos, Vierge du Rocio et pénitents sur la façade, fenêtres ombrées de volutes de fer forgé, petits balcons croulant sous le chèvrefeuille. Elle abrite aujourd'hui des collections de meubles et d'objets d'un éclectisme raffiné. L'austérité tout espagnole de la salle à manger côtoie le baroque légèrement teinté d'orientalisme des appartements Napoléon III. Salon XVIIIᵉ français et chambre Biedermayer sont rehaussés par des murs de couleur vive et soulignés par des arches marocaines sculptées. Cosmopolitisme et mélange de genres pour cette oasis ombragée au détour d'un chemin de la Montagne.

Ces pierres recouvertes d'ocre passé, comme dans cette ancienne propriété du duc (espagnol) de Tovar, où Roger Hanin tourna, en 1987, *Le dernier été à Tanger* ; c'est, aujourd'hui, une des maisons de la famille Glaoui, à qui cet héritage a été rendu après un long séquestre. Quel va en être le destin ? On peut tout craindre, si des gens de goût et de culture cèdent le pas aux affairistes et aux promoteurs.

Encore des murs, qui n'en finissent pas : c'est le Palais Royal, à côté de l'ancien Palais, en ruine, de Ben Arafa. Le Palais Royal était la demeure d'été du gouverneur espagnol et les jardins, en terrasses somptueuses, ont été soignés par des paysagistes savoyards sur les directives de l'architecte-décorateur des Domaines Royaux, M. Pinseau. Le chemin des douaniers portugais, qu'on appelle à tort la « chaussée romaine », va se perdre dans les restes du parc Perdicaris, où la Villa Aïdonia perd, peu à peu, ses colonnades en rotonde.

Dans les années 52, un autre Savoyard, Jean Basset, d'Annecy, dirigeait la « Résidence Paradis » dans ce « cadre unique, parc, repos : la Côte d'Azur à Tanger », pour le guide touristique illustré de 1954.

Tanger compte évidemment sept collines, chiffre bénéfique s'il en fût, et nous redescendons de la Vieille Montagne en laissant, à gauche, la rue d'Ifrane, où l'architecte parisien Lion vient de se construire un cadre de vie à donner en exemple, la rue d'Ecosse où habita longtemps la princesse Ruspoli, passionnée d'archéologie et d'ésotérisme.

La Rivière aux Juifs, à nouveau, les eucalyptus du marché, la remontée du Dradeb (dradeb = pentes) vers les quartiers espagnols, autour du Consulat et de la Cathédrale : le domaine espagnol est encore immense, et la résidence des consuls abrite de superbes meubles et des tableaux de musée (un très beau Tapiro, notamment).

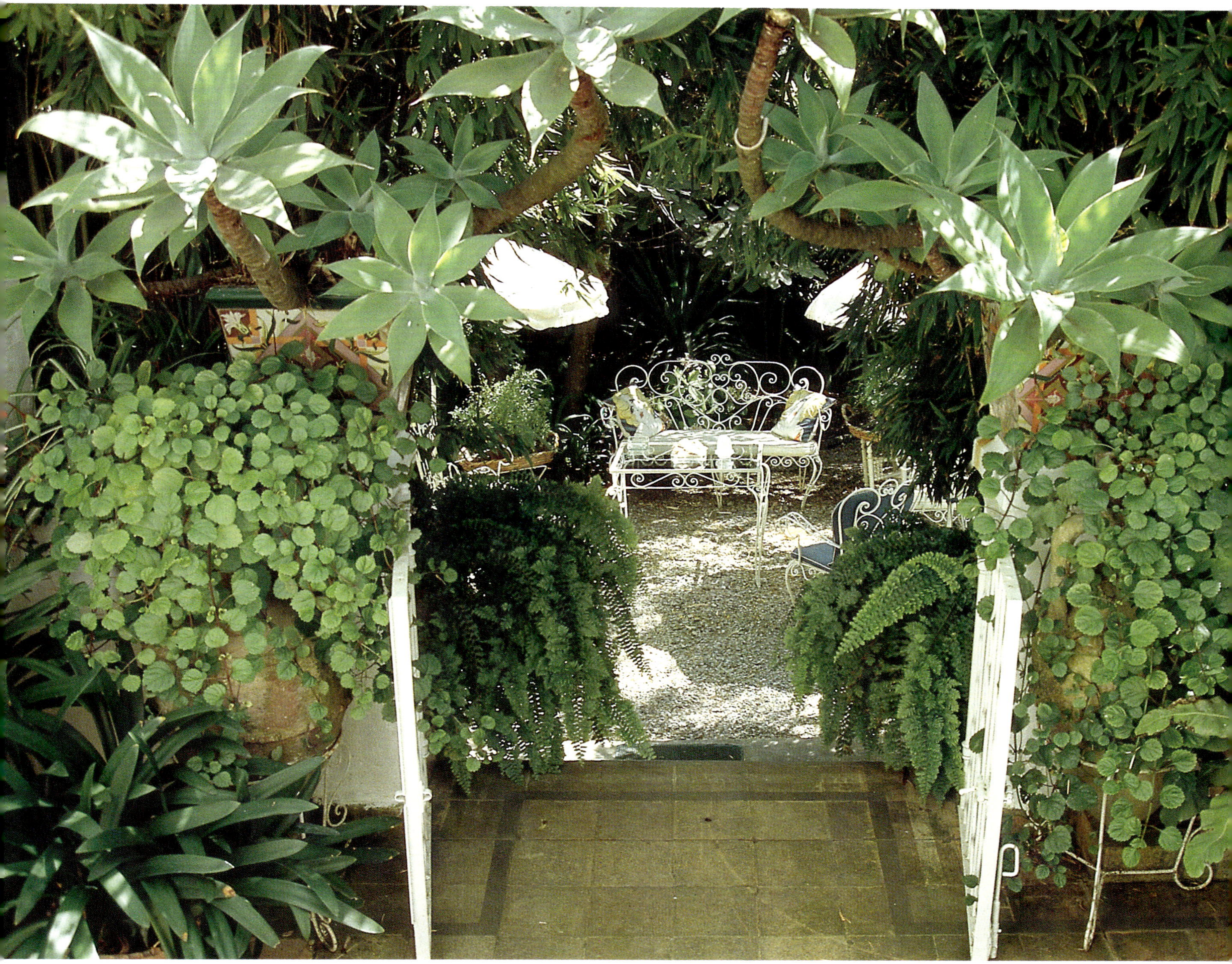

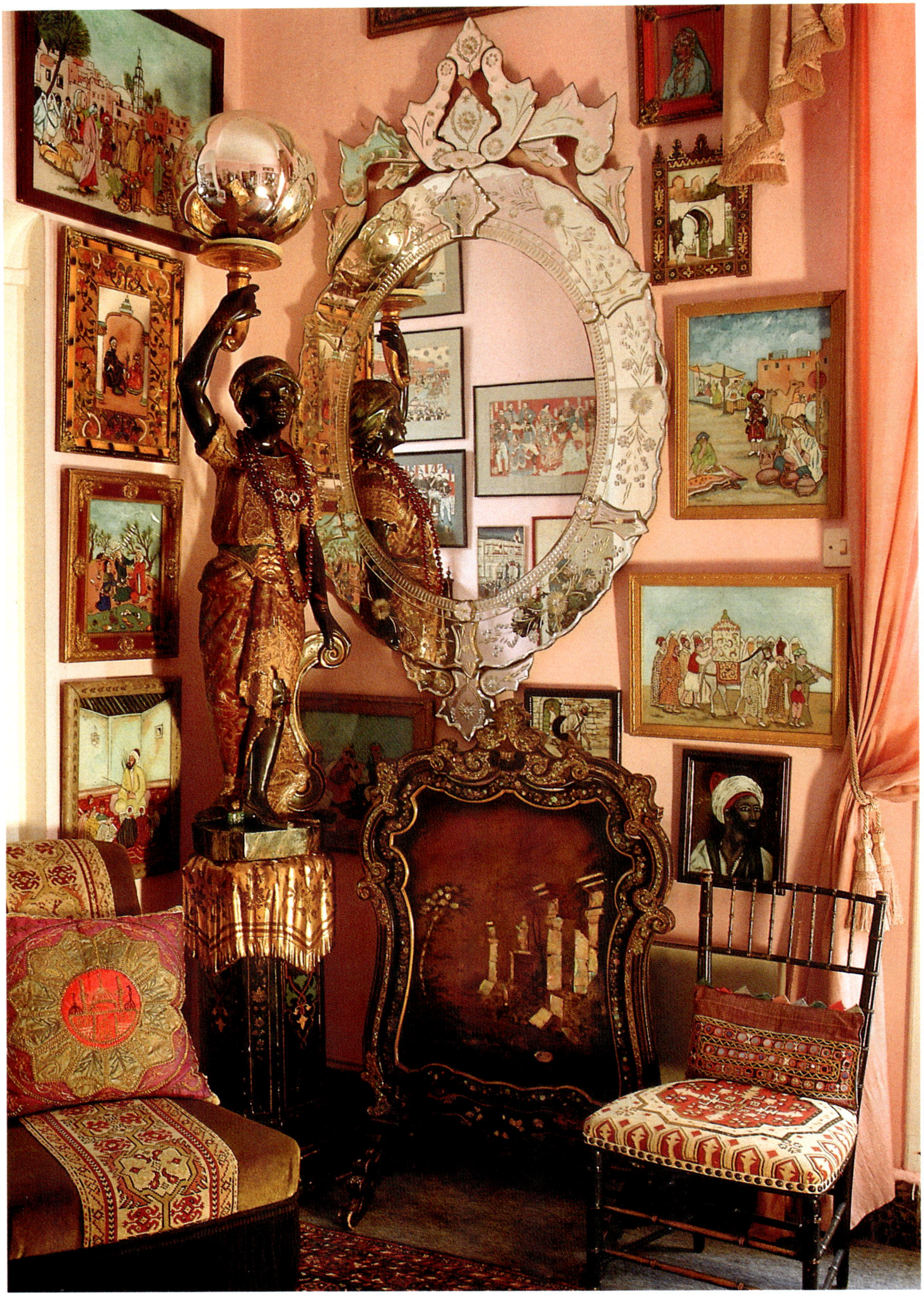

Mélange de styles des fixés-sous-verre marocains réalisés par un artiste de Tanger, Abdellatif ben Najem, et mobilier Napoléon III.

L'entrée : style hispano-mauresque du vestibule à la cheminée d'azulejos et aux portes marocaines en bois sculpté. Lanterne marocaine et porte de fer forgé.

Petit salon XVIIIe et Directoire, avec ses bois dorés, sa console Louis XV et ses pastels italiens et français.

Pages 170-171 :
Salle à manger : tapisserie d'Aubusson XVIIe représentant Moïse sauvé des eaux. Desserte Louis XIII surmontée d'aiguières algériennes et de candélabres anglais. Table et chaises Louis-Philippe. Bois dorés XVIIe. Placards en moucharabiehs.

À travers des tentures, regards dans la chambre à coucher Napoléon III. Lustre de Venise du XVIIIe, miroir mexicain dans le ciel de lit, service de porcelaine de Limoges sur la cheminée, tapis chinois.

169

Miroir XVIIᵉ en écaille et candélabres décorés de jasmin.

« La Femme au jasmin », portrait d'époque Louis XIII.

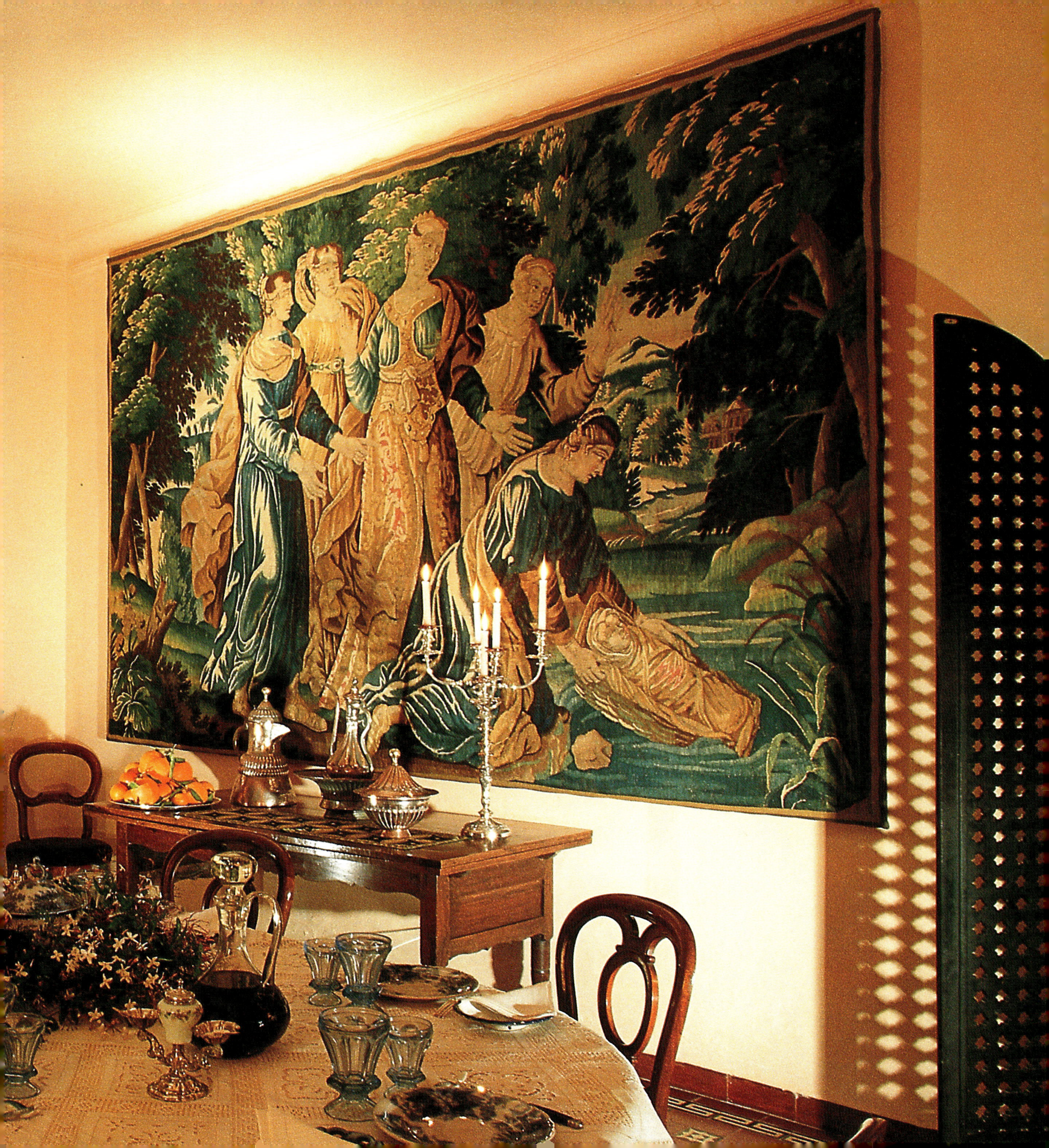

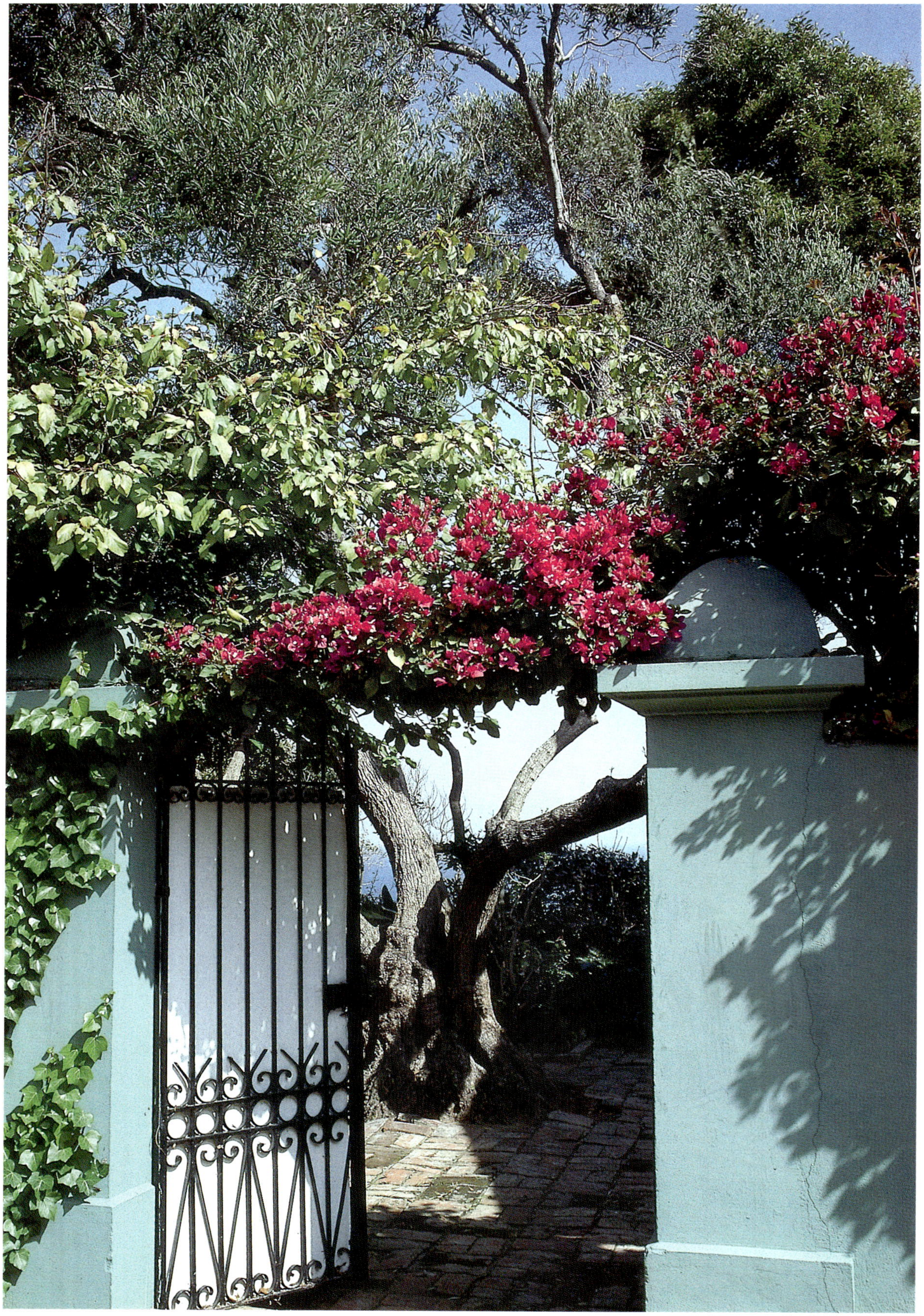

La maison de Joe MacPhillips, directeur de l'École Américaine de Tanger, metteur en scène et grand amateur d'art dramatique, est imprégnée de ce charme des maisons du bout du monde. Située à flanc de montagne avec une terrasse sur une forêt exposée au vent d'Est, elle embrasse l'immensité du détroit de Tarifa à Ceuta. Terrasse ombragée d'oliviers, murs recouverts de bougainvillées qui protègent ce gazebo typiquement anglo-saxon. Meubles de l'Alabama et objets marocains cohabitent dans une ordonnance très américaine.

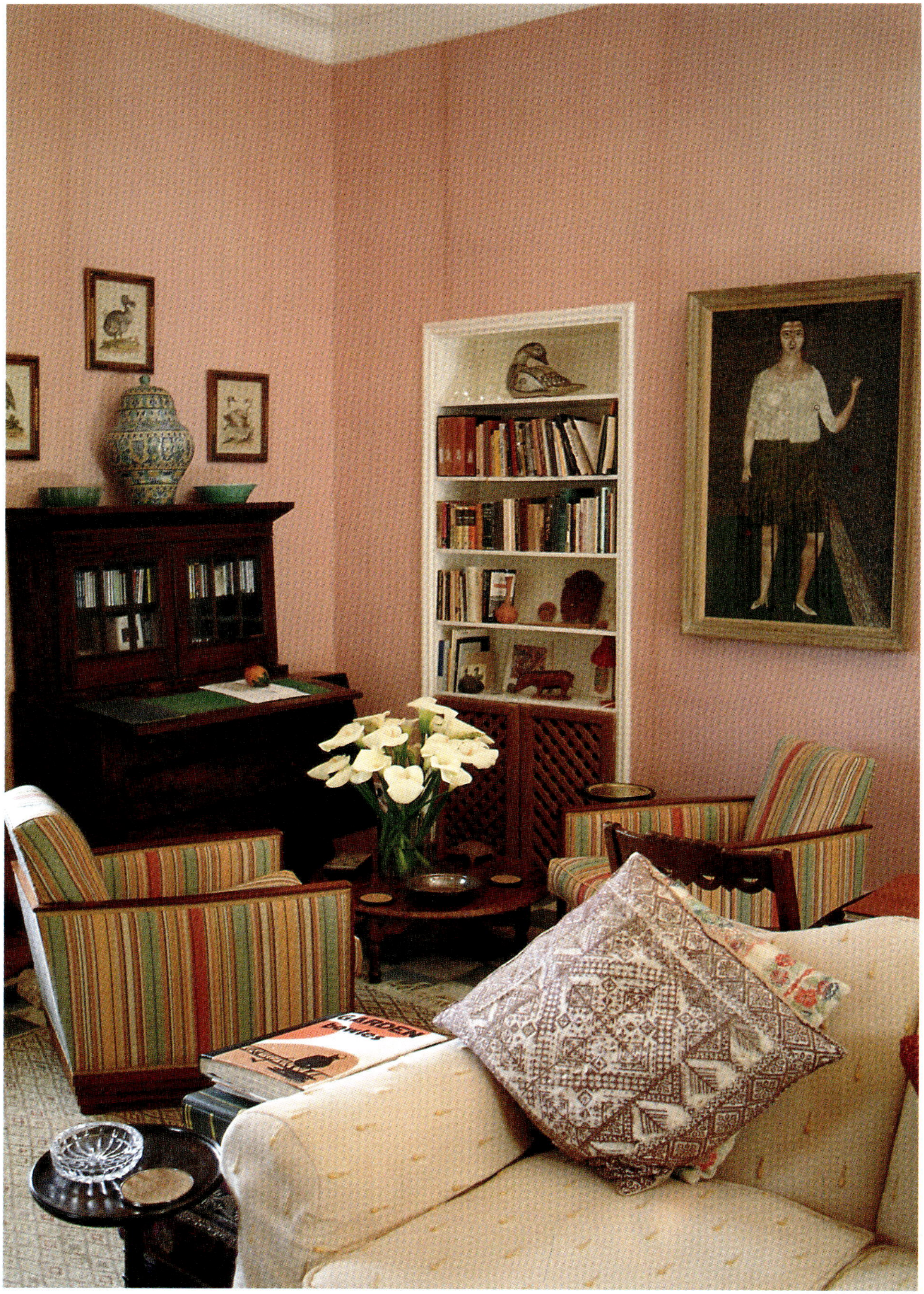

Fauteuils 1930 et toile de Glasco, peintre américain (1920). Coussins en broderie de Fès ancienne.

Ordonnance très américaine autour d'une cheminée XIXe d'Alabama. Miroir espagnol et coussins anciens marocains. Tableaux d'Ira Belline et de Xofex.

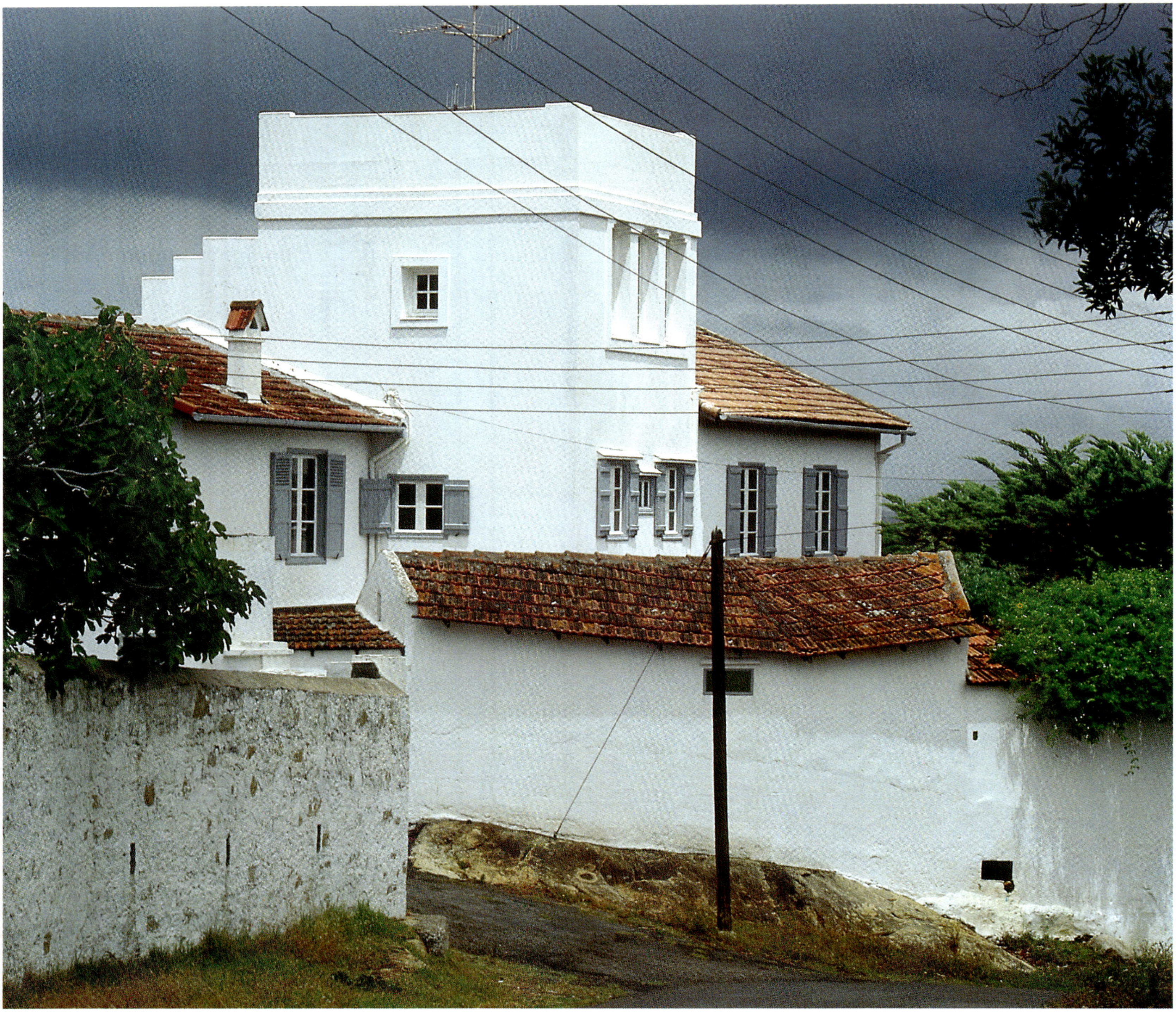

En haut de la Vieille Montagne, Al Foolk (la felouque) est la maison McBey et le vent d'Est, le fameux chergui de Tanger, a véritablement sculpté les arbres.

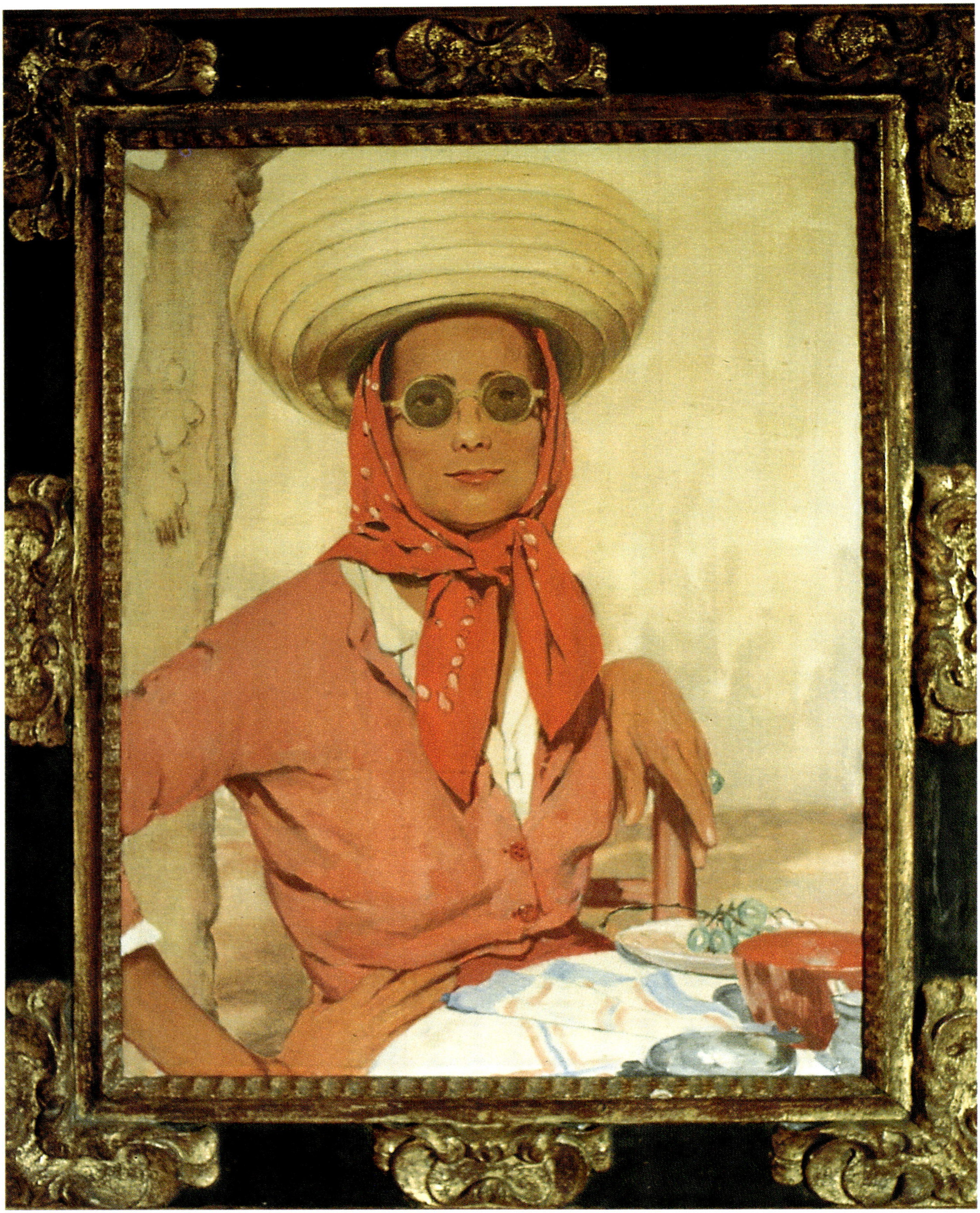

Portrait de Marguerite McBey par son mari, le peintre James McBey (1950).

Marguerite McBey dans l'atmosphère de son atelier de peintre. Cette artiste américaine, arrivée à Tanger dans les années 30, immortalise ses impressions à travers des aquarelles tendres et intimistes : scènes de la vie quotidienne, paysages, marchés, fleurs. Son jardin surplombant le détroit de Gibraltar, planté de roses et de choux, exprime à lui seul sa créativité et sa fantaisie. Sa maison de la Vieille Montagne est une enclave de douceur et d'harmonie de l'ancienne Amérique face à l'océan.

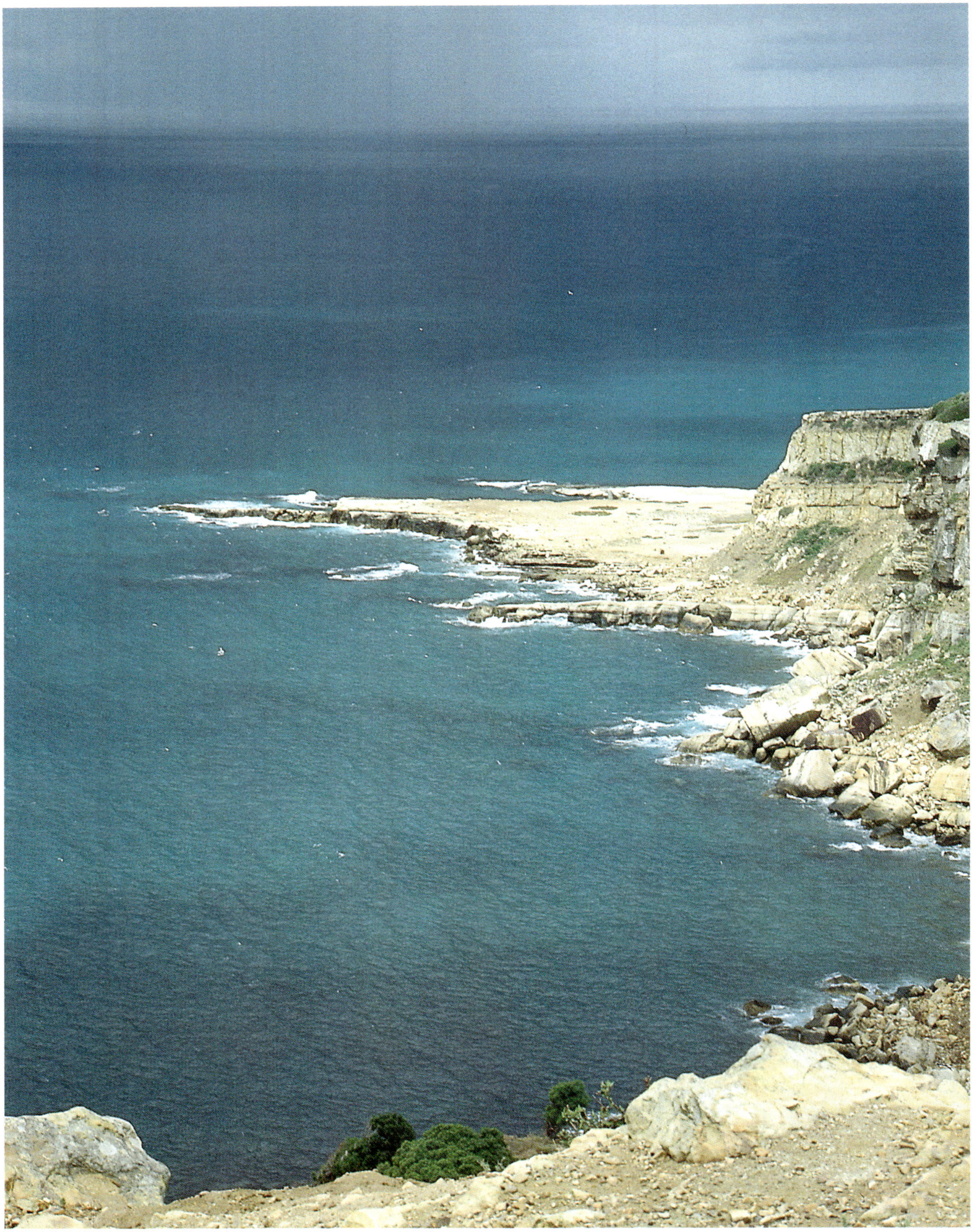

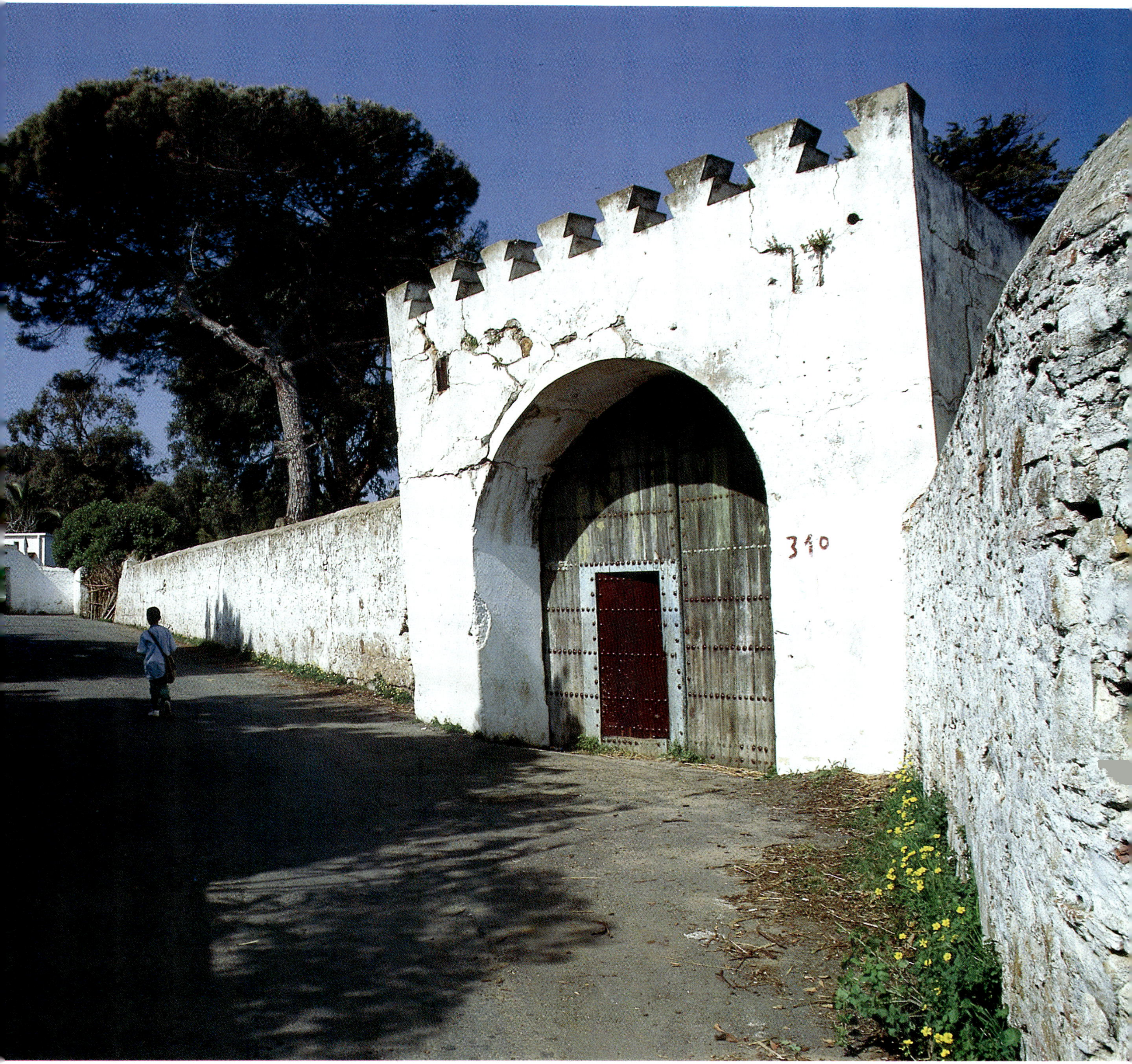
310

Page 180 :
La route de la Vieille Montagne aboutit à une de ces vues sublimes, sur le détroit et vers l'Atlantique, dont on ne se lasse jamais.

Page 181 :
Ce vieux portail ne s'ouvre plus sur une des propriétés du Glaoui, à la Vieille Montagne...

Le quartier du Dradeb porte bien son nom (les pentes), étagement cubiste de maisons blanches et ocre, parfois noyées, le soir, dans une brume « vénitienne ».

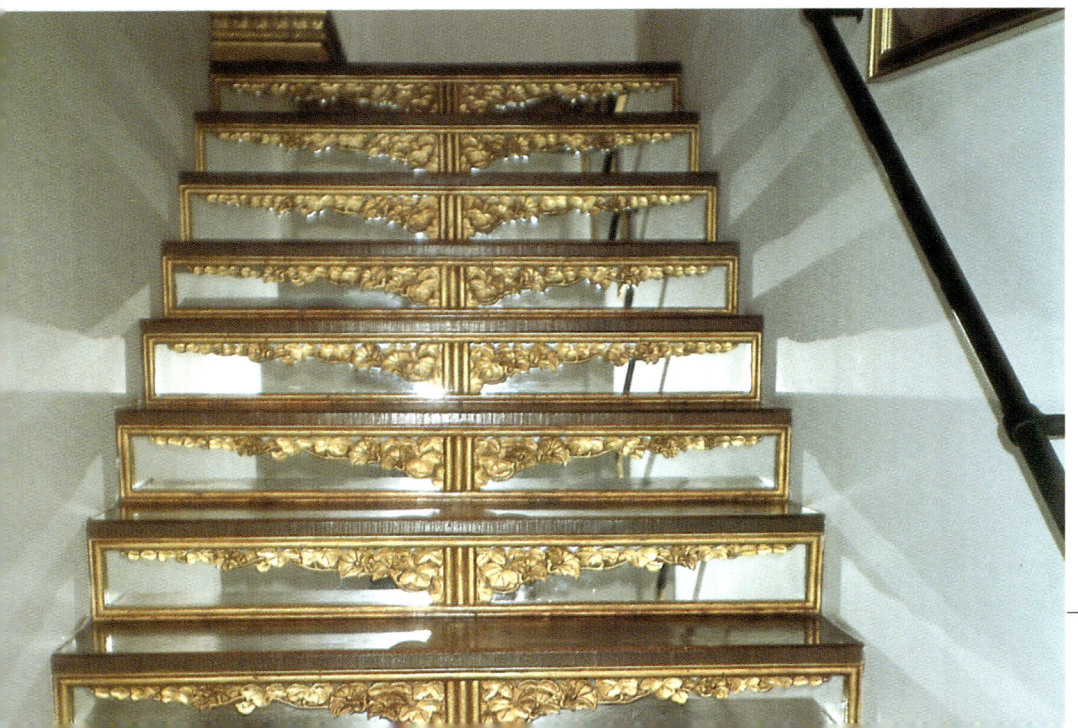

Chaleureuse, confortable et pleine de rires d'enfants, telle est la maison de Safia Khattab, Marocaine mariée à un homme d'affaires tunisien. Cosmopolitisme méditerranéen de ses collections : flacons XVIIIe ottomans, opalines italiennes, tableaux orientalistes, coffres d'argent ciselé tunisiens. Son salon marocain couleur pourpre, éclairé par de somptueux lustres turcs et syriens, donne sur une salle à manger européenne de style portugais. Les lumières d'Afrique, filtrées par de lourdes tentures, donnent à ce lieu un air de bonheur paisible.

Au-dessus du canapé, étagère marocaine surmontée de vases turcs.

Salon. Collections de flacons tunisiens XVIIIe et de verres turcs, vases italiens, amphore romaine, tableau orientaliste 1900.

Escalier en bois doré, miroir en cèdre dessiné par le décorateur Stewart Church sur un modèle taïlandais et lampe tunisienne d'origine turque de la fin du XVIIIe siècle.

Chaque quartier a son marché, et même ses marchés : celui du Dradeb a failli disparaître, il persiste, Dieu merci ! pour le plaisir des yeux et de la table, et les paysannes des environs y viennent vendre les produits, naturels et succulents, de leurs jardins.

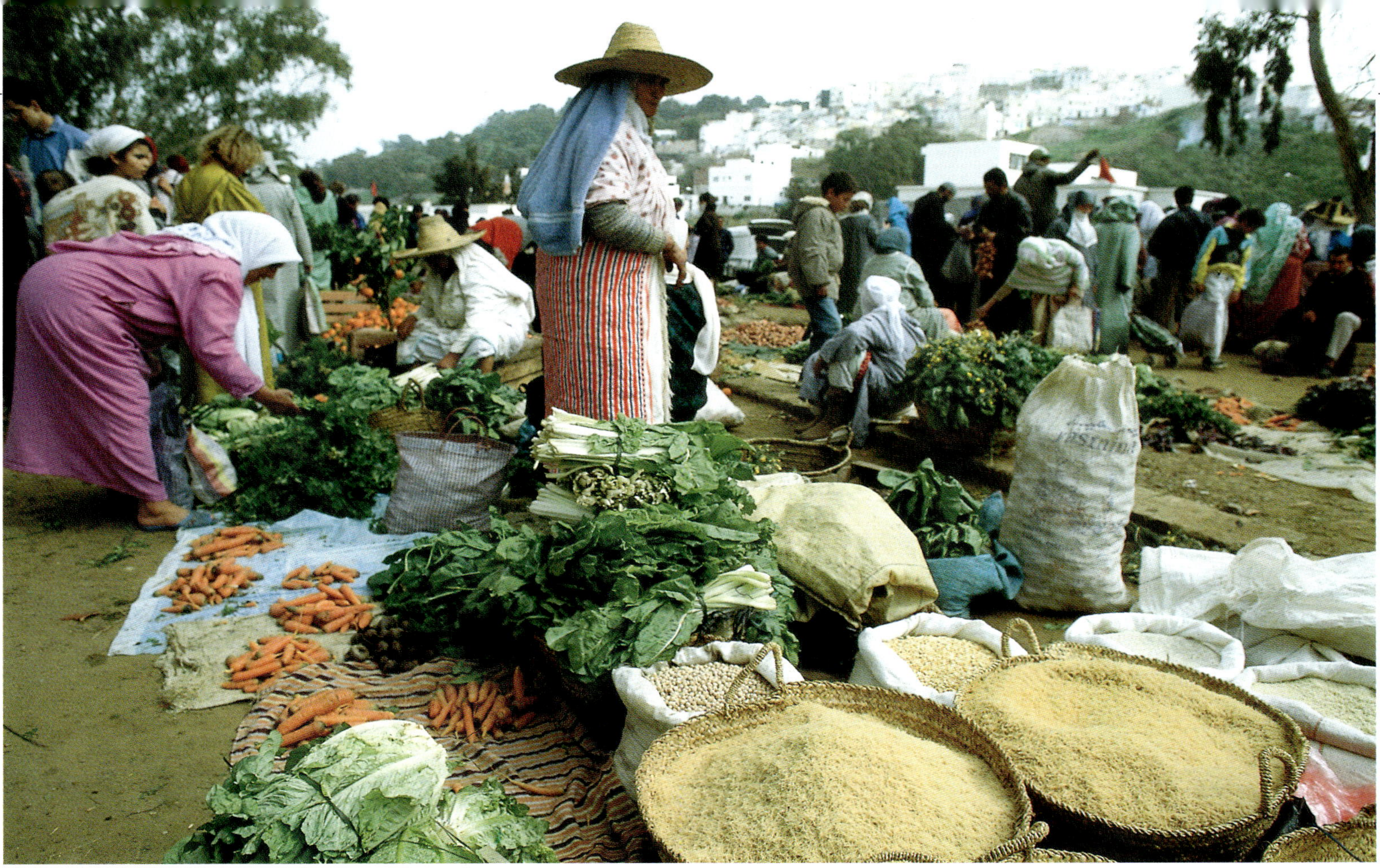

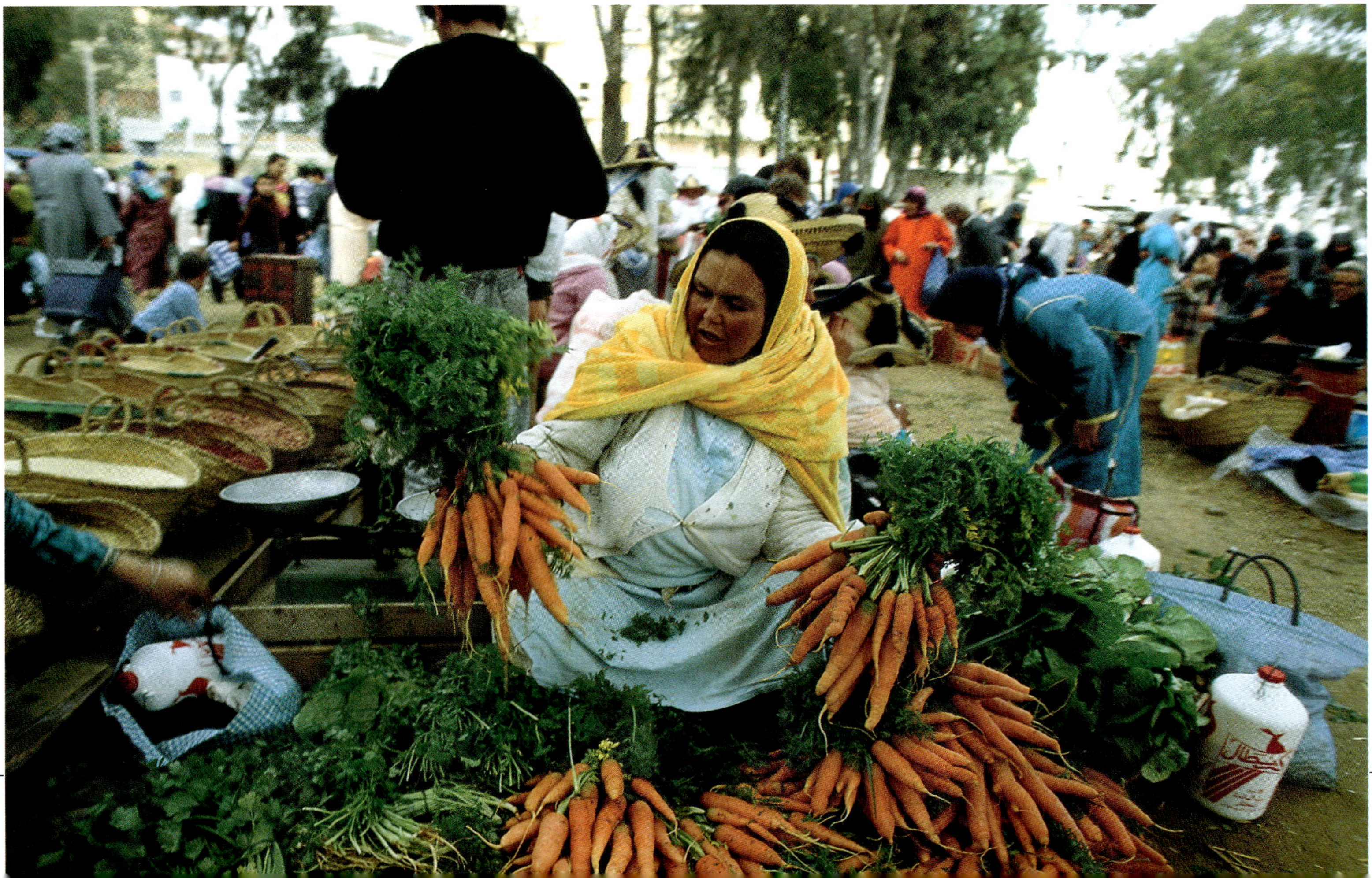

Les quartiers « neufs ».
Californie, Campo Amor, le Palais des institutions italiennes, Villa de France, place du Faro : combien de mondes autour d'Ibn Batouta et de la mosquée Hassan II ?

De lourds camions internationaux masquent l'entrée de l'hôtel Rembrandt, une des très agréables résidences au cœur de la ville, avec piscine en terrasse et décor « 1940 », et les « pâtisseries » des façades à l'italienne ou à l'espagnole se reflètent dans les verres fumés des banques.

L'immeuble San Francisco appartient, on le dit en tout cas, à la famille de Francisco Franco et, en 1954, le quartier où habite aujourd'hui Paul Bowles, dans l'immeuble Itesa, commençait d'être loti par la société Enamorados, avec des noms prometteurs : le Chemin des Amoureux, Campo Amor... Mais Campo Amor n'est-il pas, en fait, le nom de l'auteur d'hymnes phalangistes ?

Orgueilleuses façades madrilènes, tout en sculptures et en cariatides, superbes villas un peu trop ornées, où l'andalou se tarabiscote en biscuit crémeux, immeubles de rapport, rejoignent, vers Californie, des maisons plus sobres, hispano-mauresques comme on dit.

Dans son livre de mémoires nostalgiques *Tout m'est bonheur*, la comtesse de Paris se rappelle que, réfugiée pendant la dernière Guerre mondiale dans la propriété de la duchesse de Guise à Larache, les enfants de France allaient souvent à Tanger, chez le médecin ou au marché de Fès, avec leurs cousins Murat ou de Grèce.

Et c'est aussi pendant ces années douloureuses de guerre et d'exil que la belle-sœur du consul d'Espagne Eduardo Propper de Callejon, Liliane Fould-Springer, épousa par procuration le baron Elie de Rothschild, alors prisonnier de guerre dans la tristement fameuse forteresse de Colditz.

Delacroix promena, à cheval, ses carnets de croquis dans ce qui fut plus tard le parc Brooks, où Matisse découvrit que l'acanthe était une fleur digne d'un papier découpé.

Mercedes Guitta tient le coup, dans sa pension de famille-restaurant, face à la moderne et très belle mosquée Hassan II, trop près même de la mosquée, puisque la porte d'entrée en fut déplacée pour que n'ouvrît pas, face au lieu du culte, le bar anglais, ou plutôt « gibraltarien ».

Le sabayon de Mercedes est le meilleur qui soit, et ses « mince-meat » (commandez à l'avance !) sont remarquables, à signaler à La Reynière qui se plaint, dans sa rubrique gastronomique du « Monde », de n'en plus trouver nulle part...

Le boulevard de Paris est devenu Sidi Mohamed Ben Abdellah, et un des plus beaux immeubles modernes s'y dresse, la seule réussite, peut-être, des « châteaux » de la nouvelle classe de promoteurs rifains : façade en verre fumé sur architecture de paquebot à l'ancre et jardinières en cascade : c'est la meilleure adresse du Tanger actuel, et la plus chère.

Allant des Espagnols aux Italiens, on passe devant l'église italienne pour longer le Palais Moulay Abdelhafid, bâti en 1911 par un entrepreneur français dans le style arabo-andalou. Le Sultan Moulay Hafid avait acheté cette propriété en 1909 à la veuve du consul de Belgique, Abraham Sicsou, et, des beaux arbres de ce qu'on appelait alors les Jardins de Belgique ne subsistent que quelques-uns devant le restaurant de la Casa d'Italia, où l'on peut souper après les représentations données dans ce Palais, dit des institutions italiennes, par les Centres Culturels italien, et même français.

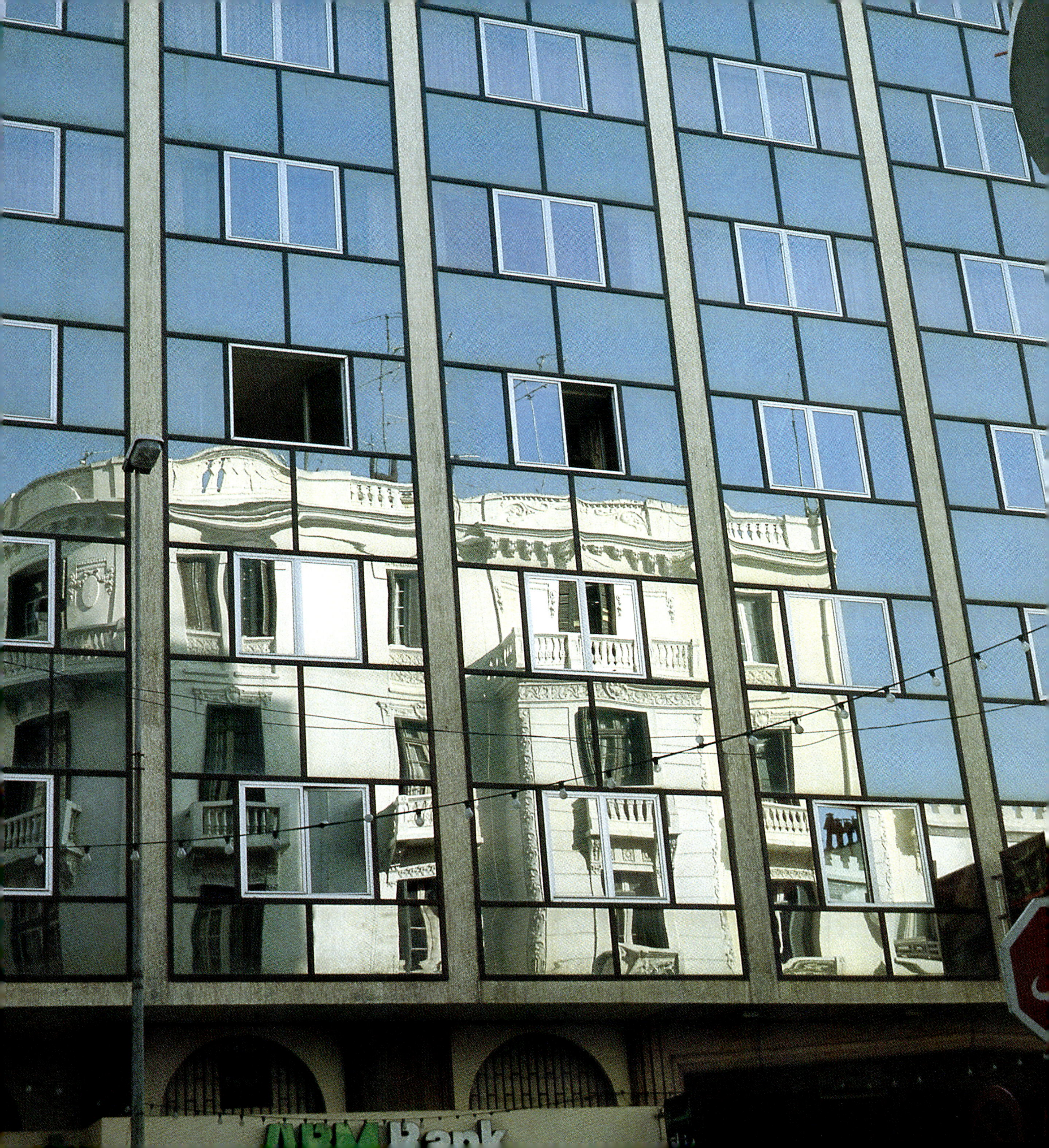

Une école technique — où l'on enseigne surtout les métiers du « froid » — fonctionne depuis peu dans les salons inachevés de Moulay Hafid, école subventionnée par un mécénat d'industriels privés italiens.

Les autorités de la ville y reçoivent pour les fêtes nationales marocaines, et c'est encore un lieu cosmopolite que ce riadh fleuri où embaument, les soirs d'été, le jasmin, le chèvrefeuille et l'oranger.

En face, l'hôpital Benchimol, rue Haïm Benchimol, fondé par l'ancien vice-consul honoraire de France de ce nom (d'une famille qui a fourni, pendant des générations, des agents à la Légation de France) abrite aujourd'hui une maison de retraite. En 1955, William Burroughs s'y fit interner, pour sa nième cure de désintoxication (deux mois à 40 mg de dolophine toutes les quatre heures). C'était l'époque de la ruée sur l'Europe et les pays méditerranéens des marginaux de tous bords et de toutes inspirations. C'est là que, lisant Genêt (*Journal du Voleur*) et Paul Klee, Bill Burroughs « s'empoignait avec *Interzone* ». On peut suivre Burroughs au sortir de l'hôpital pour se retrouver au cœur de la ville nouvelle, place de France par exemple, à admirer l'allure pompéïenne du Consulat de France, construit en 1929 par Desforges et Rousseaux sur les plans des architectes Raulin et Dupré.

Les jardins en sont très beaux aussi, les rosiers soignés avec amour par « Madame Consul », comme on dit ici, et les représentants de la République française y coulent des jours paisibles. Autrefois, les représentations diplomatiques ont compté bien des écrivains, historiens, archéologues, ethnologues.

Du Café de Paris, on voit passer tout le monde : c'est sans doute ainsi que l'écrivain et journaliste François-Marie Banier a eu le tournis au point de voir Genêt et Beckett sur le même trottoir, comme il est rapporté dans le pire chapitre du *Tanger* de Daniel Rondeau (Quai Voltaire Editeur), les meil-

A gauche, une des plus belles réussites de l'architecture actuelle, boulevard Sidi Mohamed Ben Abdallah et, ci-dessus, la Banque du Maroc, qui semble un coffret des années 30, sculpté par Subes ou gainé par Jean-Michel Franck.

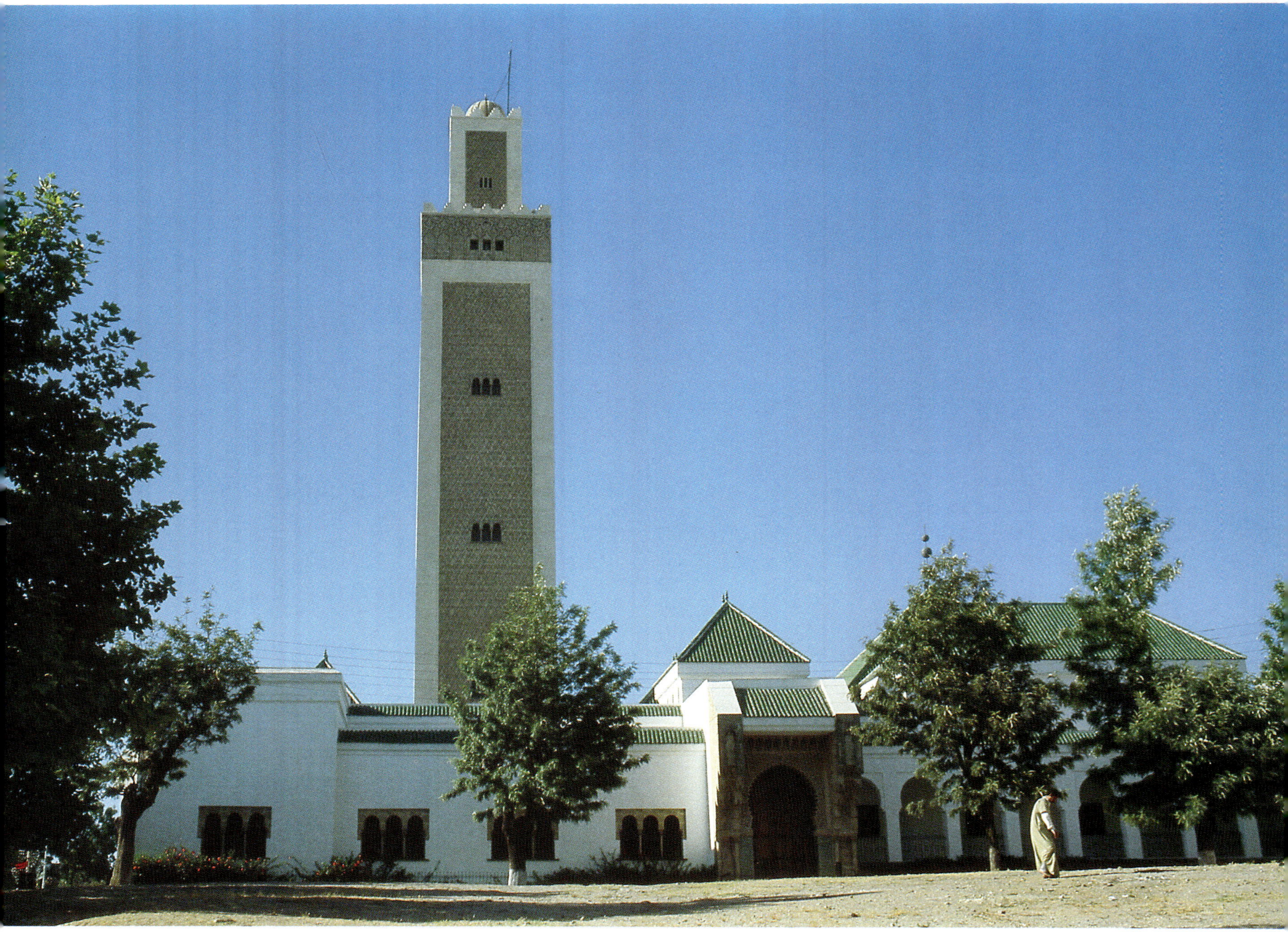

La mosquée Hassan II à gauche, place du Koweit, qu'on agrandit actuellement d'un espace culturel, et la synagogue du boulevard Pasteur, où le parfum énivrant du « galant de nuit » est un des meilleurs atouts du Café Métropole.

leures pages en étant les propos, fidèlement rapportés, de Moumen Smihi, cinéaste disciple de Jean Rouch, qui devrait filmer sa ville natale aussi bien qu'il en parle.

En 1968-1969, c'est là que Mohamed Choukri, jeune écrivain, rencontrait Jean Genêt, qu'il avait eu l'audace d'aborder au Petit Socco. De ces entrevues, et de celles avec Tennessee Williams en 1973, l'auteur du *Pain Nu* a tiré un petit livre plein de vie et de couleur. « Comme beaucoup de Marocains, Choukri est un conteur-né », écrit dans sa préface l'écrivain anglais Gavin Lambert. Nul n'est prophète en son pays : c'est à compte d'auteur que Choukri vient d'éditer le second volume de son autobiographie, dont cinq mille exemplaires ont été épuisés en deux mois.

La Galerie Delacroix, presque en face, jouxtant le parc du Consulat de France, n'existait pas encore : c'était une vitrine vide, et il a fallu que Thierry de Beaucé, auteur de *La Chute de Tanger* et alors directeur des Relations Culturelles internationales au Quai d'Orsay, en attendant d'être secrétaire d'Etat, s'intéressât, dans les années 80, à notre action culturelle à Tanger, pour que cette Galerie Delacroix devienne un des lieux de culture et de rencontres les plus courus de la ville.

Un peu plus bas, l'Hôtel Minzah n'hébergera plus Jean Genêt, qui aimait y descendre pour choquer les habitués, et parce que le directeur avait lu ses livres. Curieusement, il s'y sentait un peu chez lui, et c'est bien le miracle de cet hôtel que l'on s'y sente justement chez soi, qui que l'on soit. Les nouveaux propriétaires ont intérêt à sauvegarder cette atmosphère précieuse, devenue si rare... que le mannequin Laetitia Firmin-Didot puisse y promener, en toute tranquillité, sa beauté sereine, sans gêner l'actrice Julie Delpy, qu'on fait semblant de ne pas reconnaître, que les Rolling Stones y reviennent, à la même table que les

L'église italienne, à gauche, et l'église française : tous les cultes ont toujours harmonieusement coexisté à Tanger « la multi-confessionnelle, la tolérante » comme dit Malek Chebel.

Jahjouka. Le patio est une oasis de paix que, de temps en temps, un concert ou un défilé de mode d'Idrissi el Fenni viennent animer, mannequins-vedettes le peintre Boufrakech et Barbara Temsamani...

Tout le monde passe au Minzah et la phrase de Burroughs, citée par Dominique Pons dans ses *Riches Heures de Tanger*, pourrait s'y appliquer : « Tanger est vraiment le pouls du monde comme un rêve s'étendant du passé au futur, une frontière entre rêve et réalité remettant en question la réalité de l'un comme de l'autre. Ici, personne qui soit ce dont il a l'air.. »

Face au Minzah, les antiquaires : du Bazar Tindouf, où le capharnaüm est si riche à fouiller et Mohamed Temli si agréable et serviable, tout comme son frère Boubker dans un vrai magasin d'antiquités précieuses et de tableaux choisis. La maison de Boubker et Nour Temli est une oasis de luxe et de beauté, à deux pas des rues bruyantes, et mérite un article dans un grand magazine de décoration.

Le Palais Moulay Hafid, construit en 1911 par un architecte français, est dit aujourd'hui Palais des institutions italiennes, puisque propriété de l'État italien.

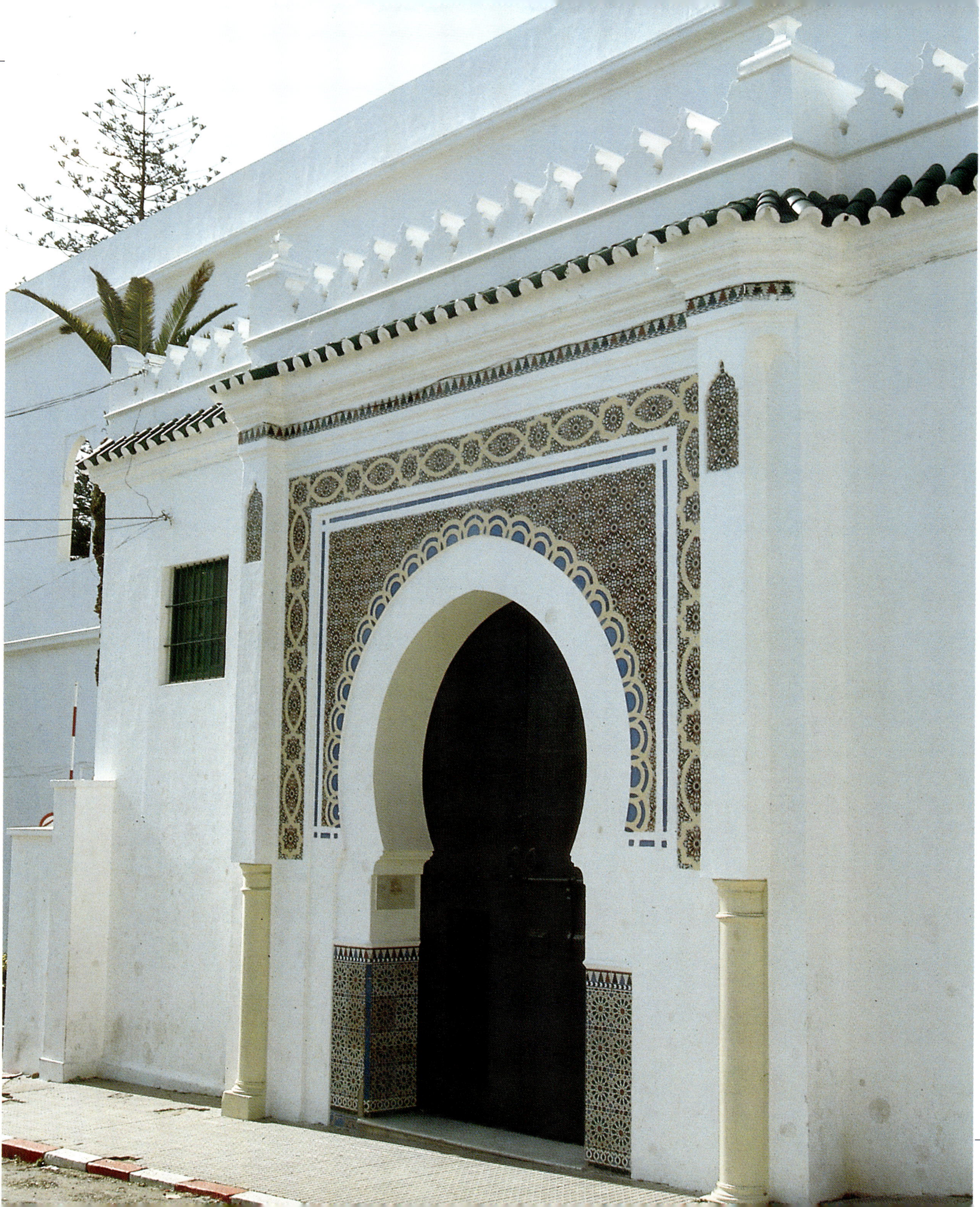

Face à la Galerie Delacroix, en revanche, la pâtisserie Espanola a perdu son âme, les nouveaux propriétaires ayant remplacé le mobilier attendrissant pour en faire un salon de thé américain tirant sur le drugstore ; Samuel Beckett, de toute façon, n'y viendra plus, avec sa femme, boire son thé avec des gâteaux à la pâte d'amande, en faisant des mots croisés, avant de regagner l'Hôtel Solazur.

De la place de France, on débouche sur un terre-plein, que personne n'appelle place du Faro (Tanger est jumelée avec cette ville de l'Algarve portugais), mais le Mur des fatigués, les Tangérois y posant leurs fesses toute la journée, comme s'il s'agissait d'une occupation sérieuse. Par temps clair (et il pleuvra demain...), on peut voir les côtes d'Espagne, et les touristes, même, sont pris au piège de la beauté, s'ils peuvent échapper aux photographes ambulants postés entre les canons du XVIIIe siècle, qu'on a retirés des jardins de la Mendoubia pour les semer, à travers la ville, comme autant de regrets, ou de menaces...

En bas, au bout de la rue Anoual, ce toit de tuiles qui semble recouvrir une ferme espagnole, c'est le Théâtre Cervantes, merveille de la ville, nulle part signalé, tant les promoteurs immobiliers le guignaient depuis longtemps.

Ce théâtre est toute une aventure, que raconte à merveille Mustapha Akalaÿ Nasser, urbaniste et architecte : un Espagnol fou de « zarzuela » a voulu, à tout prix (c'est le cas de le dire), offrir un théâtre à sa femme, Esperanza Orellana, et, le 11 décembre 1913 fut inauguré ce petit chef-d'œuvre en béton armé, comme, à la même époque, le Théâtre des Champs-Elysées à Paris, l'architecte espagnol Diego Jimenez Armstrong ayant été formé en France par les frères Perret, assure-t-on.

Cecil Sorel y joua, et bien d'autres ; toutes les compagnies de théâtre, et de danse, y passèrent ; on y donnait des bals, les chaises du parterre pouvant s'enlever, comme à l'Opéra de Paris ! Cela coûtait cher et, en 1929, le ménage-mécène passa la main à l'Etat espagnol, qui le céda, en 1974, à la Municipalité de Tanger pour un dirham symbolique par an.

Long sommeil bien triste depuis, à peine réveillé par le tournage d'un film ou la revue du Club Méditerranée. Enfin, l'année dernière, le Maroc et l'Espagne entrant en lune de miel culturelle, l'Etat espagnol promet de ressusciter son théâtre, que des metteurs en scène et des hommes de l'art français (Michel Laurent, Bruno Boeglin, etc.) entourent, eux aussi, de leur attention clairvoyante.

On retourne, de là, vers « le » boulevard, le boulevard Pasteur, seule artère à n'avoir pas changé de nom avec l'indépendance : il se trouva, en effet, au conseil municipal de Tanger un édile assez ouvert pour convaincre ses collègues de l'immortalité exemplaire du nom de Pasteur.

Le Palais Moulay Hafid, ses salons immenses, son patio andalou : les Italiens le prêtent volontiers à tous pour des concerts, des ballets, des représentations théâtrales, des expositions.

On ne trouve pas partout la même tolérance, et il était particulièrement aberrant de donner le nom de Jeanne d'Arc à une rue de Tanger et de sous-officiers de la colonisation à des rues de Casablanca, où ils subsistent pourtant... Les noms de peintres et d'écrivains, de tous pays, ont été remplacés, mais les plaques subsistent, barrées d'un trait, et même le populaire use toujours des anciens noms, les taxis aussi ! C'est ainsi qu'on allait, rue Murillo, acheter, dès 1954, des tissus Souleïado chez Domino, et si on pouvait trouver, à Bond Street, rue Murillo encore, les dernières nouveautés anglaises meilleur marché qu'à Londres, les premiers bas nylon s'achetaient chez Marlène, boulevard Pasteur, aux mêmes prix qu'à New York... C'était, dans ces années 50, le dollar à 10 francs.

Aujourd'hui, les vitrines regorgent, entre autres, d'articles de faux luxe. De temps en temps, très rarement, quelques revendeurs sont condamnés : 500 dirhams d'amende seulement ! Et les norias de touristes, même les plus chics, du Minzah ou des maisons de la Montagne, continuent d'acheter un faux polo Lacoste pour 75 dirhams, avec, parfois, un crocodile si mal cousu qu'on lui a fait deux têtes !

A part son nom, et l'énorme place qu'il prend dans la vie de Tanger en guise de paseo, dès les premiers beaux

Derrière ces portes peintes à l'ancienne, sous ces plafonds richement sculptés, une École du froid, sponsorisée par des industriels italiens, forme les jeunes Marocains aux métiers de demain.

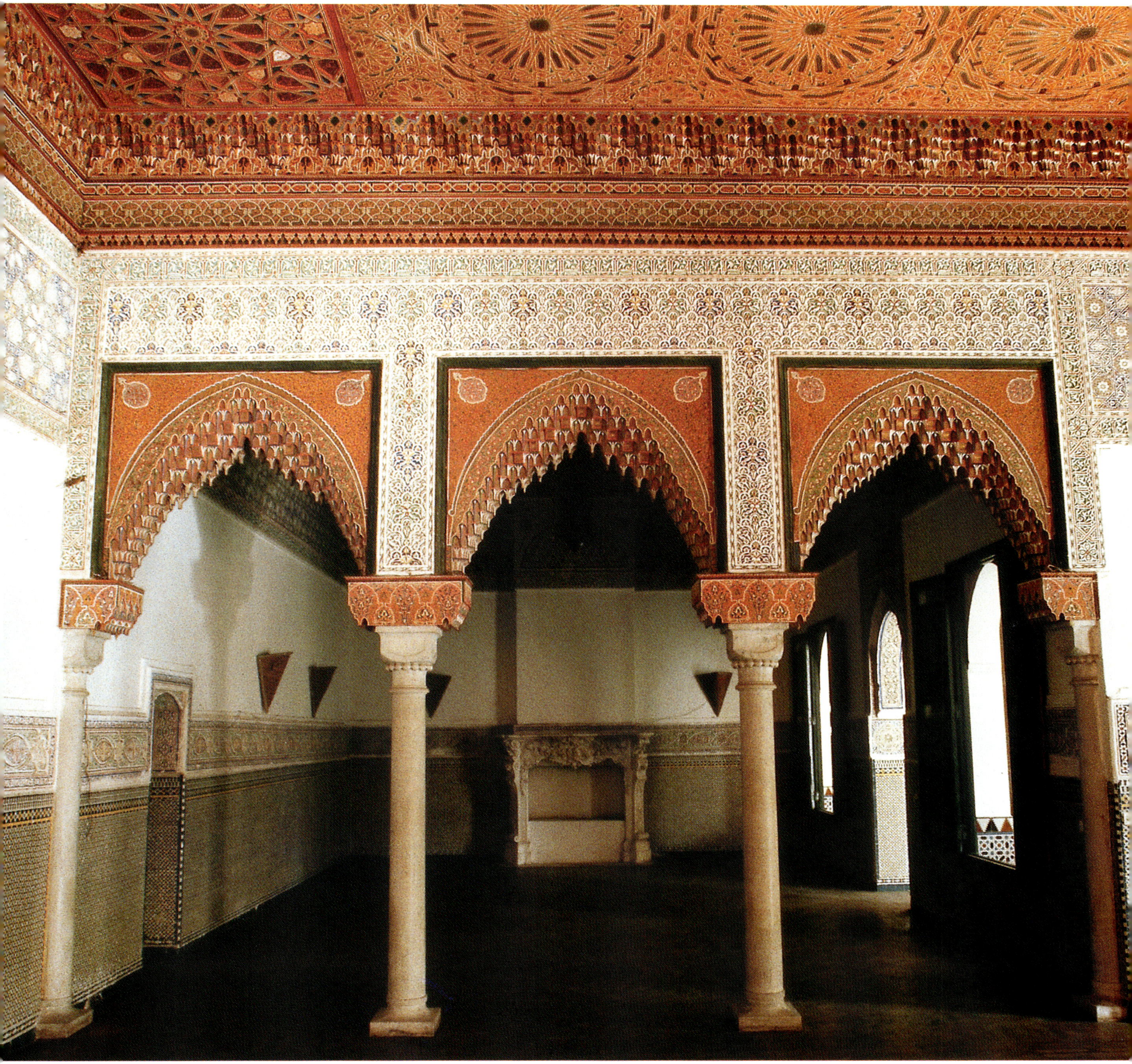

١٣٣٢

حسنا الفوز الامير عبد الرحيم بن محمد بن عمر بيوم

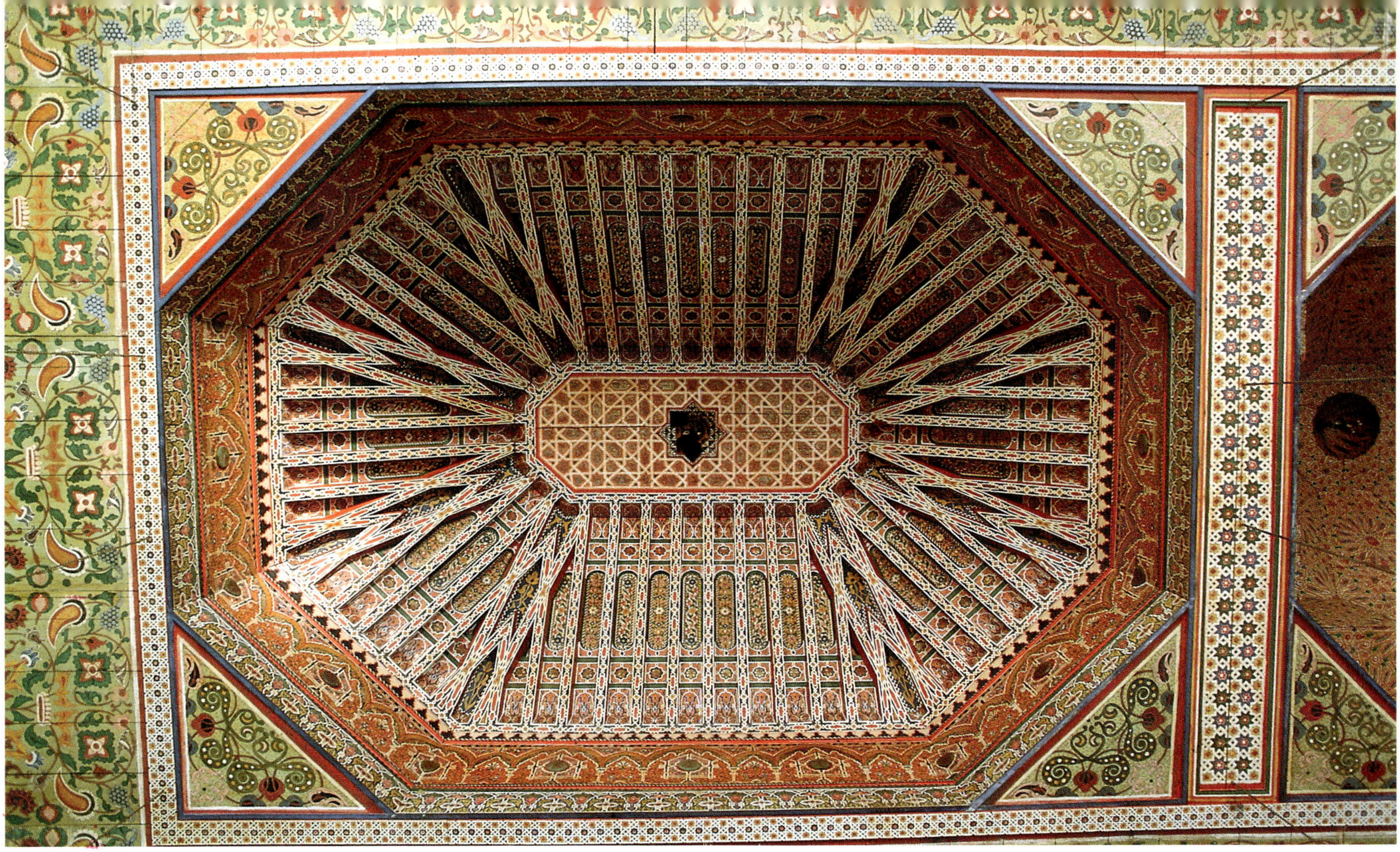

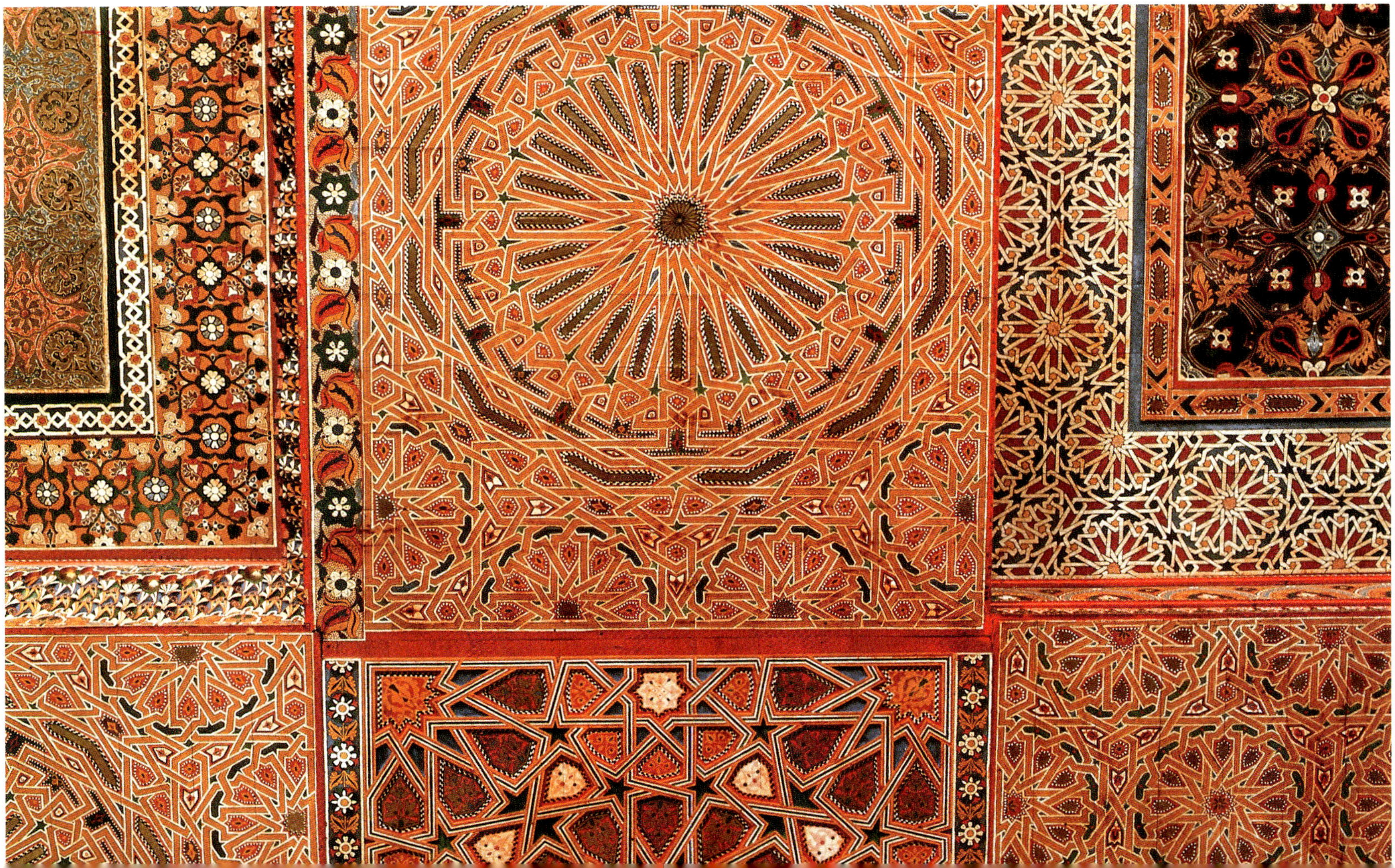

jours, que nous offre le boulevard Pasteur ? Des magasins divers, aux vitrines banales, des cafés, des cafés, et encore des cafés (un enseignant marocain, poète et sociologue, Mohamed Mardi, a publié à compte d'auteur une étude édifiante sur le rôle négatif des cafés dans la vie de Tanger : *Les deux mamelles tangéroises : cafés et bazars*), le chèvrefeuille ou le galant de nuit de la Métropole, à côté de la synagogue et... la Librairie des Colonnes, la seule librairie « intellectuelle » de Tanger, un monument historique en soi.

Dès sa création, cette librairie a été le lieu de rencontre obligé de Tanger ; appartenant aux éditeurs de Paris, Gallimard, Isabelle et Yvonne Gérofi (épouse et sœur de Robert, déjà nommé) y tenaient salon, dans une atmosphère Verdurin au courant de tous les potins Guermantes.

Les Gérofi font partie du patrimoine tangérois, et une partie de la mémoire de Tanger est en viager chez ce trio unique, qui semble sortir d'un livre de Marguerite Yourcenar. Aux Colonnes, tout le monde a passé, passe et passera, et les photos d'écrivains amis, Jean Genêt, Tahar Ben Jelloun, Beckett, Paul Bowles, Burroughs et Mohamed Choukri, Abdelhah Ferhane, Marguerite Yourcenar aussi, venue peu avant de mourir, Tennessee Williams sont là, comme sur le piano du salon les photos de famille.

Les dames Gérofi ont pris une retraite regrettée, mais tout journaliste, tout curieux de Tanger ne peut manquer d'aller chez elles sonder leur mémoire et leur cœur. Rachel Muyal a pris la relève, dans un autre registre et avec sa personnalité, rapide, comprenant vite et devinant de même. L'œil aux aguets, du fond de son étroit couloir, elle téléphone à une princesse pour lui rappeler sa promesse d'honorer de sa présence la conférence de Leila Sebbar ou Amin Maalouf au Centre Culturel Français et, dans le même temps, elle compte la monnaie pour l'achat d'un journal, ou d'une Pléiade.

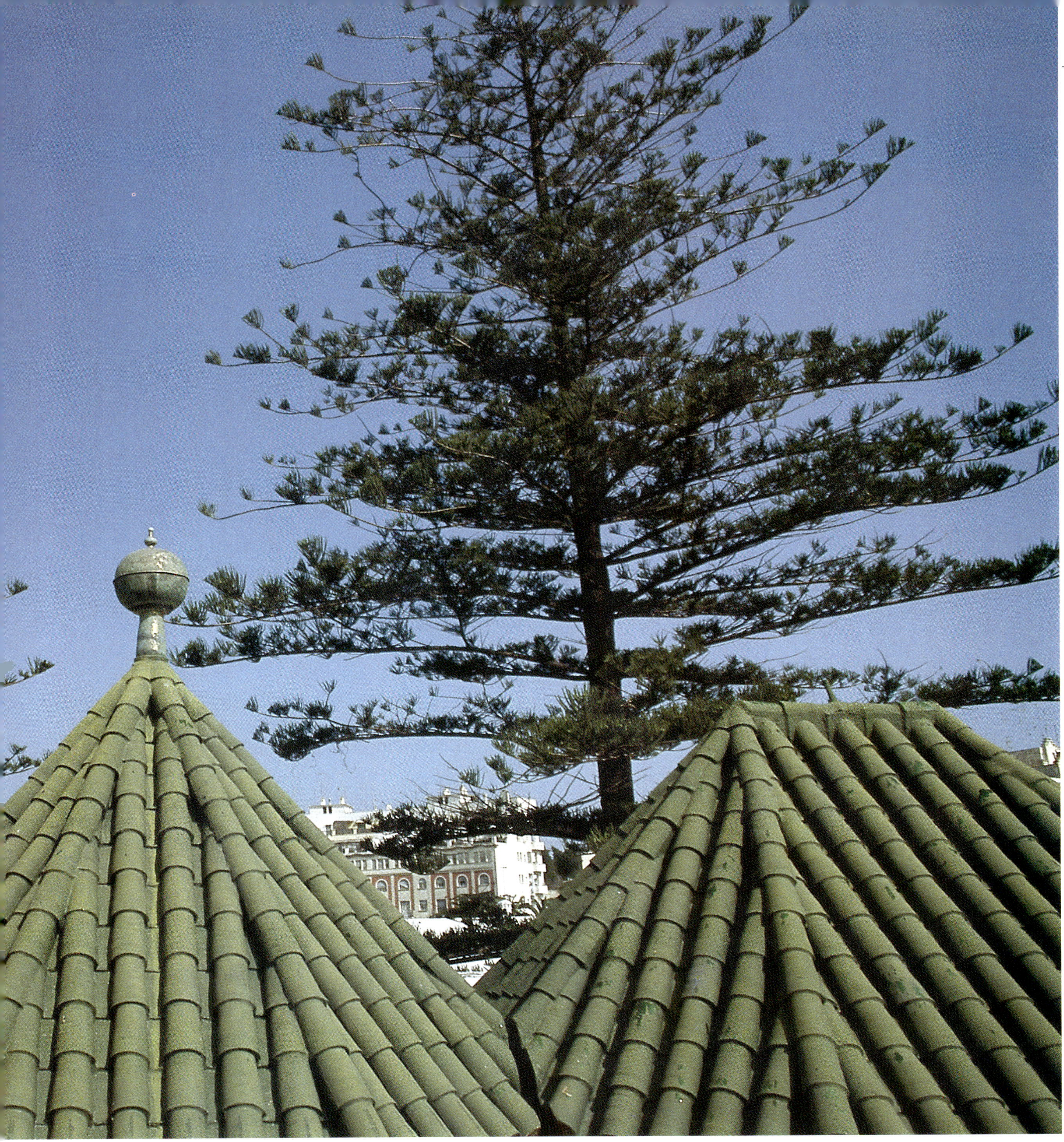

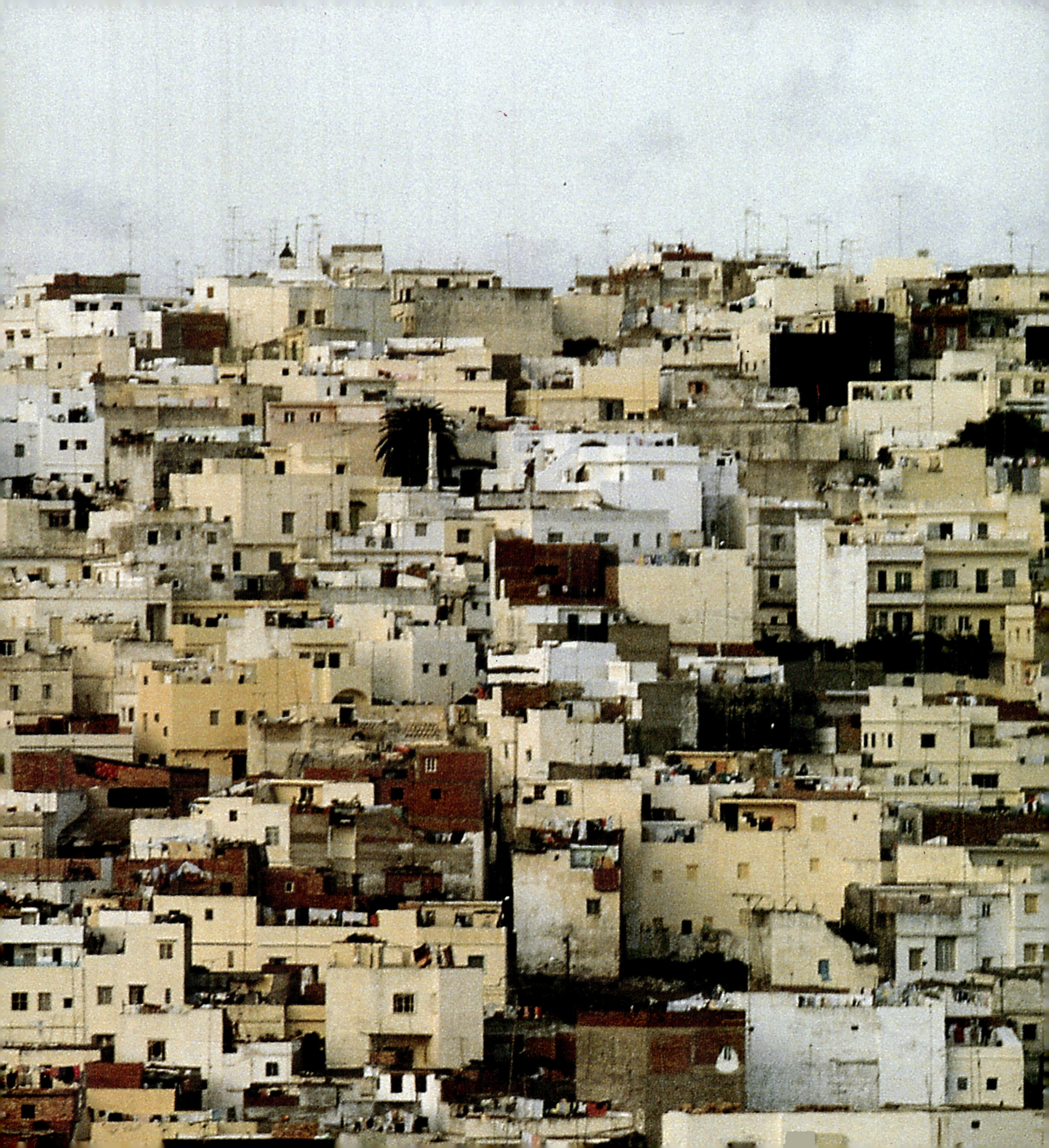

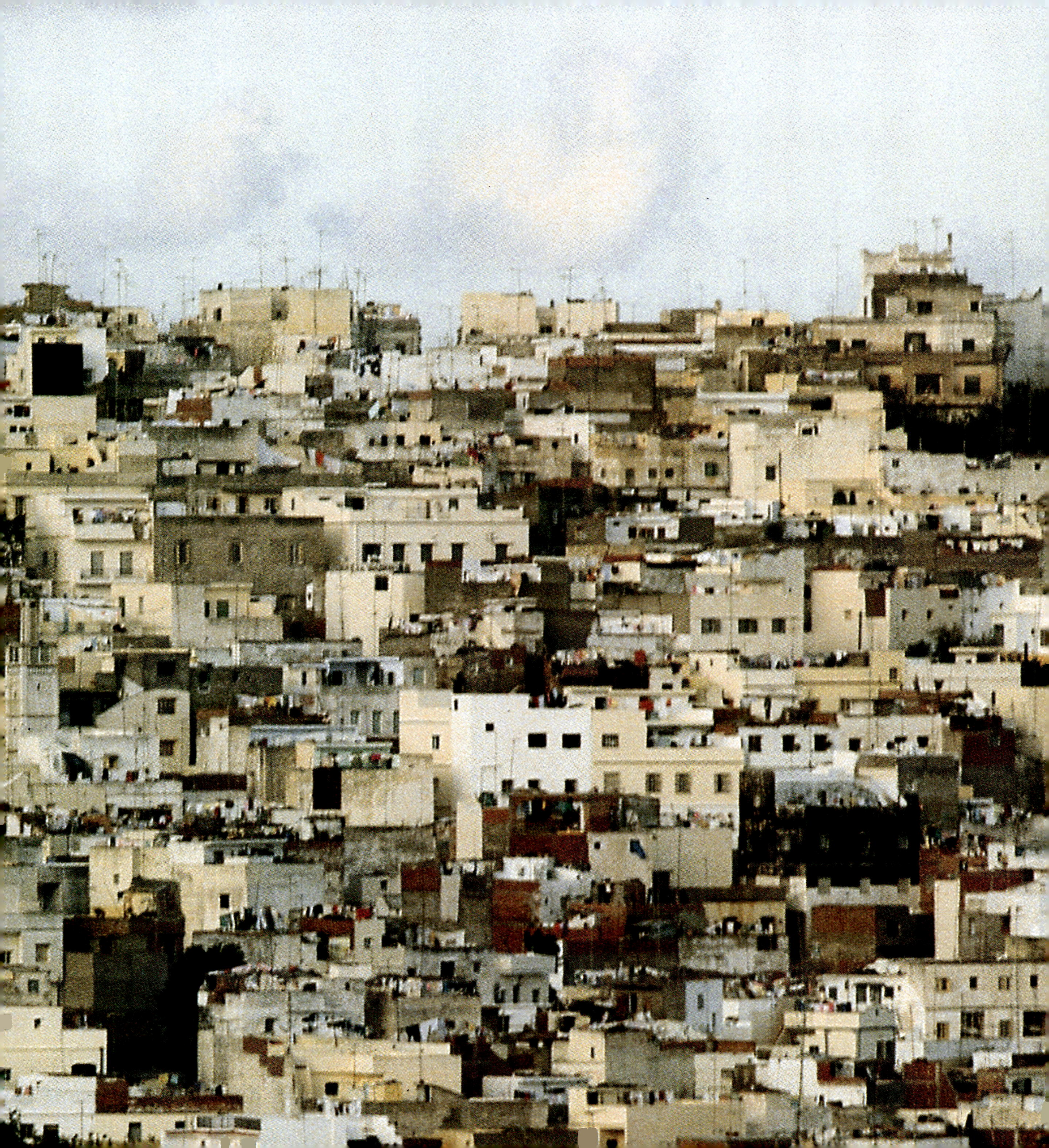

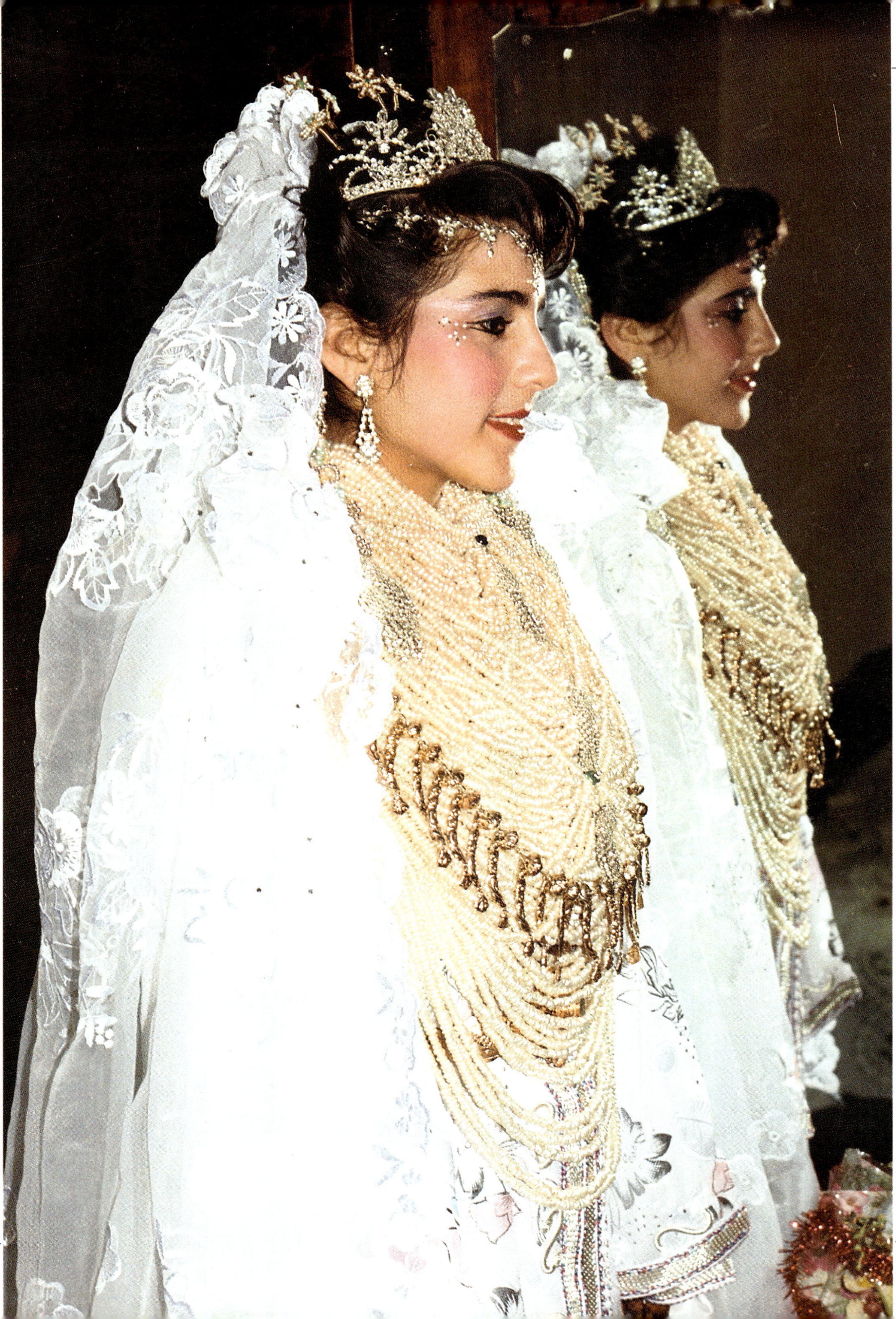

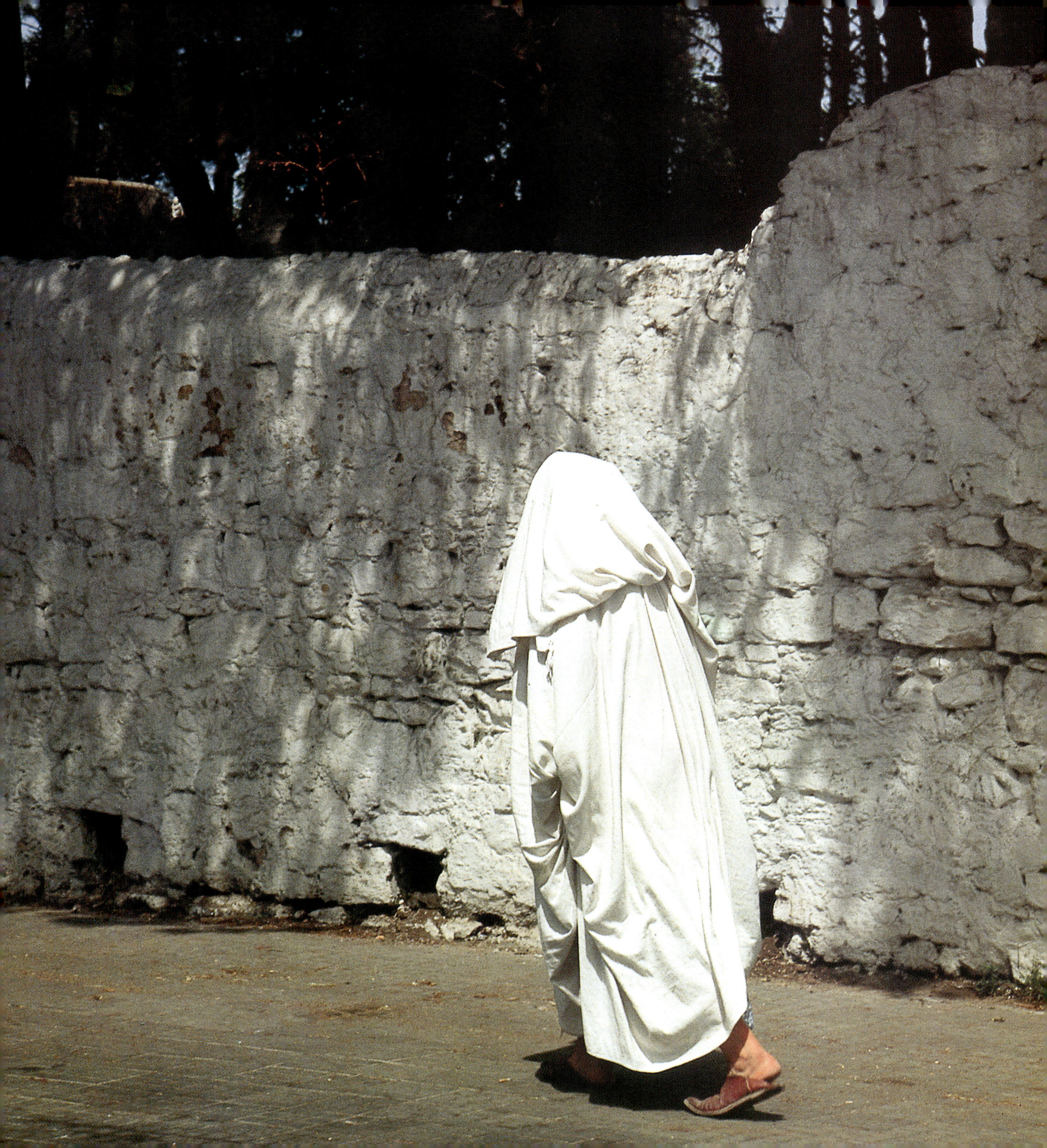

Place de France, au cœur de la ville nouvelle, le Consulat Général de France, construit par Desforges et Rousseaux sur les plans des architectes Raulin et Dupré. On avait fait venir, dès 1905, ces entrepreneurs, mais la guerre de 1914-1918 retarda l'édification du consulat, inauguré en 1929.

« Matisse ? vous cherchez quelque chose sur Matisse ? mais bien sûr ! allez ouvrir la fenêtre de la chambre 35 à l'Hôtel Villa de France... Burroughs ? allez à l'Hôtel Muniria, c'est la chambre 9. Tahar Ben Jelloun ? Mais le voilà qui passe justement... Et Ferida Benlyazid aussi, parfait ! » Et Rachel de sortir de la librairie pour appeler : Tahar ! Tahar ! bientôt livré — clefs de la ville en plus — à Jacques Tiano de « Grands Reportages », à Serge Péronnet de « Vogue Décoration », à Jacques de Barrin du « Monde », ou, simplement, à l'ami du beau-frère de sa cousine de Madrid qui lui adresse un Brésilien curieux de Tanger...

Jean Genêt n'y vient plus, hélas ! pour chercher quelque argent, car, toujours hostile aux banques comme aux pouvoirs constitués, l'auteur du *Journal du Voleur* avait coutume de se faire adresser, par Gallimard, du bon argent liquide Librairie des Colonnes.

Une légende en naquit jusqu'au jour où, à Larache où j'avais conduit Malek Chebel sur la tombe de Genêt, un étudiant nous expliqua qu'il avait très bien connu l'écrivain : « Il était riche, vous savez ! et il y avait une dame qui lui envoyait de l'argent de Paris, quand il voulait... » La N.R.F., bien sûr, pour ne donner à cette « dame » que ses initiales...

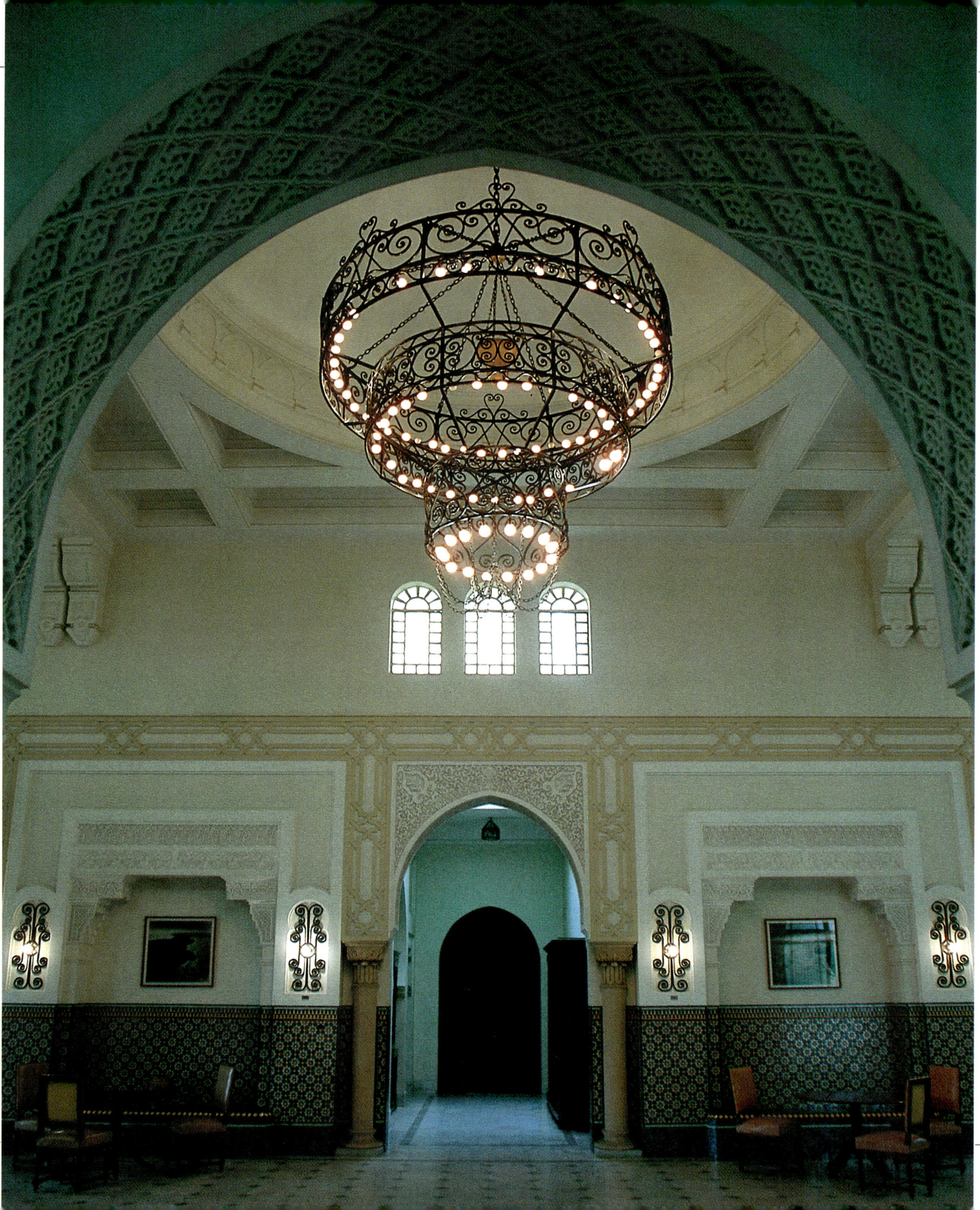

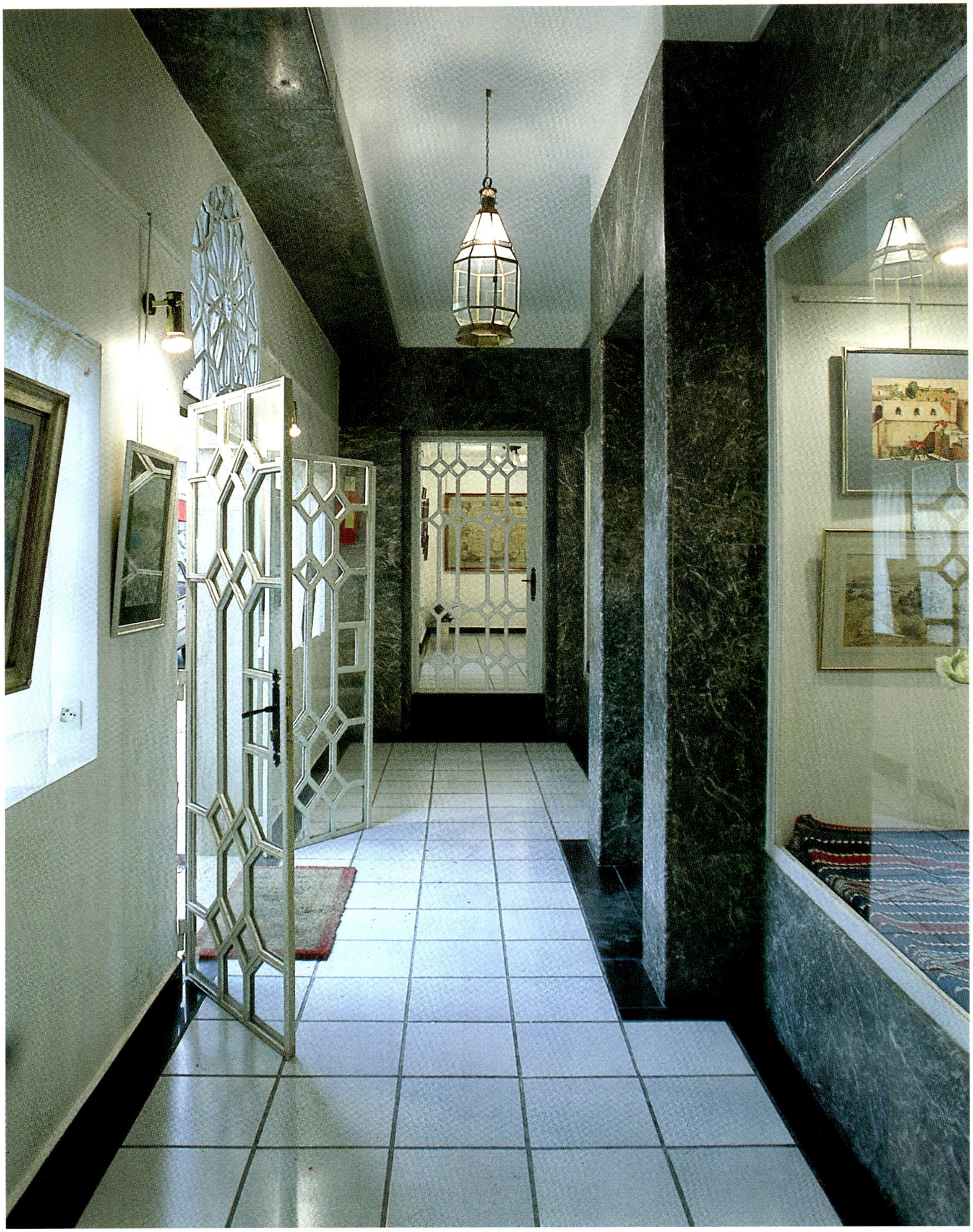

Rue de la Liberté, entre le Consulat de France et l'Hôtel El Minzah, la Galerie Delacroix, espace d'exposition géré par le Centre Culturel Français de Tanger, inauguré en juin 1987.
De juin 1987 à août 1990, plus de 260 000 visiteurs ont pu y apprécier quatre-vingt-une expositions présentant des artistes de toutes nationalités, dont douze Français, dix Canadiens, une Américaine, un Ecossais, un Irlandais, un apatride et quatre-vingt-quatorze Marocains, dont Amina R'Miki, Oudadda, Hamri, Lachkar, Yesfi, Menebhi, Saladi, Kiran, F.Z. Budali, Bouzoba, Drissi, Aghbalou, Smedi et Kacimi.

Harmonieuse construction du début du XIXe siècle, l'ancienne légation britannique abrite la Délégation de la Culture et le Musée d'art contemporain de la ville de Tanger. A droite, derrière la table d'accueil, tableaux de Belkahia, Chebaa, puis de Melehi et, au fond, du regretté M. Serghini, mort à Tétouan en juin 1992 et dont la fille est le conservateur de ce musée.

D'autres toiles de Bellamine, Hassan El Glaoui, Hamidi, Hafid, Hariri, Fatima Hassan, Chaibia, Meghara, Saad Hassani etc., enrichissent ce musée, dans une présentation très aérée et un cadre des plus agréables. En pleine ville, la Galerie Tanjah-Flandria, animée par Souad Bahechar, puis par Jamal Souissi, est le troisième espace d'art dont peut s'enorgueillir Tanger.

Rachel Muyal a tenu la gageure d'assurer la relève : on apprend, avec elle, tout ce que les radios locales (internationales, ici) ne pourraient mieux faire. Tanger internationale existe encore un peu, en effet, par le biais de Médi 1 (Radio Méditerranée internationale) qui appartient à la SOFIRAD française et à la SOREAD marocaine et qui émet en français et en arabe.

Malek Chebel y tient une chronique et ce sociologue, berbère algérien, écrivait dans « El Watan » :

« Tanger est une ville qui vous inonde d'heureux souvenirs. Pour ma part, parce que j'y passe depuis plus de trois ans et parce que mes séjours sont trop brefs pour m'amener quelque inimitié, je n'en ai que des meilleurs...

« ... Je salue les buralistes, les pêcheurs, les restaurateurs, les libraires, les écrivains qui ont fait, en partie, la réputation de Tanger, l'aristocratie heureuse de cette cité, et tous les Tangérois...

« Mais Tanger l'occidentale, Tanger la multiconfessionnelle, la rude travailleuse, quelque séduisants que puissent être ses multiples contrastes, n'est sans doute rien si, dans le passé lointain il n'y eût un homme, l'un de ses fils, le plus fou, le plus authentique, le plus curieux

— 215 —

aussi : Ibn Batouta (1304-1369). Il passe pour être l'inventeur de la *Rihla*, ce style particulier de narration ».

Médi 1 : successeur de ces radios qui étaient cinq encore en 1954 : Africa Tanger, Africa Magreb, International, Radio Tanger et la Pan American Radio, seule station commerciale au monde (en 1954) qui émettait chaque jour en six langues : arabe, française, espagnole, anglaise, italienne et hindoue, de 8 heures du matin à 1 heure du jour suivant, sur ondes moyennes et courtes.

C'était alors le poste du foyer... que la télévision — et les six chaînes, espagnoles surtout — remplace orgueilleusement...

De tout temps, Tanger a été riche en radios et, si le contexte géographique, politique et financier y était pour quelque chose, on dit aussi que les conditions techniques exceptionnelles y étaient favorables à la pureté des émissions, de par le champ marin continu vers l'Orient et l'Occident, l'éloignement des perturbations magnétiques du Nord, qui faisaient de Tanger le relais obligé entre New York, l'Afrique, l'Europe du Sud et le Proche-Orient. C'était alors plus qu'une porte entre les mondes...

La « Macay Radio and Telegraph C° » desservait, par câble, le monde entier du haut de sa station du Charf, et ce dès mai 1946, où son installation aurait coûté quelque trois millions de dollars. Ses bureaux, boulevard Pasteur, étaient d'autant plus fréquentés qu'on était sûr d'y pouvoir toujours obtenir... l'heure exacte, grâce à une horloge réglée électriquement.

Au cœur de la ville, et dans une oasis de verdure, El Minzah Hôtel a été bâti en 1931 par lord Bute ; il fait, à juste titre, partie de la chaîne « Relais et châteaux ».

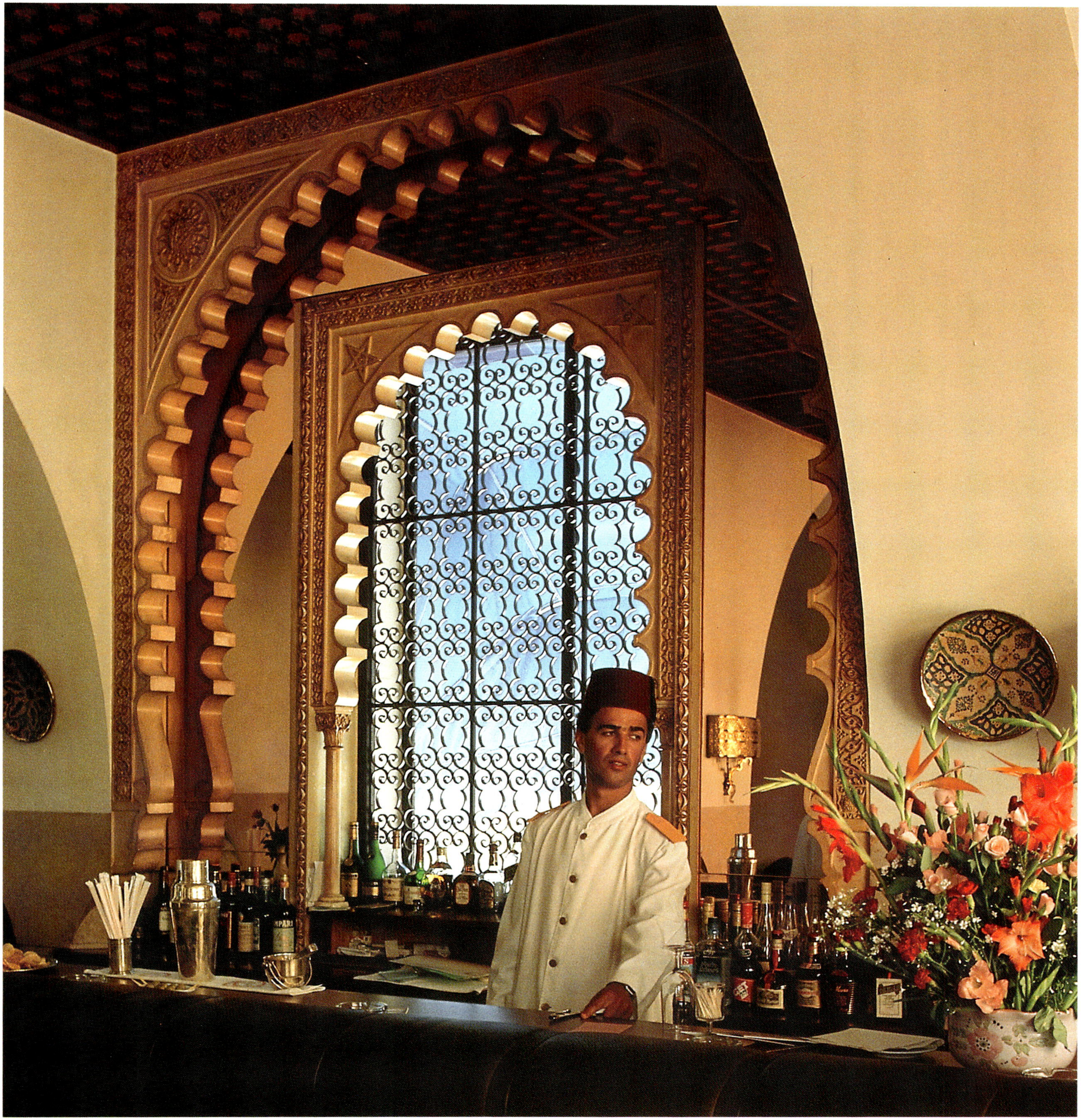

Dans « Grands Reportages » d'avril 1989, Jacques Tiano décrit ainsi le Minzah : « Ni palais, ni palace, cet hôtel est une maison, au sens où les maisons ont une âme. C'est luxueux, sans être tapageur... On y est comme dans un cocon qui laisserait toute liberté. On peut s'y pavaner ou s'y cacher, parler haut ou chuchoter, aimer ou y faire une cure d'ascétisme... »

Le grand patio, si apprécié pour les petits déjeuners et les thés, peut aussi devenir une salle de concert, pour un pianiste de passage ou un orchestre andalou, et les arbres qui bordent la piscine nous séparent du Théâtre Cervantes reproduit page suivante.

« Voice of America », elle, est toujours omniprésente, prenant la relève dans le bunker de l'ancien Consulat américain, sous les fenêtres de Paul Bowles, des agents diplomatiques rappelés à Rabat.

Une réunion des directeurs du monde entier de « Voice of America » s'est tenue, en été 1992, à Tanger pour la première fois dans l'histoire de cette radio.

Boulevard Pasteur, n'oublions quand même pas le bel édifice qui fut un des premiers, puisque consacré au contrôle de la Dette, et on appela longtemps boulevard « de la Dette » cette avenue que les Toledano, les Abensur, les Preyre, entre autres, firent sortir vers 1920 des sables du Bou Khachkhach, où des vignes avaient prospéré et où, en 1908, une nécropole romaine fut identifiée — à la faveur des travaux de lotissement — et étudiée par la Mission scientifique du Maroc. Des échantillons, extrêmement rares, d'un art pictural africain de l'époque romaine y furent ainsi découverts qui, grâce à Michaux-Bellaire, se trouvent au Musée de Tanger.

Cet immeuble abrite aujourd'hui la Délégation du Tourisme et, surtout, la très riche bibliothèque Abdellah Ganoun, administrée par Me Raïssouni.

« Théologue d'esprit indépendant », tel que le définit M. Naïmi, Abdellah Ganoun était, à sa mort en 1991, le chef de file des oulémas du Maroc et

Le « Gran Teatro Cervantes » a été inauguré le 11 décembre 1913, la même année que le Théâtre des Champs-Elysées, et il est en béton comme le chef-d'œuvre de Perret à Paris. Il a été le cadeau d'amour de l'Espagnol Manuel Pena à son épouse Esperanza Orellana.
Urbaniste et critique d'architecture, M. Akalaÿ Nasser est un des hommes de l'art qui, connaissant le mieux l'histoire de ce théâtre, aime à en rappeler l'époque « phare et dorée de 1929 à 1934 » avec les représentations de l'Association Al Hilal.
Après avoir frôlé la destruction, ce théâtre doit être remis en état par une coopération culturelle hispano-marocaine, puisqu'il appartient à l'État espagnol qui le loue, symboliquement, à la ville de Tanger.

Boulevard Pasteur, la Librairie des Colonnes : une adresse et un lieu incontournables, depuis Yvonne et Isabelle Gérofi jusqu'à Rachel Muyal, qui préside aujourd'hui aux destinées de ce dernier salon où l'on cause.

Le Grand Hôtel Villa de France a été longtemps, après le Continental et avant que le Minzah ne soit bâti, le meilleur hôtel de Tanger.
C'est de la chambre 35 que Matisse a peint — bloqué par la pluie de janvier 1912 — la fameuse Vue de la fenêtre, *orgueil du Musée Pouchkine de Moscou.*

Les arbres ont poussé depuis et cachent l'église anglaise St. Andrew, mais c'est à peu près la même vue que donne cette photo.

La maison de l'antiquaire Boubker Temli, d'architecture hispano-mauresque des années 40, recèle des trésors d'Ali Baba. Turqueries, tableaux orientalistes, meubles syriens, étoffes rares brodées, poteries anciennes et panneaux de bois sculptés rehaussent une architecture intérieure marocaine sobre aux murs blancs et lignes pures. Mélange de styles harmonieux réalisé dans un esprit contemporain.

Grand salon marocain éclairé par des miroirs. Lustre turc du XVIIIe en émail. Collection d'opalines et grande vue de Tanger peinte par Rafael Cidoncha.

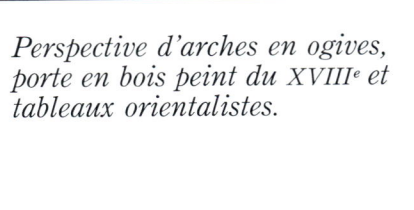

Perspective d'arches en ogives, porte en bois peint du XVIIIe et tableaux orientalistes.

Porte à double battant en moucharabiehs. Deux tapis moghols, fauteuils syriens XIXe et, au premier plan, un vase turc du XIXe.

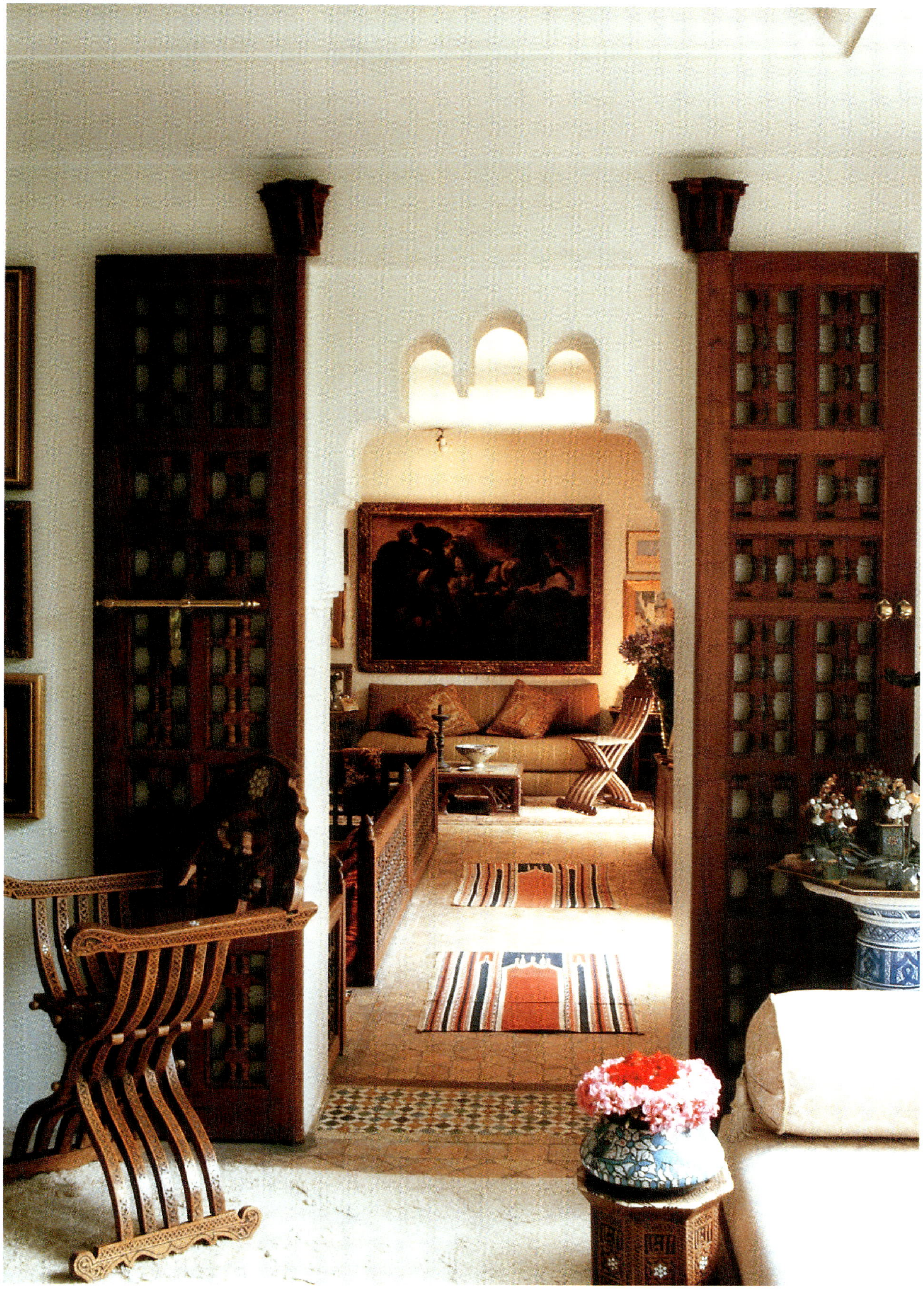

Petit salon marocain clos de moucharabiehs du XVIIIe siècle. Au mur, une tenture Souzani d'Ouzbékistan et une collection de tableaux orientalistes. Mélange de coussins brodés turcs, indiens et marocains et poteries de Fès du XVIIIe.

Comme un bijou enchâssé dans un écrin, un canapé indo-portugais en ébène du XIXe siècle, devant un panneau du XVIIe en bois sculpté provenant d'un palais de Fès. Lampe de mosquée turque et table marocaine polychrome. Tableau d'après l'œuvre Les Pigeons de Jean-Léon Gérôme.

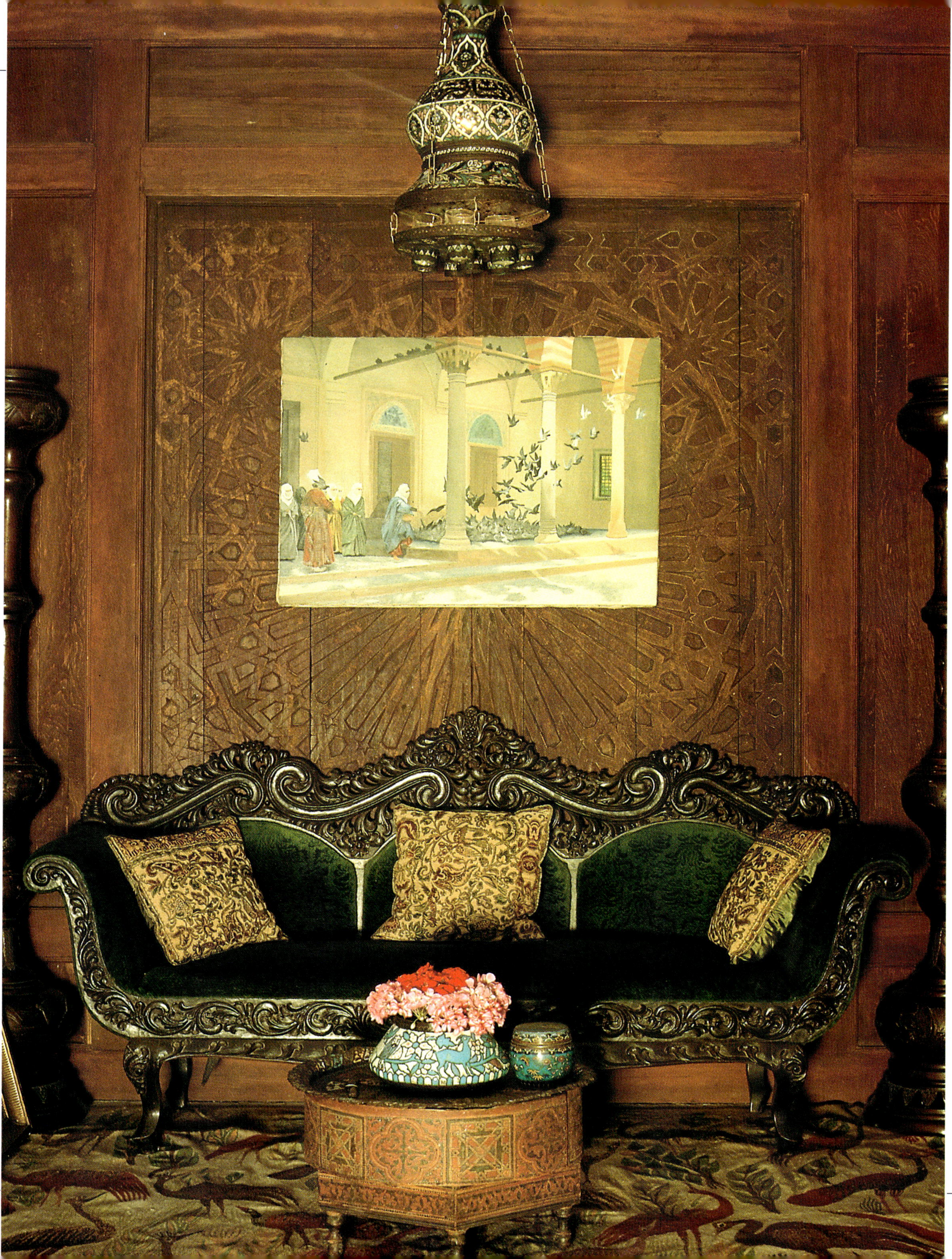

L'église anglaise St. Andrew, entre le Grand Socco et le Musée d'art contemporain de Tanger, entourée par le cimetière, très anglais, où les tombes présentent des inscriptions touchantes. Bel exemple d'architecture « mauresque », le Pater Noster y est même inscrit en calligraphie arabe...

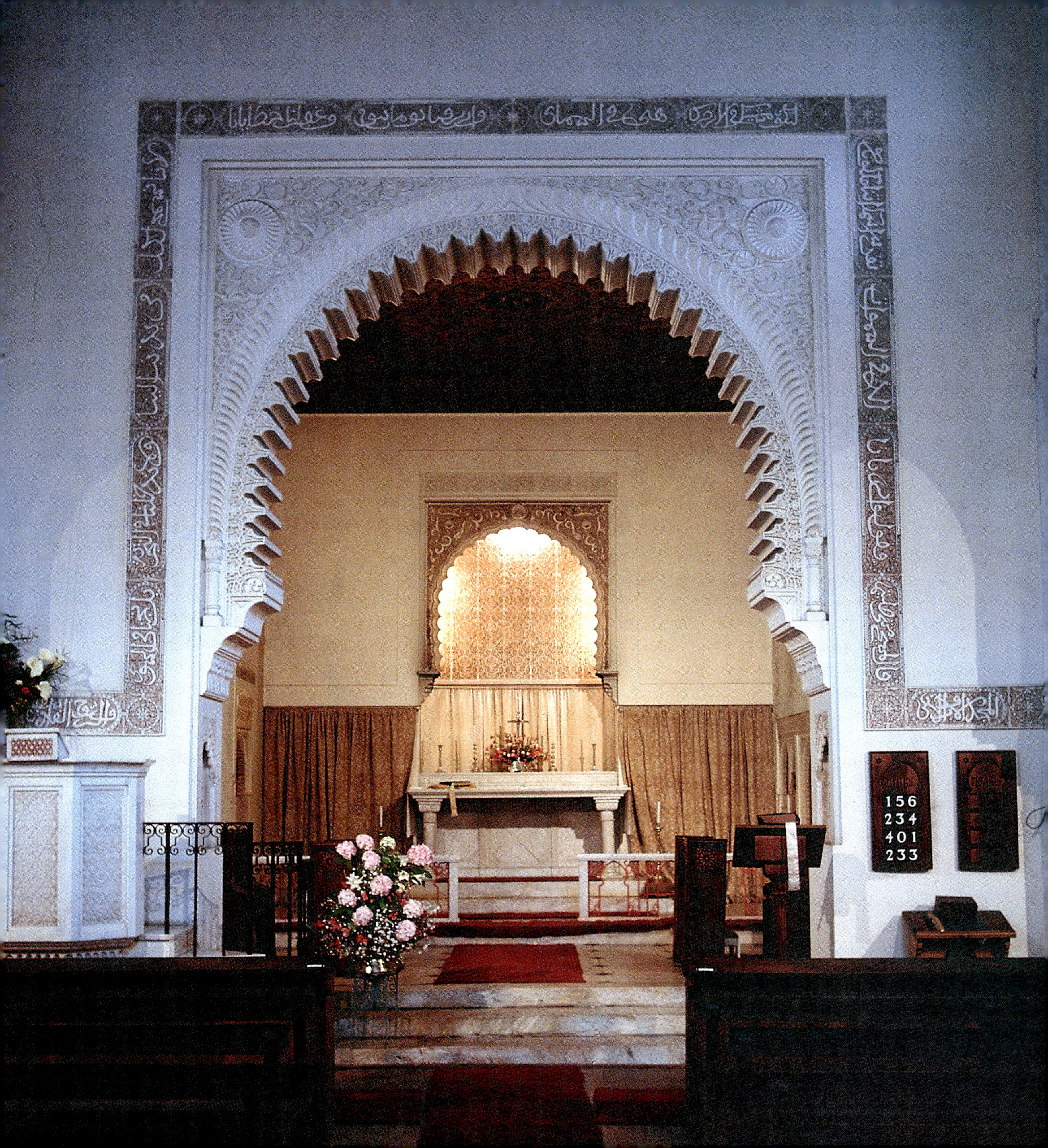
156
234
401
233

« avec sa disparition, la ville de Tanger perd un des grands noms qui ont marqué, durant ce siècle au moins, l'histoire des réformes en islam ».

Des sables aussi est sorti le lycée Regnault, le plus ancien établissement scolaire français du Maroc, puisque sa création date de 1909, d'abord dans une villa particulière, vite trop petite, du quartier Hasnona (vers le Marshan).

Le collège Saint-Aulaire, non loin (1918), est aujourd'hui sous le vocable d'Ibn Batouta et son ancien proviseur, Abdelhamid Bouzid, secrétaire général de l'Association pour la promotion de Tanger, est aussi de ceux qu'habite la mémoire de Tanger, avec l'amour de son pays. Ibn Batouta, né à Tanger en 1304, n'y est célébré que par ce patronage et par les efforts personnels du peintre tangérois Ouassini (sa belle exposition rue de la Liberté...), alors qu'un musée devait lui être consacré dans les anciennes prisons jouxtant le Musée de la Kasbah.

Tanger n'est évidemment pas une ville à l'artisanat orgueilleusement traditionnel comme Fès ou Marrakech, et on y trouve de tout, même des meubles de style « Louis XV-Farouk », importés d'Italie ou ciselés à Tanger par des menuisiers égyptiens, comme celui qui se cache près de l'Hôtel Muniria.

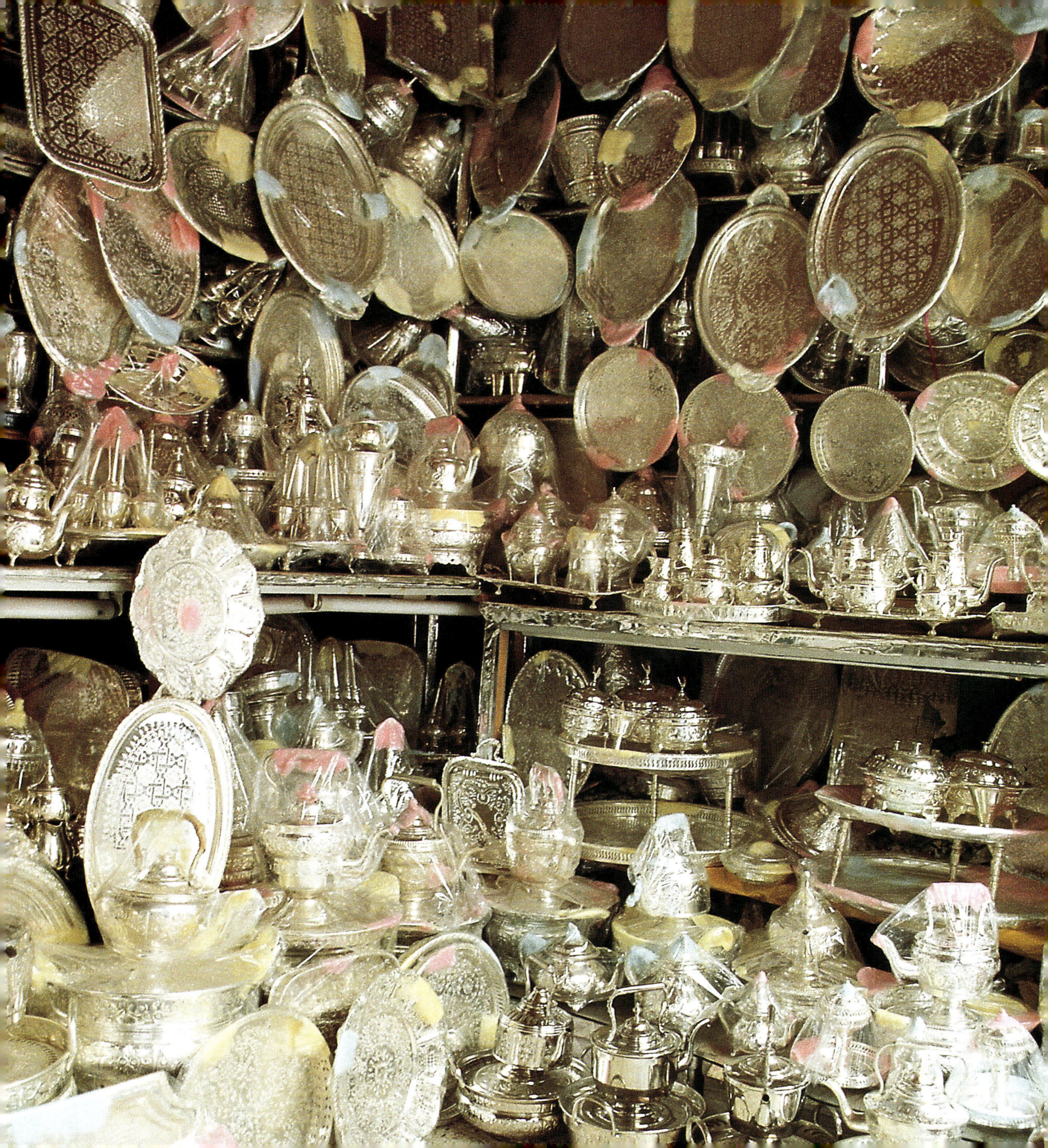

Rifains et Rifaines, aux grands chapeaux de paille, avec des pompons pour les femmes, jeunes à la casquette américaine, marchés en plein vent bariolés de couleurs vives : un Tanger éternel, qui semble (en surface) ne pas changer.

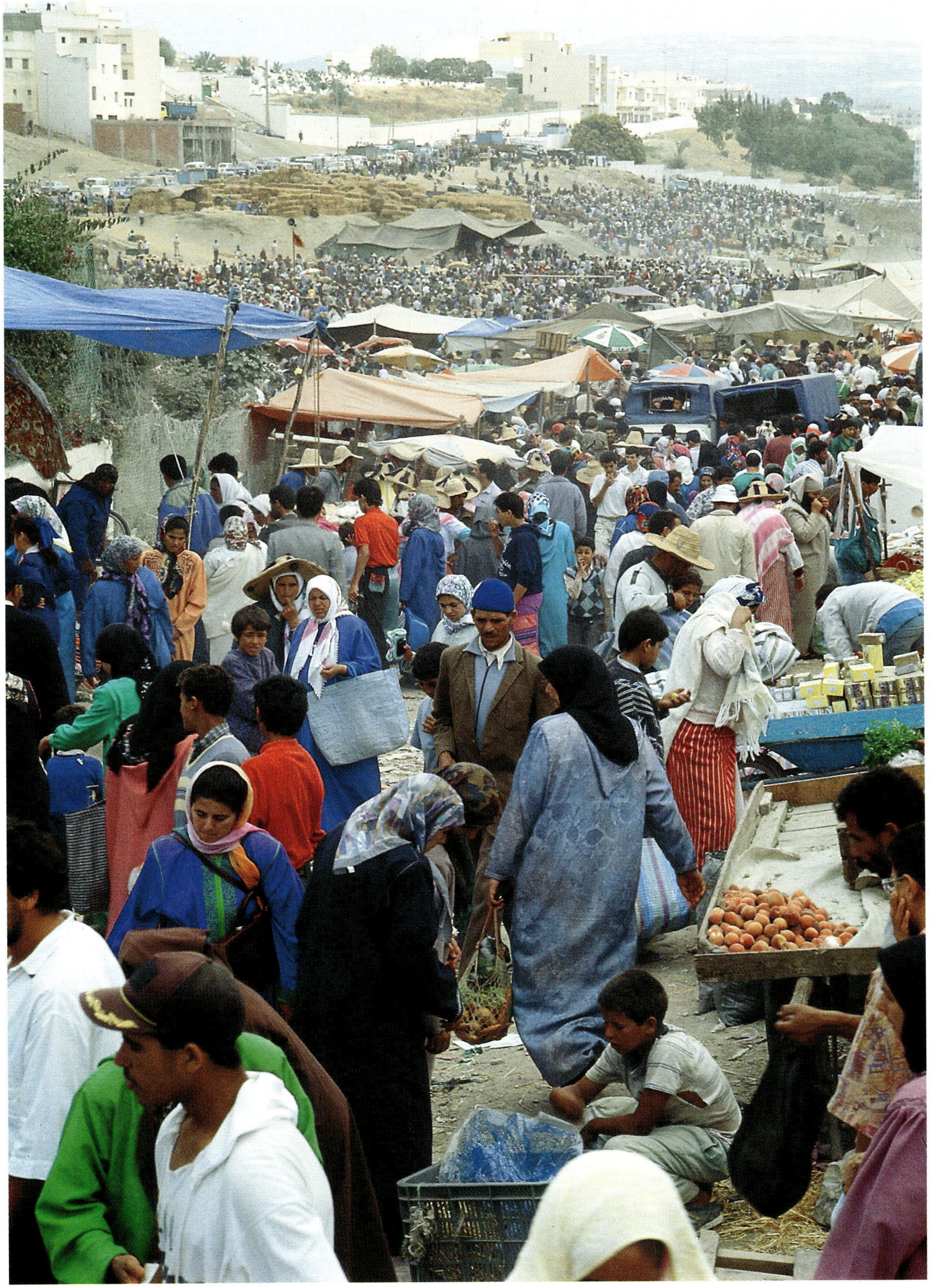

Cet explorateur de tant de mondes (120 000 kilomètres en moins de trente ans, à l'époque !) a sa place à Tanger, et un Musée Ibn Batouta y serait riche d'enseignements et d'exemples, plus que le tombeau qu'on dit, sûrement à tort, être le sien. La récente traduction de ses *Voyages et périples choisis* par Paule Charles-Dominique, chez Gallimard, vous passionnera plus qu'un récit d'aventures romancées.

L'ancienne salle des fêtes du lycée Regnault est devenue la salle Samuel Beckett pour marquer, contre bien des oppositions étroitement franchouillardes, le génie international de la langue française : un écrivain irlandais, devenu Prix Nobel de littérature pour son œuvre écrite en français, quoi de mieux ? Une savoureuse troupe de comédiens d'Oujda y a joué, en français, *En attendant Godot* et le compositeur américain Phillip Ramey y a travaillé, en deux étés studieux, son *3e concerto* de piano, commande d'une pianiste argentine pour le Metropolitan Opera de New York.

Dans la vitrine des antiquaires, face au Minzah, les plus beaux « bleus de Fès » et, sur la comédienne Julie Delpy, les plus beaux bijoux berbères en argent et corail.

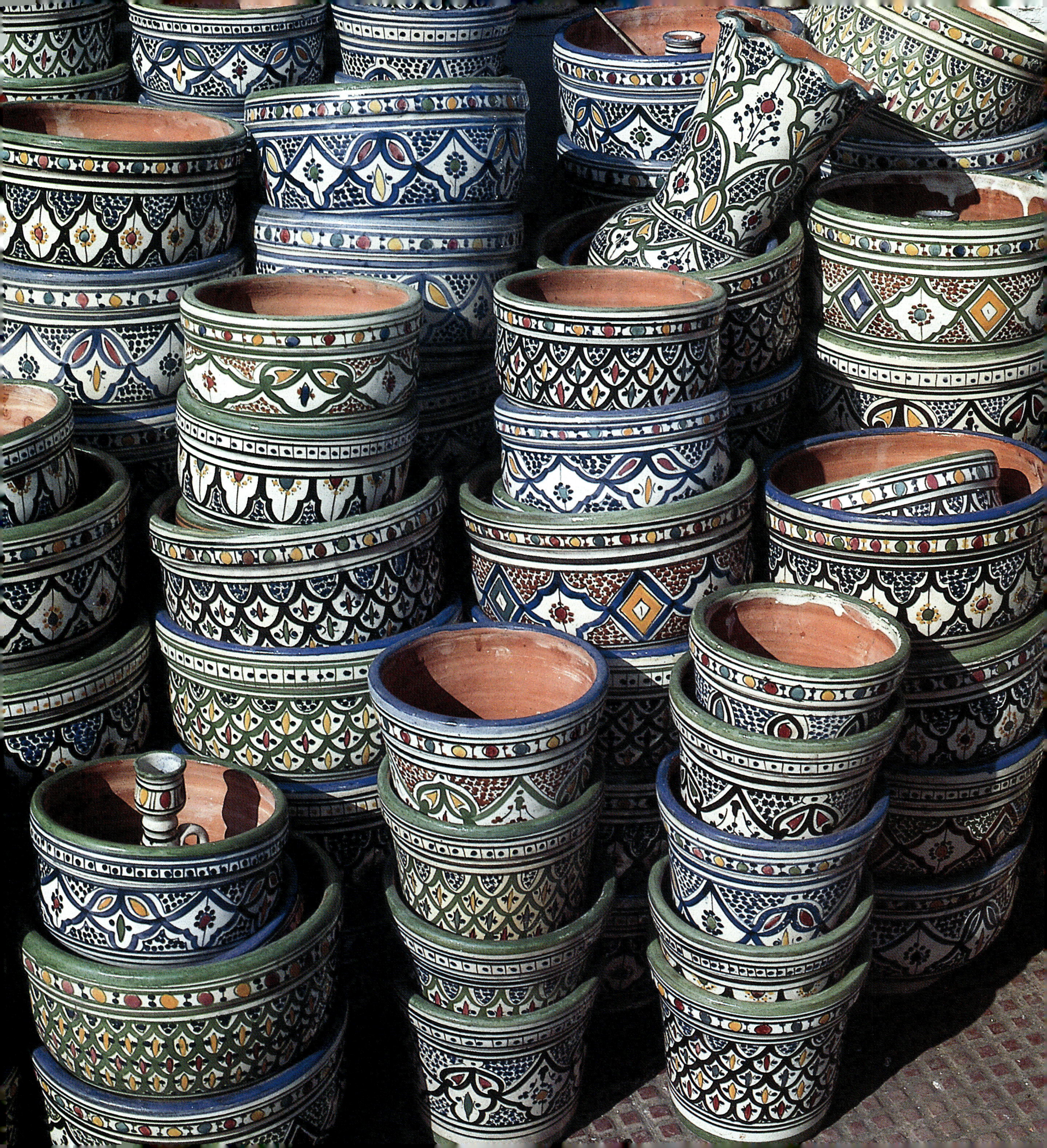

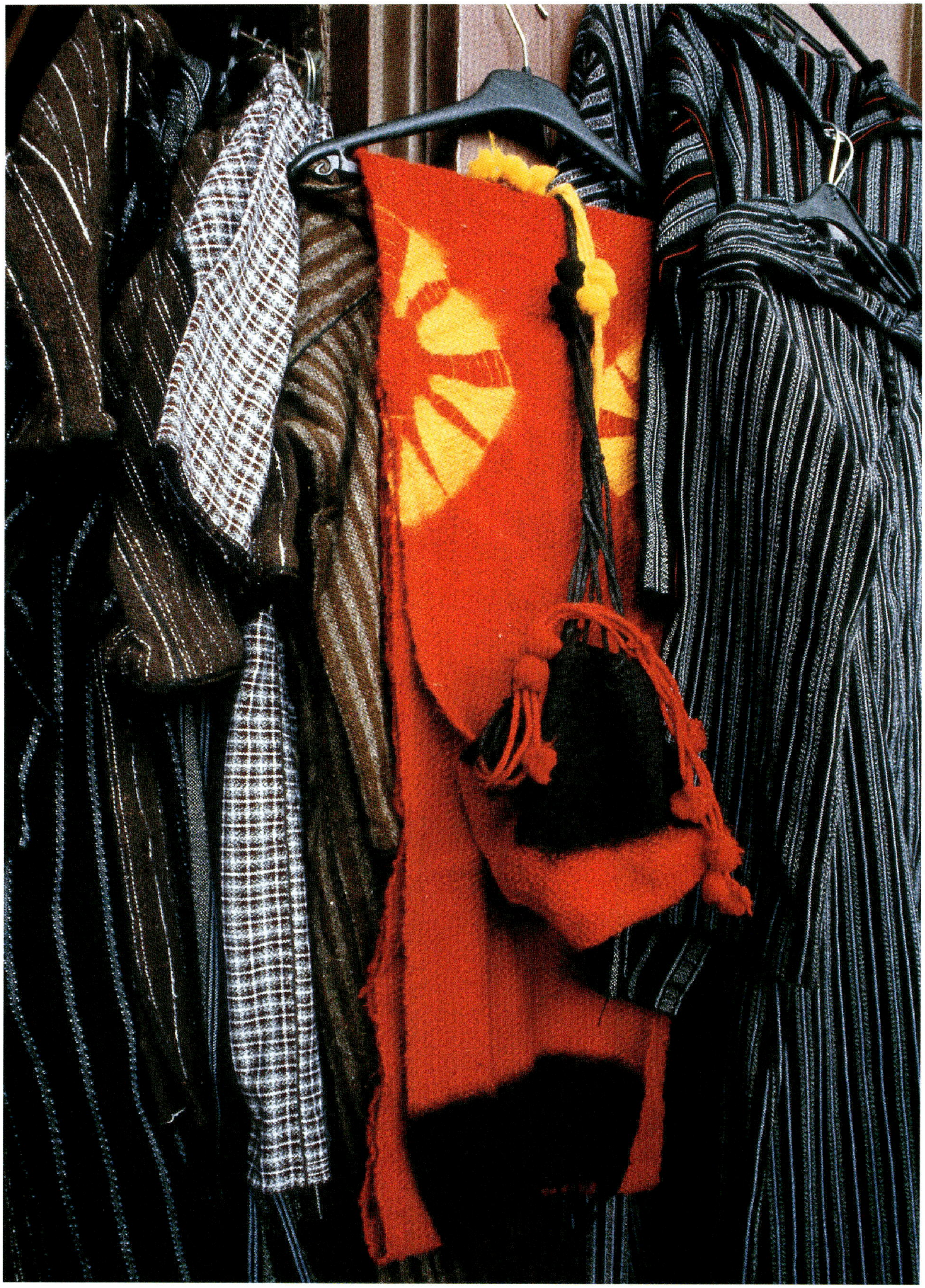

Un peu plus bas que le Minzah, face au Souk de l'arbre, le premier étage d'un fondouk abrite des tisserands qui travaillent, d'un geste séculaire, les laines épaisses et les fins cotons.
Au marché de Fès — c'est-à-dire rue de Fès... —, légumes et fruits à la saveur incomparable.

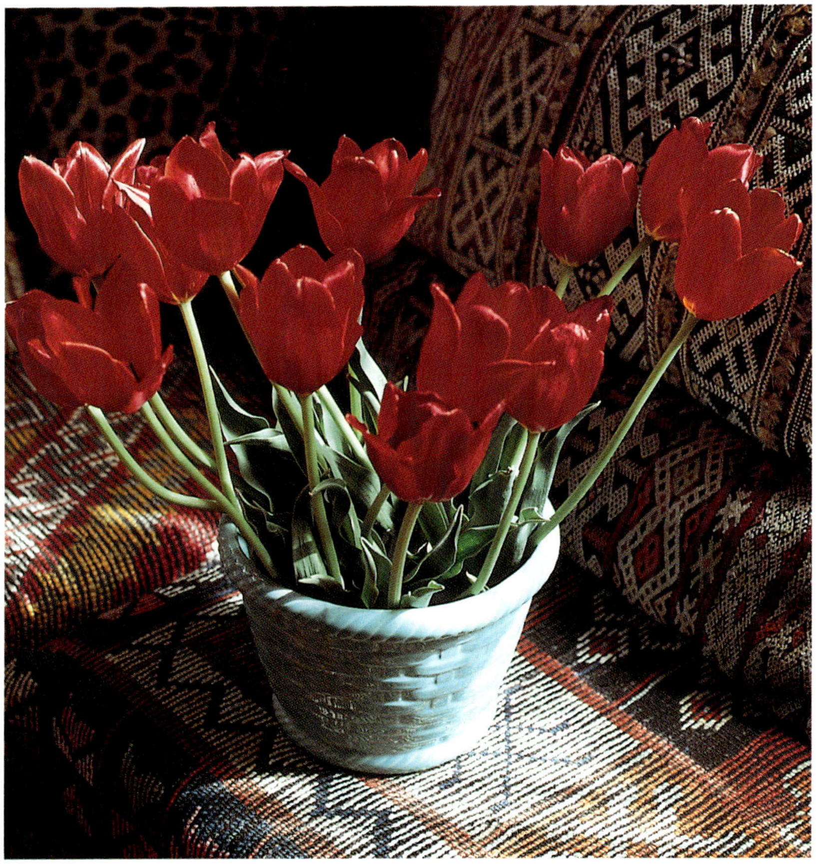
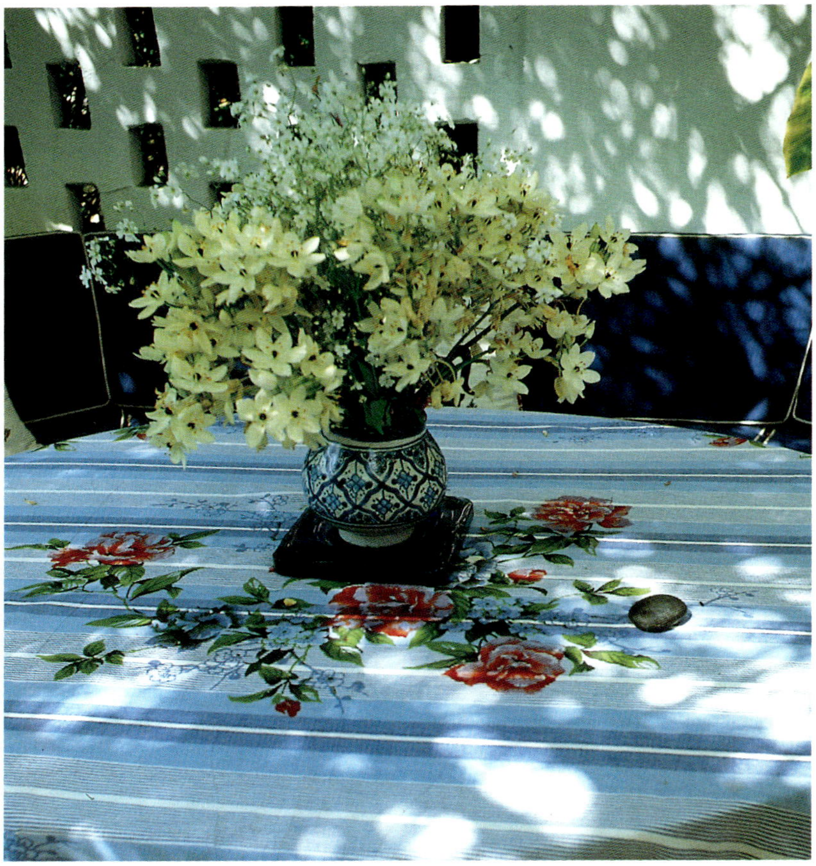
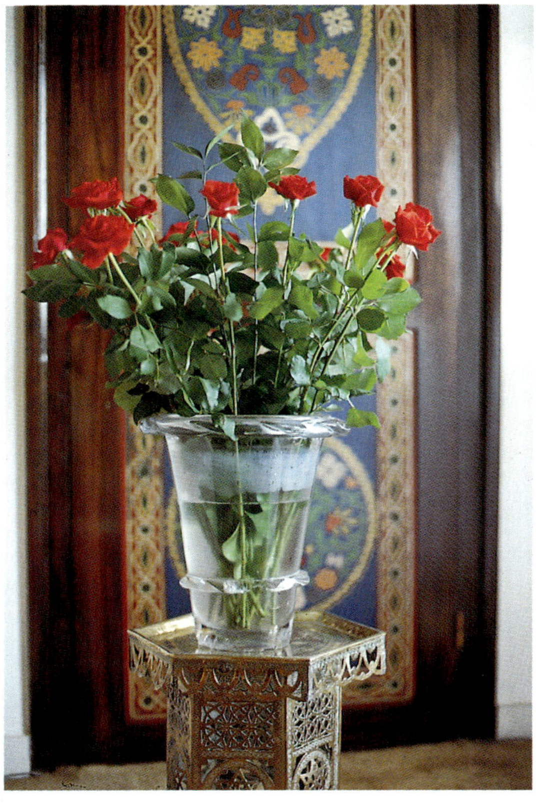
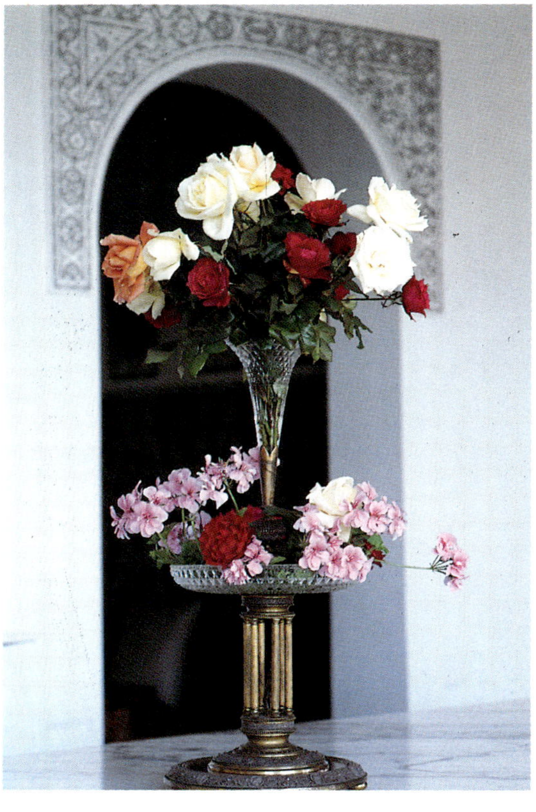
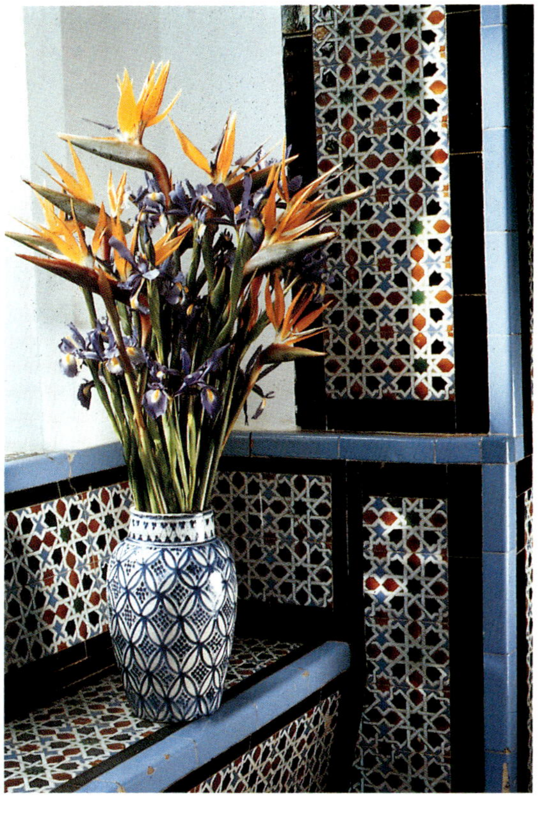

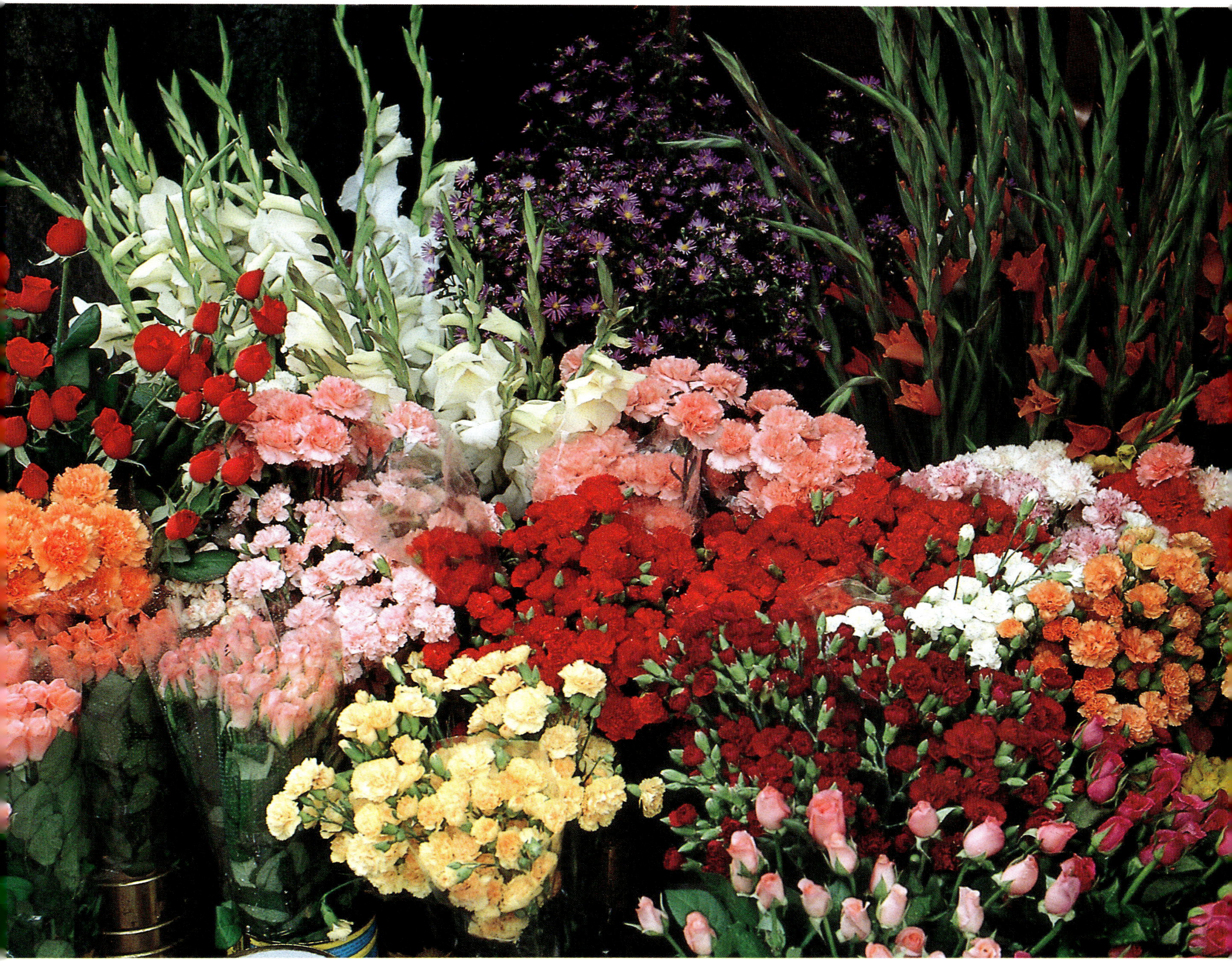

Tout près du marché de la rue de Fès, donc à deux pas du centre le plus animé de la ville, une oasis de calme, luxe et beauté : la villa Léon l'Africain, rue Léon l'Africain, construite par un des architectes du Consulat de France, Raulin.

Double page suivante :
Les Rifaines travaillent dur et celles qui n'ont pas de mulets transportent, sur leur dos, d'énormes charges de bois, de paille, de charbon, mais toujours avec leur chapeau à pompons et leurs foutas rouges et blanches.

243

244

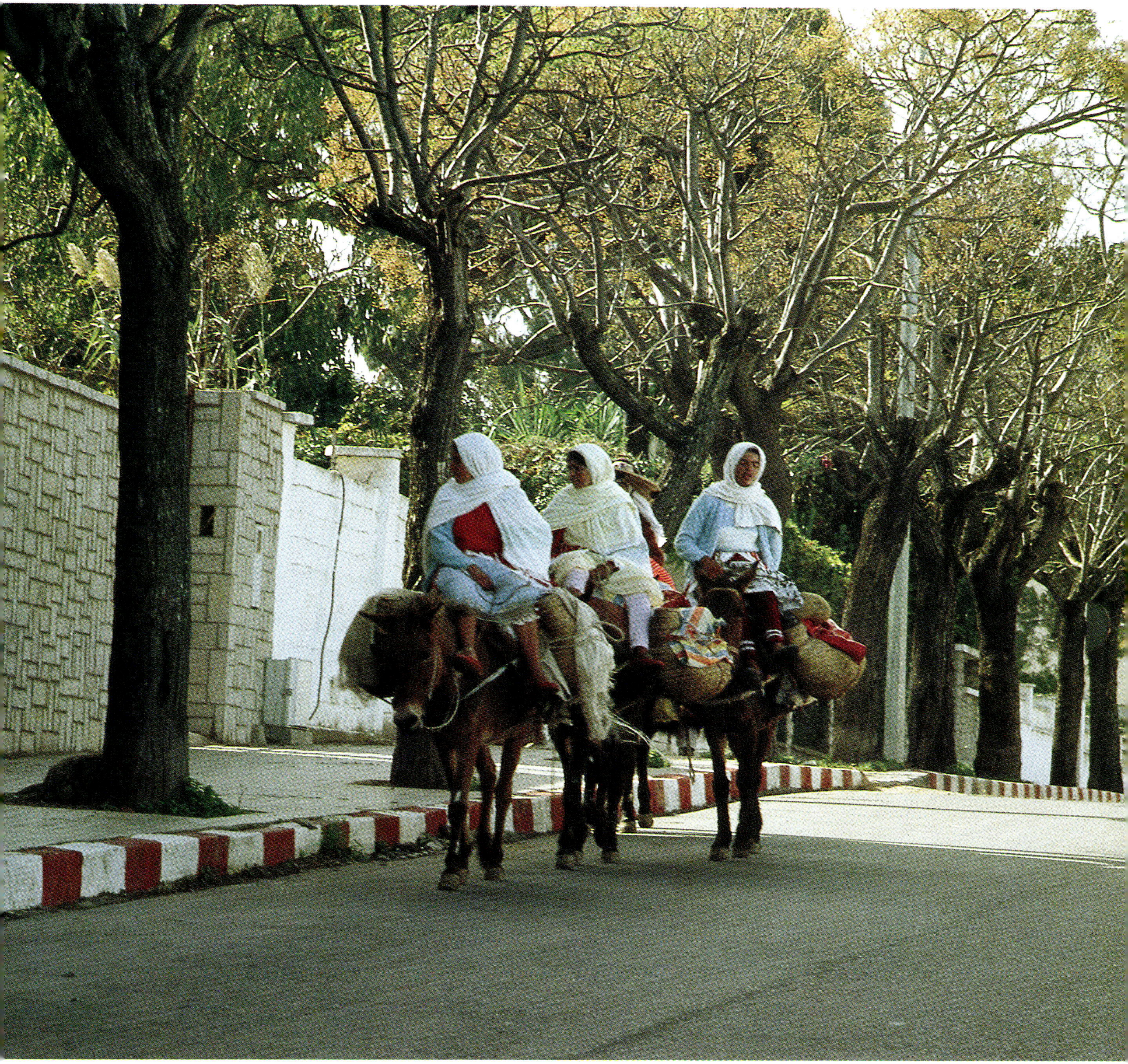

Du Charf au cap Spartel

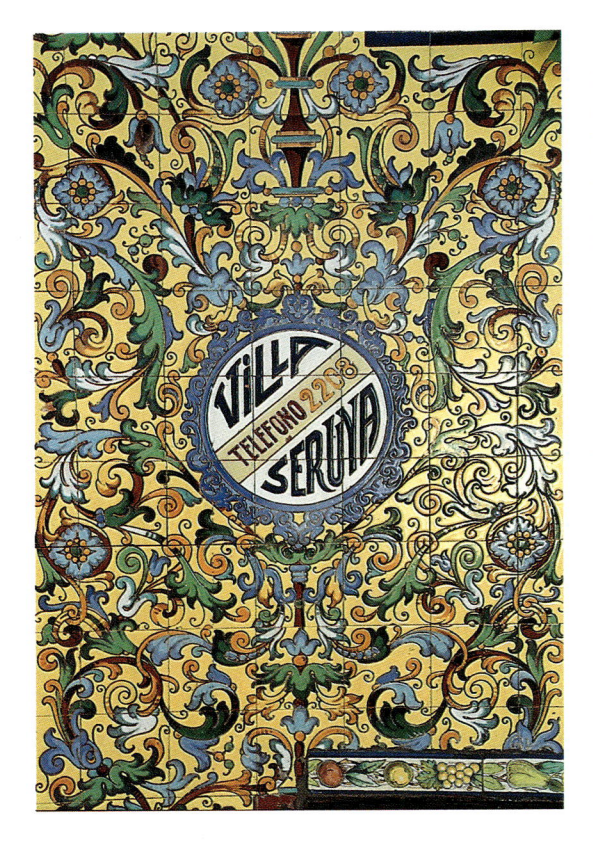

En montant au Marshan, dans la rue qui fut Ramon y Cajal, l'ancien propriétaire, Monsieur Seruya, affichait même son numéro de téléphone en mosaïques sur les piliers du portail.

De tous côtés, la ville s'étend, les buildings submergent les minarets et le dernier cri de l'architecture à la mode semble être les toits en pagode...

« Le » boulevard, sorti des sables, nous mène aussi par les rues de Belgique, San Francisco, Bourguiba, Californie et Sidi Amar vers cette autre Montagne, Jemaa el Mokra : n'oublions pas que Tanger vous offre sept collines...

Le cimetière catholique est plus européen que catholique, puisque je sais des agnostiques qui y ont réservé une concession, et même fait bâtir leur dernière demeure, alors qu'ils n'ont jamais acheté de maison à Tanger, y vivant depuis plus d'un demi-siècle en locataire... Les plus beaux emplacements ont été pourtant à leur portée, dans les années 50, et les grandes demeures des banquiers et hommes d'affaires français ou espagnols abritent aujourd'hui le Gouverneur, des notables, des diplomates, des retraités de luxe.

Un long mur gris escalade la colline, cachant le Palais inachevé et aujourd'hui en ruines que M. Tazi, l'envoyé du Sultan, n'eut pas le temps de mener à bien avant sa mort. Une université maroco-américaine devait s'y installer, mais il semble que la station de sports d'hiver d'Ifrane ait supplanté Tanger où, pourtant, le succès de l'Ecole américaine, devrait servir d'exemple.

D'autres villas, hispano-mauresques, comme place du Cadi (Gérofi et Pierrefeu, architectes), normandes ou basques, comme Les Agaves (toujours sous scellés pour cause de succession difficile).

Alexandre de Marenches fit ses premières armes dans la diplomatie du secret au bout de cette allée qui mène à la grande maison de sa mère. Le Consul de Suède et Madame Erzini entretiennent, un peu plus bas, la pelouse la plus moelleuse et la plus épaisse que j'aie jamais foulée.

Un soldat monte la garde devant un grand portail fermé : celle qu'on a toujours appelée la Reine-Mère — la mère de S.M. Hassan II, bien que ce titre de Reine n'existe pas dans l'Empire chérifien —, y habita jusqu'à son décès, en mars 1992. De grandes familles marocaines habitent tout autour, sans apparat tapageur, mais dans un luxe choisi et étudié le plus souvent avec le décorateur Stewart Church, comme chez Moncef et Safia Oueslati (dont une maison de famille, en Tunisie, est un des beaux chapitres de la somme publiée au CNRS par Revault sur *Palais et demeures d'été en Tunisie*).

Enfin, dans un chemin creux qui mène au plus beau point de vue qui soit sur la ville et la baie, un portail, toujours ouvert, mène chez l'Honorable David Herbert. Cet aristocrate britannique, cadet de l'illustre famille Pembroke, a raconté sa vie en deux livres pleins d'anecdotes piquantes, ponctuées de photos qui font rêver les midinettes.

Sa maison est la « maison du fond du parc », comme on la rêve pour y couler des jours heureux, entouré de meubles et portraits de famille, l'argenterie la plus raffinée voisinant avec quelques vieux Fès. Tous les matins, David Herbert soigne ses oiseaux, ses perroquets et son jardin où chaque fleur lui parle ou — plutôt — lui répond.

L'ocre rouge des murs, plus marrakchi que tangérois, est recouvert de jasmin odorant et de bougainvillées. Michaux-Bellaire rapporte, en 1921, qu'il y avait, à la Montagne, une sorte de chambre à moitié ruinée connue sous le nom de Dar el Hamra (la maison rouge), temple d'un véritable culte

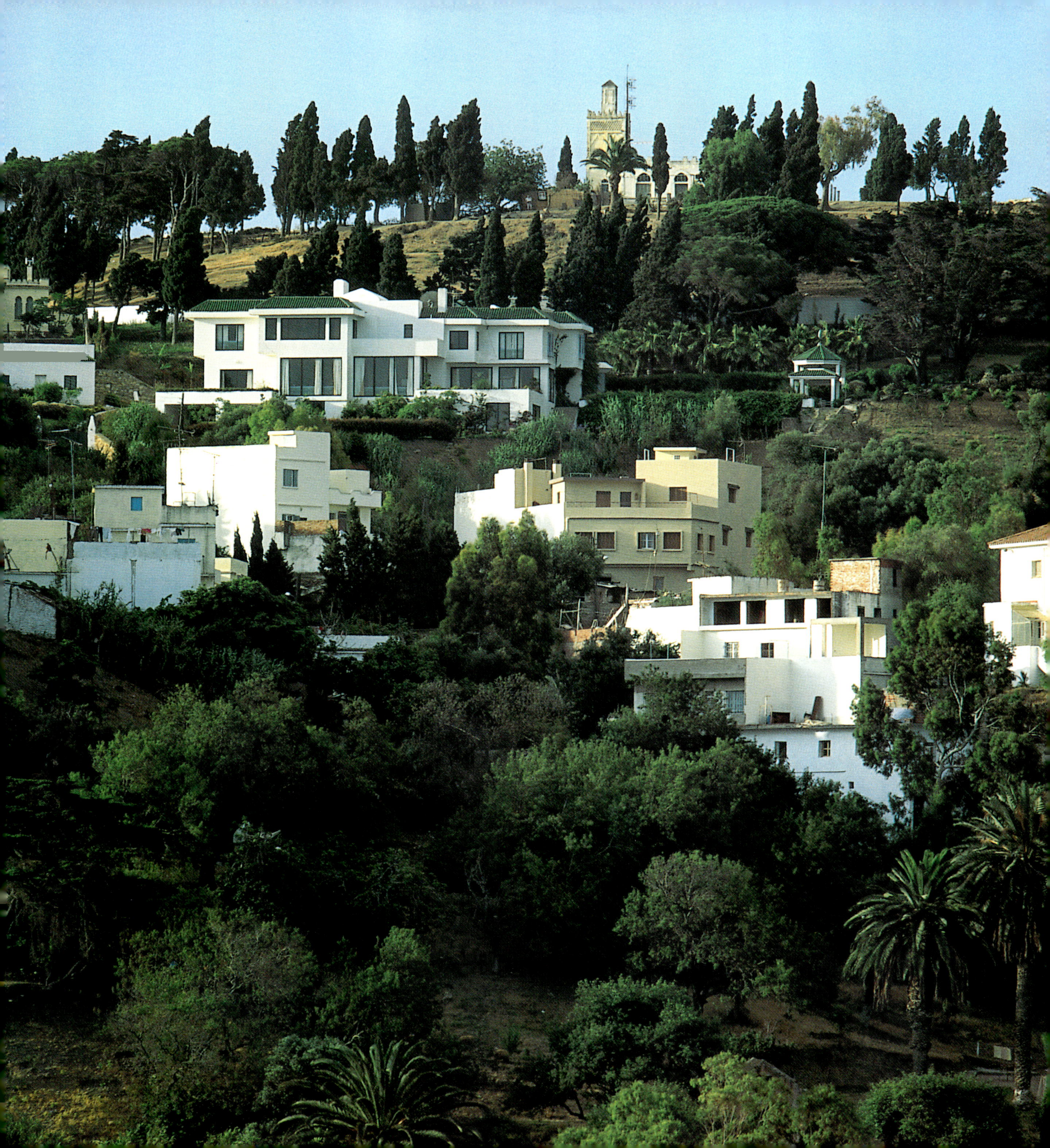

des « Djenoun ». Serait-ce sur cette maison que David Herbert, avec les restes d'un vieux marabout, a réalisé sa retraite poétique et somptueuse, à la Florentine, où, sinon Violet Trefusis, le monde entier a passé, une duchesse suivant l'autre, un Habsbourg succédant à un Agnelli, et le compositeur triestain Rafaelo de Banfield s'inspirant des volières débordant de chants d'oiseaux pour dédier une musique à Spolète ?

Si la maison de David Herbert a vu célébrer le culte des esprits, c'est à coup sûr celui d'esprits bienfaisants, veillant sur la longue vie de ce « character » qui passe, sans transition presque, du Miami (cette boîte évoquant le Villefranche de Cocteau ou le Cannes des « Trois Cloches ») à l'église St. Andrew où il lira l'épitre en sa qualité de doyen respecté d'une communauté anglaise qui, plus qu'aucune autre, sait conserver, comme partout, sa vitalité, ses traditions, sa personnalité.

Photographe à la subtile sensibilité, Tessa Wheeler-Codrington le prouve aussi, un peu plus haut, dans un charmant cottage marocain, où Iain Finlayson écrivit, fin des années 80, un gros livre sur Tanger et où Paul Bowles a passé quelquefois des week-ends paisibles, chez Gavin Lambert, où il ne manquait pas d'apporter sa machine à bruit, sorte de caisson produisant un isolement bruiteur, indispensable à l'auteur de *Thé au Sahara* pour passer une nuit calme, isolé en lui-même.

Les Temsamani habitent là aussi, couple maroco-américain dont la fille fut une étonnante Phèdre dans la pièce d'Euripide montée à l'Ecole américaine par Joe McPhillips.

Où qu'on aille, où qu'on regarde, ce sont des échos du monde entier qui résonnent dans Tanger, où habiter, ne fût-ce que quelques années ou quelques saisons, c'est plus que de n'y avoir qu'une adresse. Même les palais, les *vrais* palais de la route du cap Spartel, participent de cette atmosphère légendaire, à la fois réelle et onirique.

Vestibule carrelé de zelliges de Fès. Lampadaires syriens. Lanterne marocaine.

La maison de Salaheddine Balafrej, dominant la colline du Charf, illustre parfaitement un certain orientalisme contemporain. Ilôts de pénombre des petits salons marocains et larges pièces claires dans une maison toute blanche où la piscine affleure la terre dans un jardin de cyprès. Le décorateur américain Stewart Church a mis l'accent sur la couleur : bois polychromes des portes anciennes, teintes vives des meubles en moucharabiehs, tentures brodées, tapis berbères composant un décor à la fois éclatant et sobre.

Ambiance pourpre pour le salon marocain. Fenêtres en « bow windows » de moucharabiehs. Lustre syrien du XVIIIe.

Perspectives à l'infini de portes et d'arches d'une broderie Tarz R'Bati du XIXe. Portes anciennes.

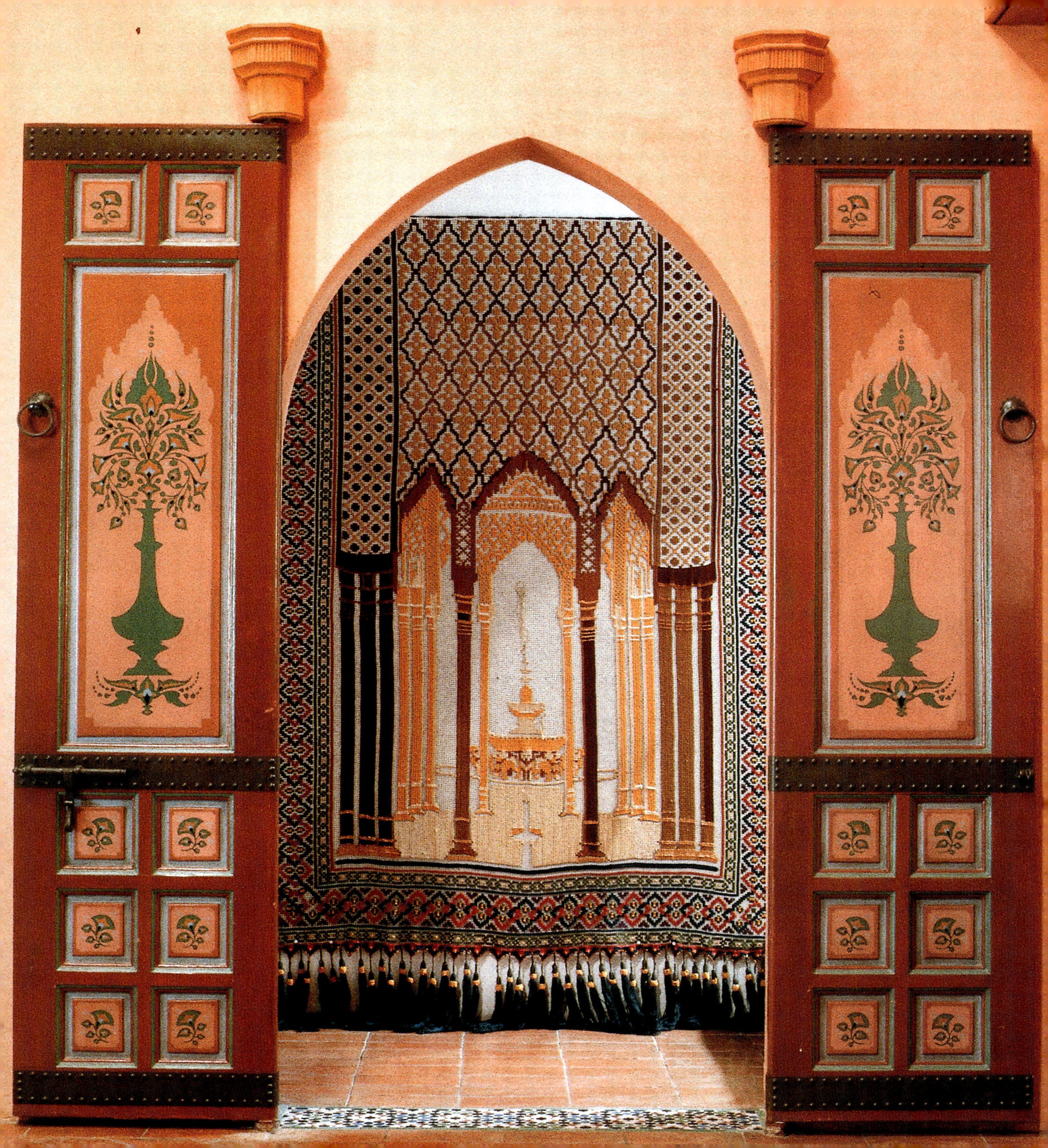

Dès le Palais du Gouverneur (les premiers soldats en faction à droite en montant), le ton est donné : ancienne demeure d'un homme d'affaires français, ce petit palais blanc où des limousines attendent dans les garages, c'est Monte-Carlo et les Hauts de Cannes plus que le Maghreb avec, en contrepoint familier et « pittoresque », les théories de femmes et d'enfants, allant allègrement chercher de l'eau à la source de Lalla Yannou Er-Rifiya où on lave, aujourd'hui, plus souvent les voitures que le linge familial.

Cette grille, devant laquelle quelques pauvres attendent, ouvre sur la propriété de la Princesse Lalla Fatima Zohra, cousine du Roi. Elle conduit elle-même sa voiture, et il n'est pas rare de la voir s'arrêter pour prendre des nouvelles de tel ou telle, et pour faire l'aumône.

Ensuite, de longs murs blancs bordent le Domaine royal, avec l'ancien palais du Sultan Ben Arafa, dont le harem sert de résidence au conservateur des Palais de Sa Majesté pour les provinces du Nord. La vue sur le détroit y est unique, dominant tout, de tous côtés, au-dessus des pins parasols et des mimosas.

A gauche, les propriétés de Jemaa el Mokra allongent jusqu'ici leurs parcs et leurs allées sinueuses.

Qui a choisi le nom de « Siddartha » pour cette demeure patricienne, ornée de l'autre côté du portail du nom de l'actuel propriétaire ? Il y a bien, en allant au Marshan, rue ex-Ramon y Cajal, une villa « Seruya », où l'ancien propriétaire a également indiqué son numéro de téléphone, en azulejos plus kitch à la Guimard que portugais...

Détail de l'escalier avec plateau et aiguière en cuivre.

Un peu plus haut, les Agnelli avaient cette propriété, acquise par la famille royale, avant cet hôtel particulier, aux lignes sobrement modernes, construit par Christian Freidiger pour le Prince héritier d'Arabie Saoudite.

Il y avait là une merveilleuse maison rose, avec une rotonde à colonnades, qui semblait attendre le retour d'un prince charmant : ce sont les bulldozers qui sont venus et l'on prête au prince saoudien le projet d'un passage souterrain lui permettant d'aller, sans problèmes, de l'autre côté de la route... Pourquoi n'avoir pas conservé la poétique maison rose ? Les architectes et décorateurs de Sa Majesté n'ont pas détruit la grande demeure achetée, à l'indépendance, à un gouverneur espagnol, ni la propriété des Coty, plus haut encore...

Une autre petite villa, en cubes ocre rouge, jouxte ce domaine : une starlette des années 50 y avait échoué, on ne sait plus par qui ni pourquoi : Suzy Carrier. N'en reste qu'un souvenir vague, et quatre murs encore debout !

On monte encore, on descend un peu, les pins parasols se font de plus en plus nombreux. A droite, c'était le parc où l'Américain I. Perdicaris et son beau-fils furent capturés en 1904 par Raïssouni, qui n'était pas encore le pacha redouté d'Asilah.

Le Président Théodore Roosevelt envoya, non pas la 6e Flotte, mais l'escadre d'Atlantique Sud avec le bateau-amiral « Brooklyn » : il fallut quand même payer une rançon de 10 000 douros et, à l'époque, c'était beaucoup d'argent !

Perdicaris a planté là des essences rares, qui embaument jusqu'à la route,

Confident venu d'Europe et mur de zelliges de Fès.

et on ne voit plus, du Belvédère de R'Milet, lieu de promenade favori des Tangérois, que quelques pans de murs en ruine de la belle propriété Aïdonia.

Un riche et entreprenant promoteur est en train de lotir quelques hectares de l'autre côté du chemin. Cet Irakien est célèbre à Tanger pour son cœur charitable, et les sociétés de bienfaisance ne font jamais appel à lui en vain, pas plus que les dizaines de femmes qui, chaque vendredi, attendent devant sa porte, au Marshan.

Des haies de bambous, quelques tables, des balançoires pour les enfants, quelques chameaux pour la photo touristique, R'Milet est très fréquenté par les familles tangéroises qui, à défaut de jouir des palais à l'entour, profitent d'une vue unique.

Le parc Donabo est un mystère ! Jusqu'à l'indépendance, c'était 150 hectares entièrement clos et gardiennés où l'on pouvait se promener pour 5 pesetas, donnant droit à l'unique piscine d'eau de mer de Tanger et à l'Eden-Beach bar-restaurant. Couple de journalistes, Pierre et Renée Gosset y ont vécu, entre deux reportages dans le monde entier, et, aujourd'hui, on ne sait plus... L'accès est défendu par un gardien maussade et les contrebandiers auraient remplacé le promeneur du dimanche.

Les soldats ne manquent pas, pourtant, qui gardent le Palais du roi saoudien, dont la mosquée est seule visible de la route, après le parc unique de la propriété Baladuc qu'un richissime industriel n'a pas rasée, lui, mais bien au contraire, embellie et décorée avec le goût et les trouvailles de l'antiquaire Boubker Temli.

Patio andalou aux plafonds en bois de cèdre sculpté. Fauteuil en moucharabieh créé par Stewart Church. Collection de poteries du Bénin sur un sol en zelliges.

D'autres « émirs » du Golfe — s'ils ne sont pas tous princes, ni du Golfe d'ailleurs, on leur en fait crédit... — ont construit tout autour de la propriété du souverain saoudien.

Dar Nozha, le portail blanc à droite, dans les pins parasols, c'est la retraite studieuse de Fernand Lumbroso, impresario et entrepreneur de spectacles, qui y dicta, naguère, sa biographie à un journaliste de « Libération ». Né à Alexandrie d'Egypte, Fernand Lumbroso a trouvé le bonheur au Maroc et, de Maghreb à Machreck, il se repose devant le détroit, entre piscine et volière. Le metteur en scène à la mode demain, le comédien qui fera le succès du Théâtre Mogador ou du Palais de Chaillot, c'est là qu'ils ont travaillé ou qu'ils se sont reposés bien souvent, remis en selle par l'excellente cuisine de Khadouga.

La forêt de pins parasols est, là, une des plus belles et, dit-on, la plus grande du bassin méditerranéen ; elle va presque jusqu'à l'extrême pointe du cap Spartel où le phare, depuis 1865, protège la circulation maritime. Comme la plupart des phares de cette époque, son architecture est remarquable, due à un ingénieur français.

Le tombeau d'Antée (ou d'Atlas) aurait été découvert, dit une légende de plus, par Sertorius dans ces parages, près des Grottes d'Hercule : un squelette de 33 mètres de long y aurait été dégagé... Mais comme d'autres situent ce tombeau près de la colline du Charf, c'est en somme un serpent de mer de légende qui enlace ainsi la ville de Tanger.

Tanger où nous revenons, laissant à gauche le bar Sol et sa plage immense,

Coffre marocain de la fin du XVIIIe, broderie iranienne sur le coffre, collection de cloisonnés des XVIIIe et XIXe siècles, lampadaires marocains.

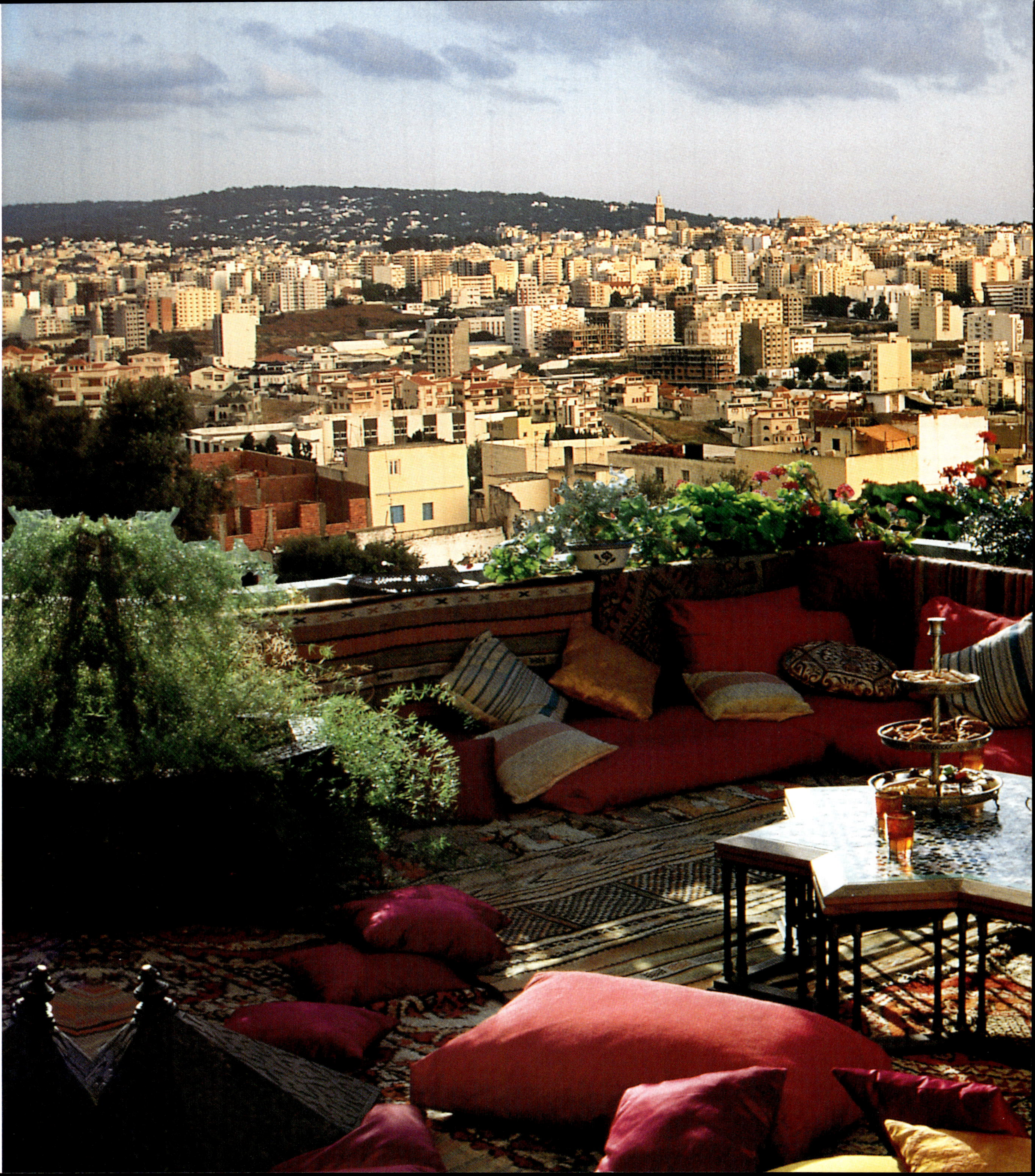

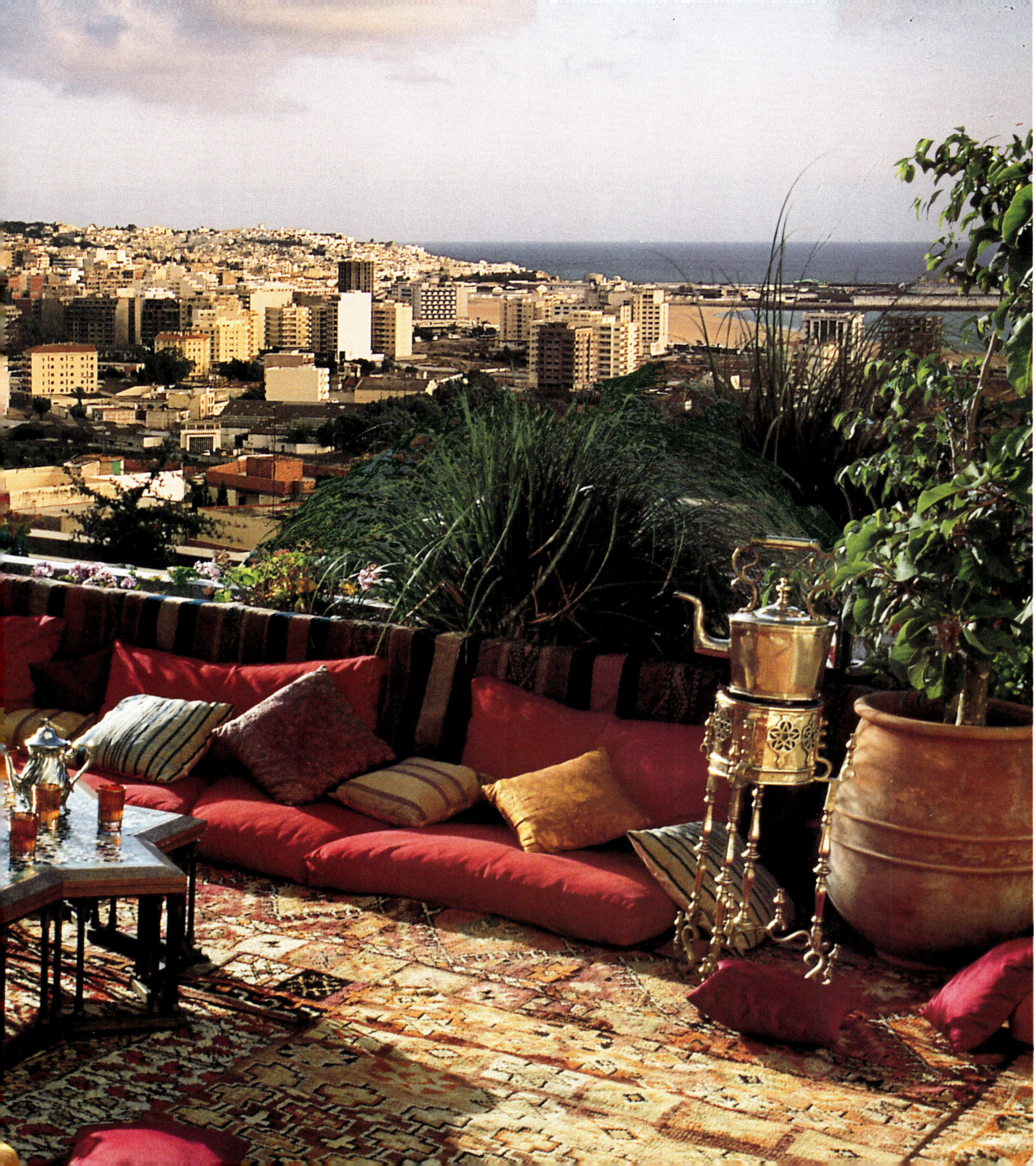

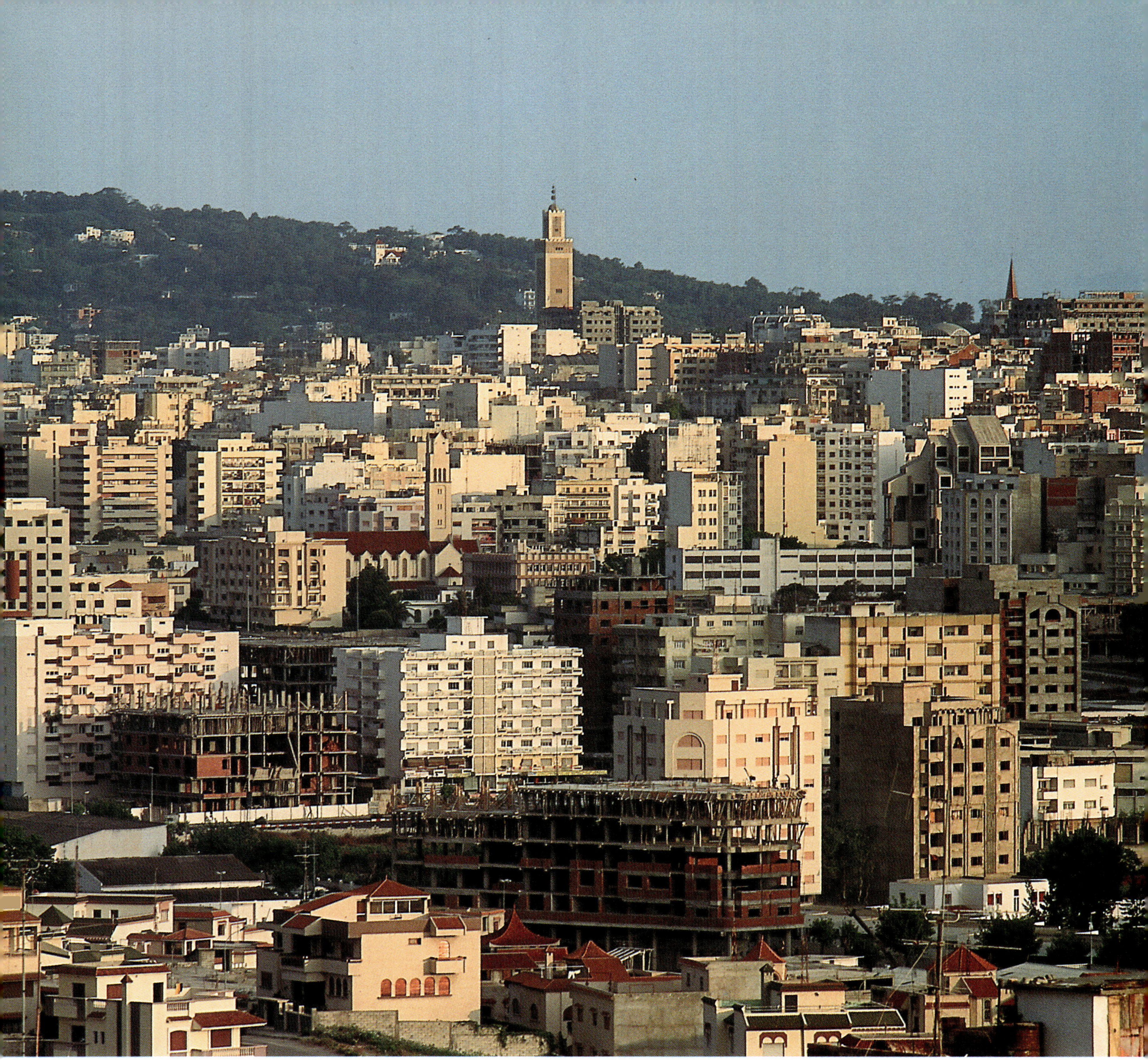

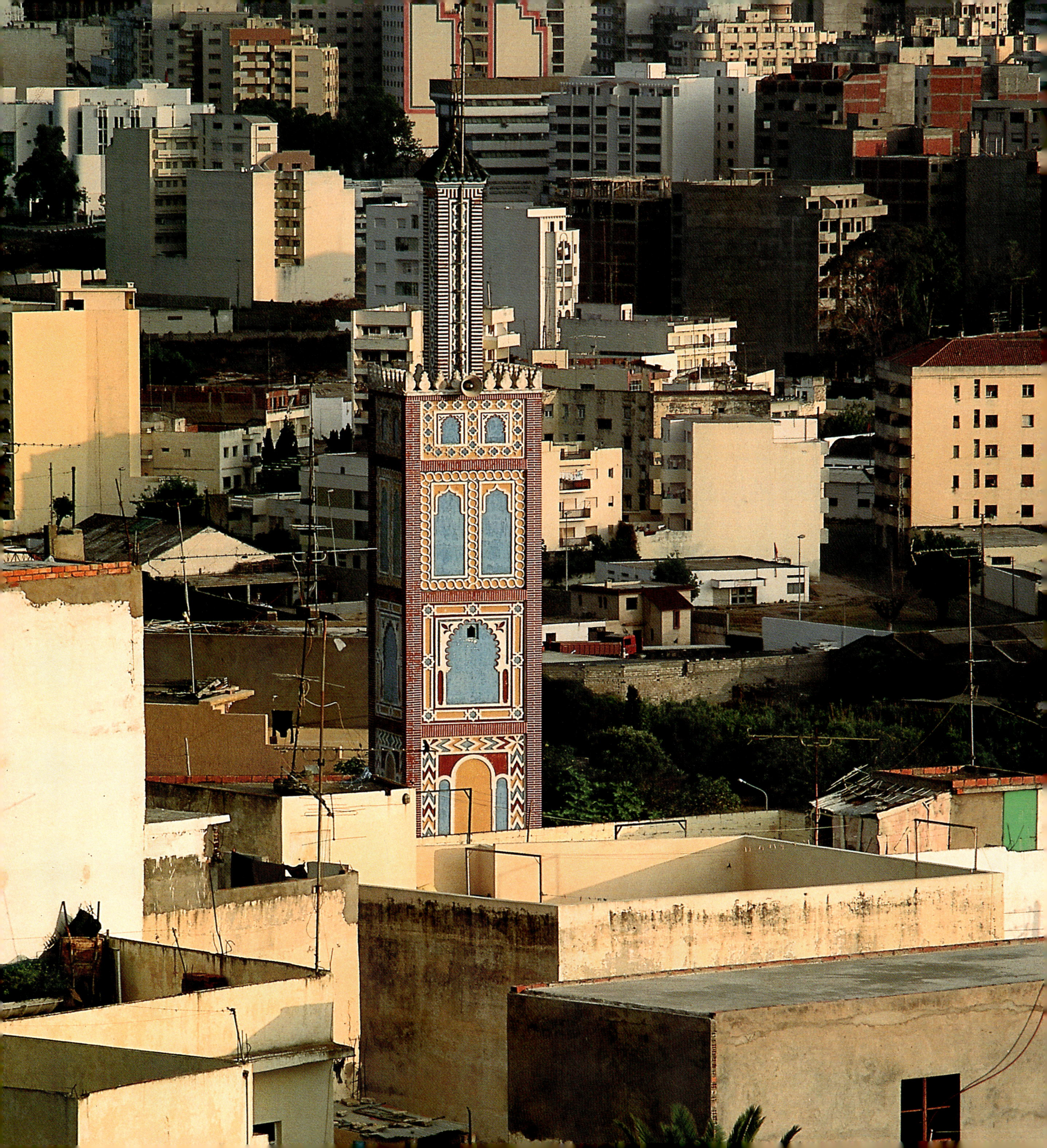

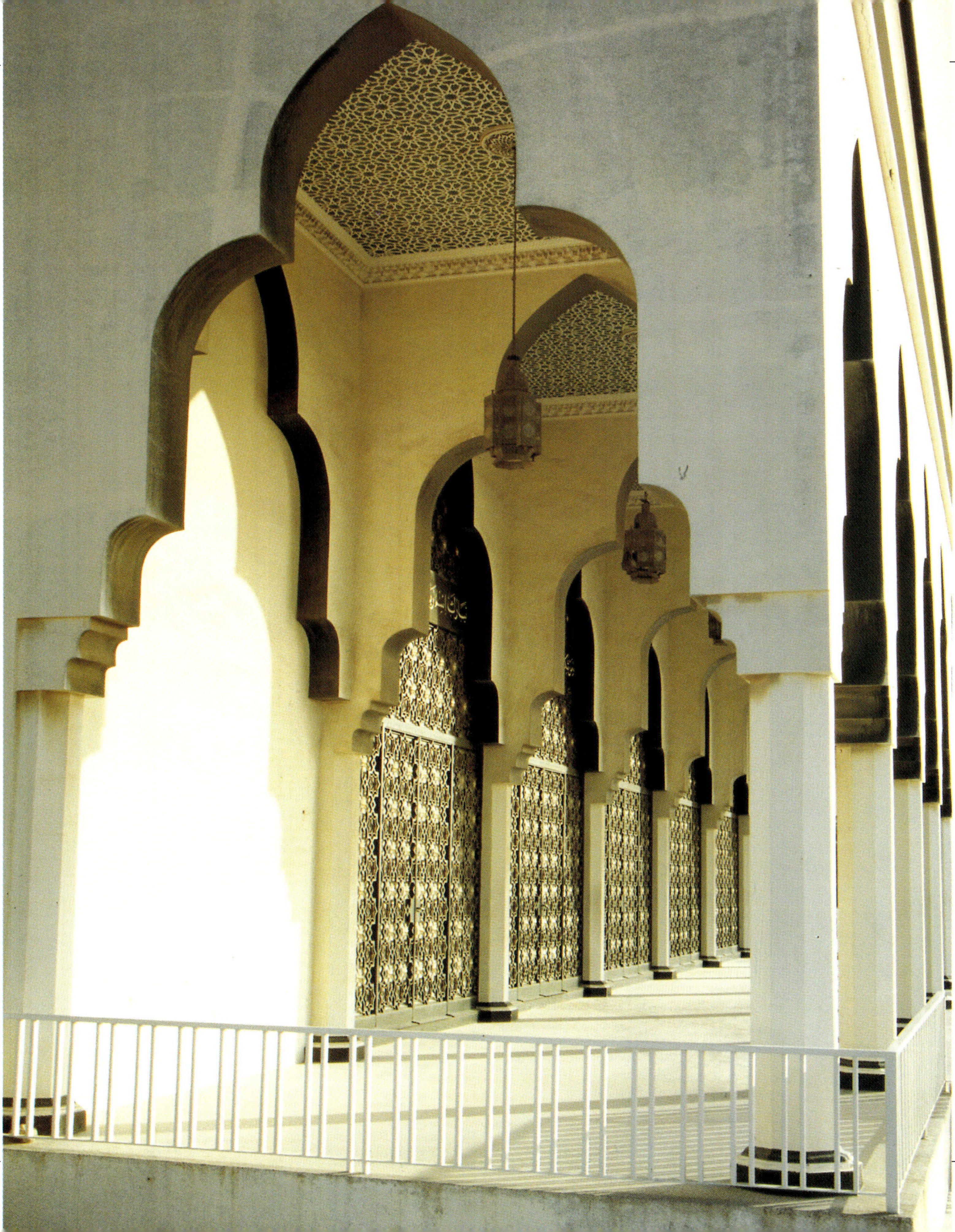

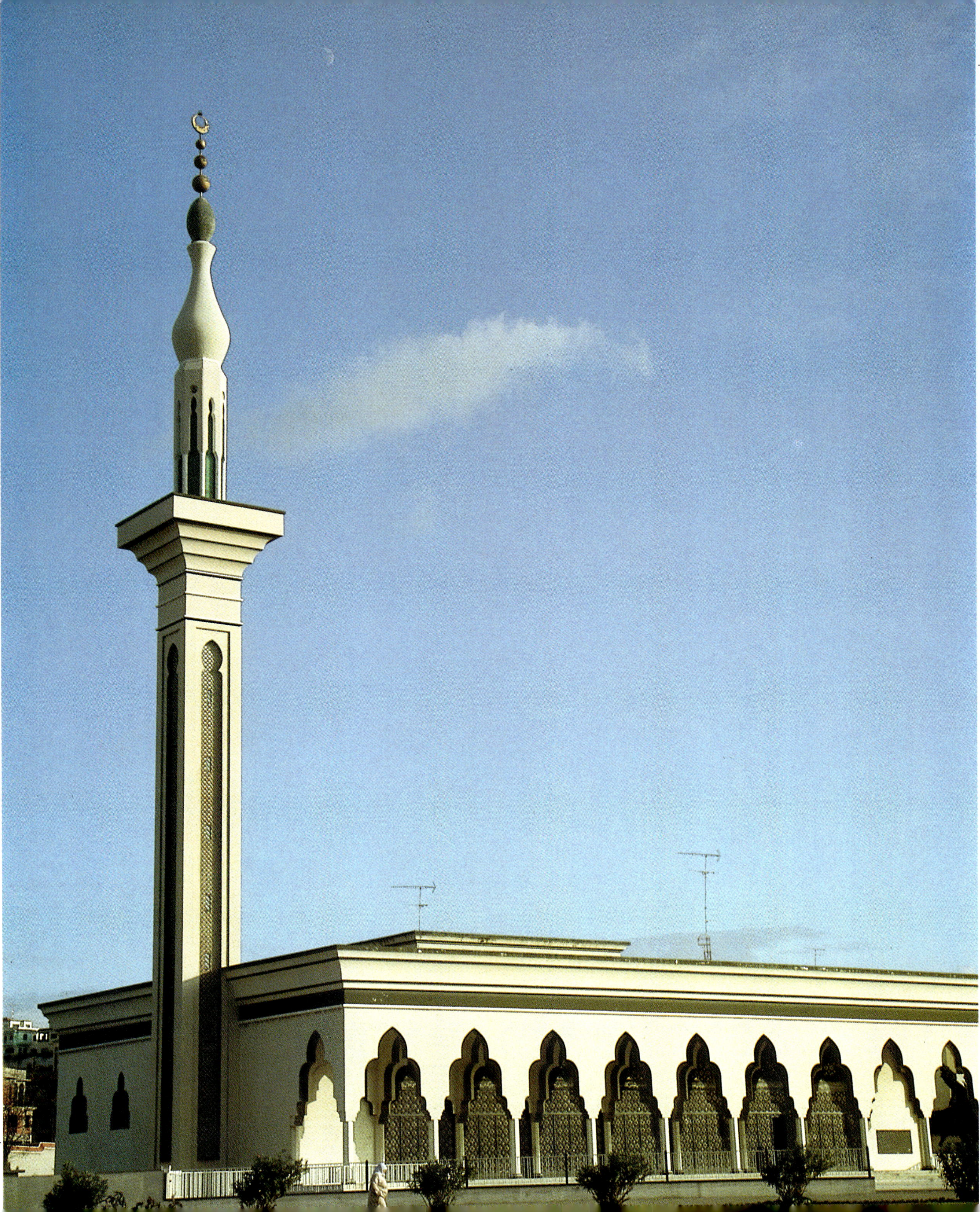

Le sultan Sidi Mohamed Ben Abdallah a grandement facilité l'installation à Tanger des agents consulaires européens, implantés depuis longtemps à Mogador et Rabat. Terrains, ou constructions même, avaient été offerts pour hâter ces transferts. Le Consulat d'Espagne occupe un superbe domaine où la résidence, cachée dans le parc, abrite des tableaux de maîtres et des meubles de toute beauté.
Tout autour, ce ne sont que maisons aux façades madrilènes, villas andalouses et immeubles de rapport appelés Iberia ou Francisco.

Page 260 et 261 :
Au bas de la ville, vers le Charf, un nouveau faubourg est appelé le « quartier syrien » : de nombreux industriels, dans le textile et la confection surtout, sont d'origine syrienne et ils se sont fait, petit à petit, un quartier à eux, autour de la mosquée « syrienne », construite dans le style moderne du Moyen-Orient.

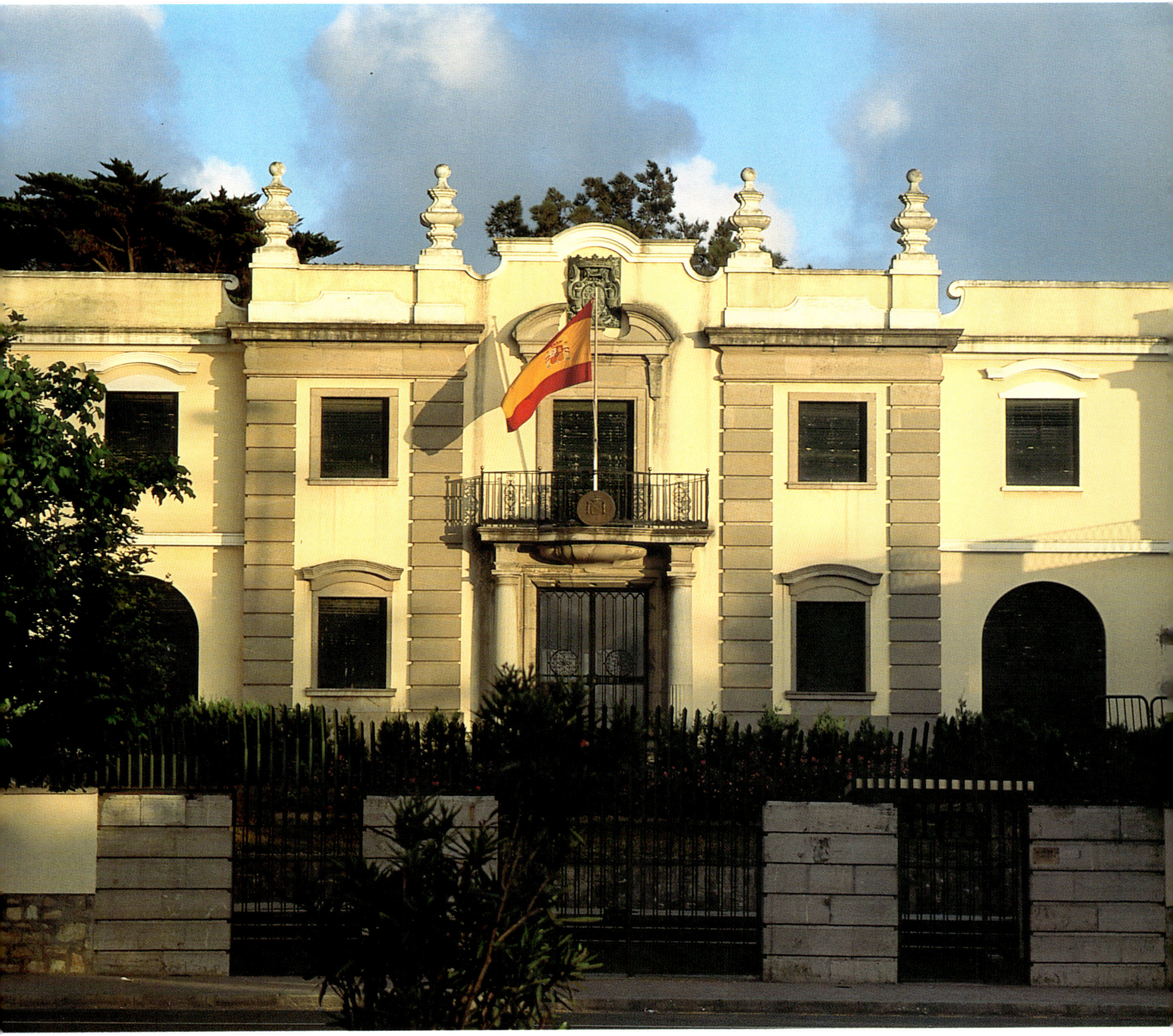

le village de vacances de Robinson, joliment intégré au paysage et qui redevient, bien tenu, ce qu'il était, dans les années 50, le rendez-vous du Tout-Tanger. On va aussi souvent, aujourd'hui, au restaurant situé au-dessus des Grottes d'Hercule et de la plage, appelée toujours « plage de la Reine-Mère ».

La côte atlantique ne semble en effet qu'une immense plage, et le nom de « Mirage », donné au restaurant, est bien faux, puisque cette beauté est réelle, ces paysages intacts. Le rêve, ici, rejoint la réalité, et la jonction des deux mers, de l'Océan et de la montagne, des deux mondes, visibles à l'œil nu, vous emplit d'un bonheur indicible.

De retour à Tanger, que nous reste-t-il à visiter ? La colline du Charf, qui dominait, à gauche, notre arrivée par le port, où, dès 1917, un Français s'était installé et où Salaheddine Balafrej a choisi de faire construire, par Stewart Church, la maison de ses rêves et de sa volonté créatrice.

Une villa du quartier espagnol, derrière araucaria et chèvrefeuille. Et une de ces vues, sublimes, sur un Tanger moutonnant, comme l'a vu Alexandre Dumas en novembre 1846. « Bientôt, un brouillard rose sembla venir par le détroit, marchant d'Orient en Occident, glissant entre l'Europe et l'Afrique, et jetant une teinte d'une douceur infinie et d'une transparence merveilleuse sur toute la côte d'Espagne, depuis la Sierra de San Mateo jusqu'au cap de Trafalgar... »

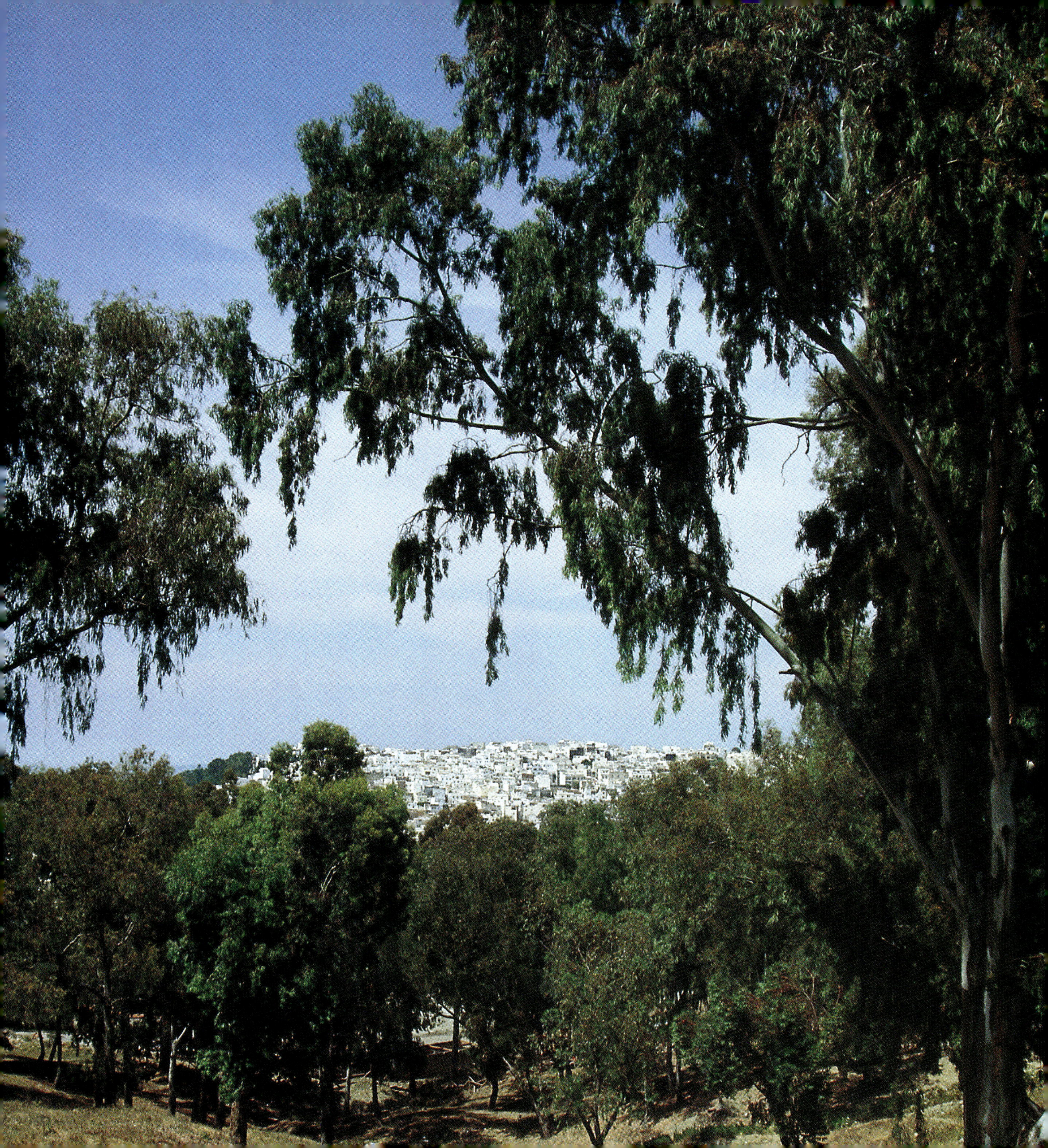

Quintessence d'Angleterre pour cette maison, empreinte d'un charme exquis. Couleurs, senteurs, ombres, lumières filtrant par des fenêtres mauresques composent un décor d'une élégance et d'une fantaisie tout aristocratique. La maison de l'Honorable David Herbert, ancien lieu de prière au XVIIIe siècle, agrandie dans les années 30, allie avec bonheur des meubles et objets du XVIIIe à l'architecture orientale. Enfilade de salons aux teintes acidulées et préciosité d'un mobilier anglais confortable et raffiné. Çà et là, des portraits de famille réalisés par le photographe Cecil Beaton. Une terrasse pavée de coquillages ouvre sur le désordre savant d'un jardin anglais aux fleurs et essences orientales. Bouquets d'hibiscus géants, lauriers se mêlent aux lys et nénuphars des pièces d'eau. Escaliers moussus et bouquets de marguerites grimpent sur des portes en fer forgé. Les tonnelles abritent des cages à oiseaux et les perroquets en liberté peuplent cet univers poétique loin de tout conformisme.

Terrasse donnant sur un jardin anglais aux essences orientales et au désordre très organisé. Meubles en fer forgé et couleurs éclatantes de la peinture à la chaux.

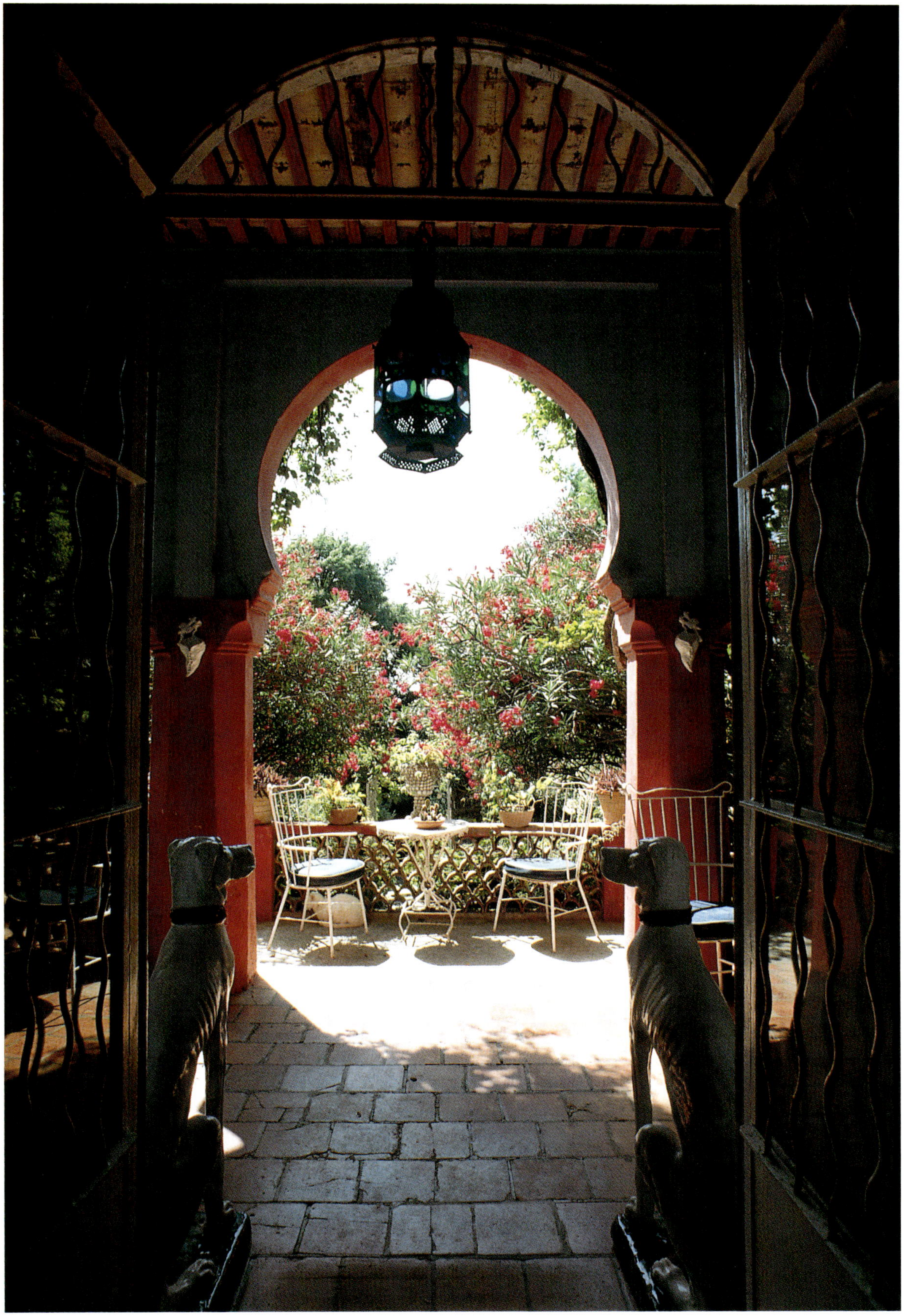

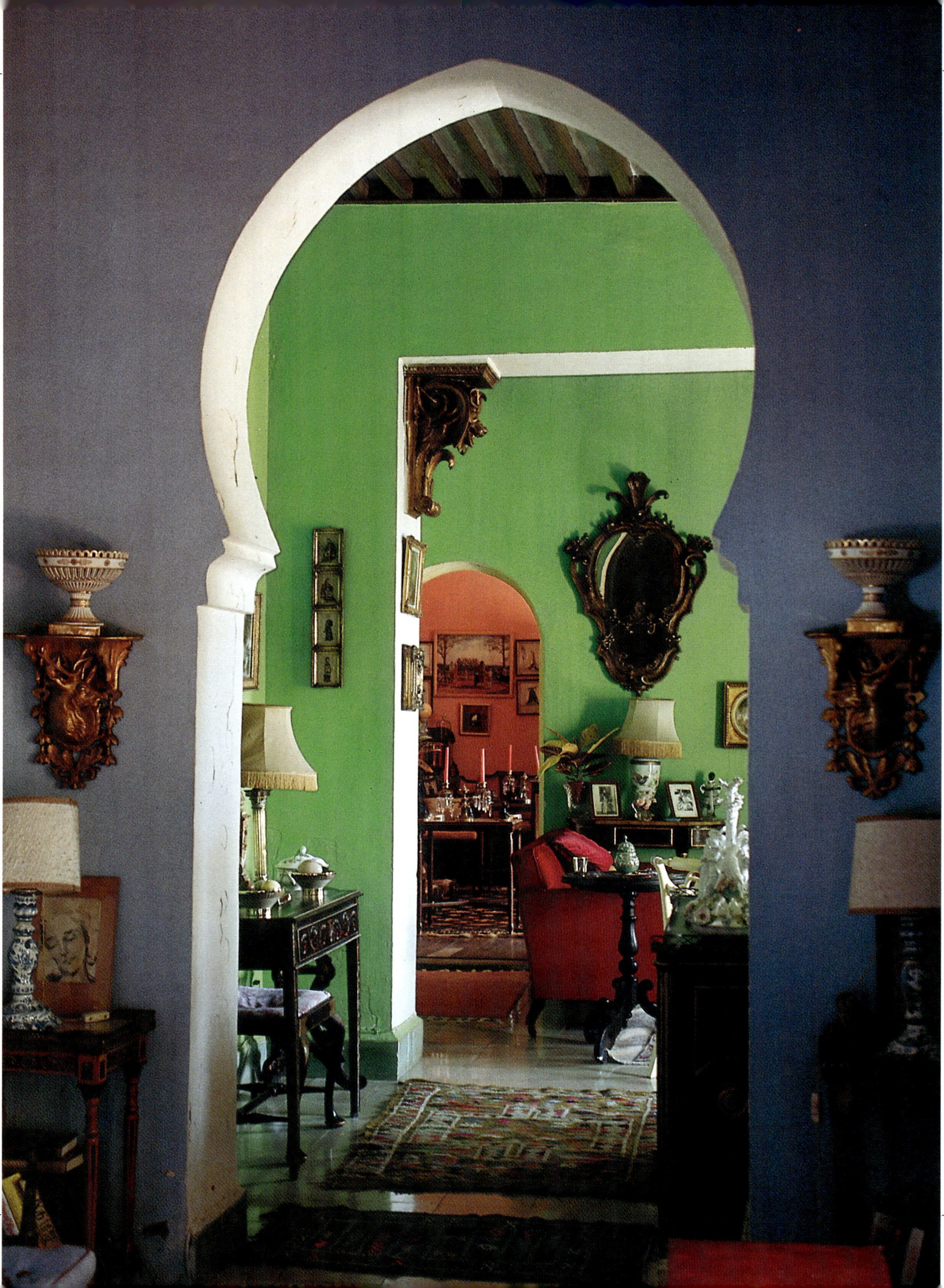

Salon vert. Glaces en bois doré XVIIIe, fauteuils Directoire.

Enfilade d'arches marocaines pour des salons au mobilier XVIIIe siècle et Directoire.

Tanger y est plus offerte au regard et aux rêves que de partout ailleurs. Les buildings « gratte-ciel » ne montent pas encore à l'assaut de la colline, comme la Kasbah à l'assaut du Marshan, en face. Toute l'histoire de Tanger est étalée sous nos yeux et, la nuit, c'est une vision féerique, digne des plus bel-les du monde. On ne sent pas du tout, ici, la fin d'un monde — à la Burroughs — ni la fin du monde mais, au contraire, on constate un aboutissement jamais stoppé, avec le mouvement du port et du train, apportant dans une noria à double sens le Nord vers le Sud et le Sud vers le Nord.

Le tourisme national compense, l'été, la perte de vitesse du tourisme étranger, et c'est très bien : Tanger devient alors plus marocaine que jamais.

Cela devrait faire plaisir à Paul Bowles, à qui on demande toujours pourquoi il a choisi de rester à Tanger, et qui se défend d'en donner la, ou les vraies raisons :

« Si je suis encore ici aujourd'hui, c'est uniquement parce que je m'y trouvais, écrit-il en fin de son autobiographie, le jour où je compris que le monde enlaidissait et que je n'avais plus envie de voyager... »

Mais, surtout, il dit ce que nous pensons aussi souvent et ce qui motive tous ceux qui ont choisi de vivre à Tanger : « Chaque fois que je me trouvais ailleurs, j'avais immédiatement envie de rentrer à Tanger, comme on rentre à la maison. »

Le temps s'en va, le monde change — et enlaidit partout — la part de rêve qui est en nous s'exalte dans cette ville malgré sa « chute » et ses rechutes, et ce rêve nourrit d'autres rêves, plus forts que la réalité quotidienne et qui nous la font aimer. Des rêves qui inspirent et qui donnent la grâce de pouvoir travailler à ces écrivains, ces musiciens, ces peintres, ces cinéastes, ces photographes attirés par Tanger au point d'y rester la vie durant, certains venus en passant...

Maison du quartier appelé « Marché aux bœufs », où il n'y a plus ni marché, ni bœufs...

Le travail de l'osier et de la paille est la fierté des vanniers du Nord et ceux de Tanger, au bas de la colline du Charf, sont réputés à juste

titre ; ils peuvent aussi réparer le fauteuil ancien que vous aimez et même le copier, à l'identique et à la perfection.

Le « Club House » du Royal Country Golf a été rénové, il y a peu, et il attire presque plus de bridgeurs que de golfeurs, dans un cadre harmonieux et reposant, à deux pas de la ville.

Delacroix a été inspiré par Tanger jusque dans ses dernières toiles, Matisse aussi, pour ne citer que deux grands, et tant d'autres y travaillent toujours, marocains ou étrangers.

Saint-Saëns y a trouvé, dans une obsédante musique de gnaouas ou d'aïssaouas, le thème de sa *Danse macabre*, et Paul Bowles, à 82 ans, y a créé au synthétiseur des musiques latino-américaines pour accompagner un texte d'Euripide joué en arabe par des Maroco-Américains...

Paul Bowles, ne l'oublions pas, a sauvé de l'oubli tant de musiques traditionnelles du Maroc, du Rif surtout.

Phillip Ramey y compose, on l'a dit, pour le Metropolitan Opera de New York, entre deux concerts à Barcelone ou ailleurs.

Et les Jahjouka y inspirent toujours les Randy Weston et les Rolling Stones. Le « National Geographic Magazine » y envoie Abercrombie sur les traces d'Ibn Batouta ; la National Gallery de Washington et le Museum of Modern Art de New York, Jack Cowart et John Aderley, sur celles de Matisse dont les plus beaux tableaux tangérois sont à Moscou et à Saint-Petersbourg... Aucun écrivain, aucun journaliste ne peut passer à Tanger quelques heures sans y consacrer quelques pages, et Tahar Ben Jelloun y élit son domicile marocain, les cinéastes Jelal Ferhati, Ferida Belyazid, Moumen Smihi ont leur inspiration, sinon leur vision, nourrie de Tanger où ils pensent, rêvent et travaillent, tandis que les cinéastes étrangers y viennent chercher un décor factice et des souvenirs de carton-pâte. Les photographes de tous pays cherchent, rageusement, obstinément, à découvrir ce qu'il y a derrière les murs, sous la couleur, unique pour Matisse, de ce ciel gris-bleu noyé dans la mer de ce lac immense, fermé, croirait-on, entre Espagne et Maroc comme le lac Léman entre Suisse et France : Paul Morand, chemin Shakespeare, n'était-il pas déjà à Vevey ?

Juste avant, au bas de la Californie, le Royal Club Equestre est surveillé de près par la princesse Lalla Fatima Zohra qui préside à ses destinées.

« Nous voudrions être à l'Europe ce que le Mexique est à l'Amérique », déclare le Roi Hassan II à « Libération ».

Tanger en est déjà le Monterrey avant les raffineries de pétrole, un Monterrey des lagunes marines, un Vera-Cruz, un Tampico face à Cadix-Houston ou à Gibraltar-New Orleans... Et puisque le Mexique a été longtemps la « Nouvelle Espagne », Tanger, où jadis les bazars s'appelaient « Le Petit Paris » ou « Barbara Hutton », Tanger, avec son passé, ses traditions, avec les « joint ventures » d'aujourd'hui et l'épargne de ses travailleurs émigrés (n'en appelle-t-on pas certains les Belgicains ?), Tanger est là, à la porte de deux mondes, passage obligé de nos rêves, de nos ravissements, de nos espoirs.

Dessiné par un architecte français, sur un terrain fourni par le sultan du Maroc qui en paya la construction en 1865, le phare du cap Spartel assure la sécurité de la navigation dans cette zone dangereuse où l'océan Atlantique et la Méditerranée se rejoignent.
On peut, parfois, visiter l'intérieur, d'une sobriété et d'une élégance qui sont le propre de ces constructions maritimes.

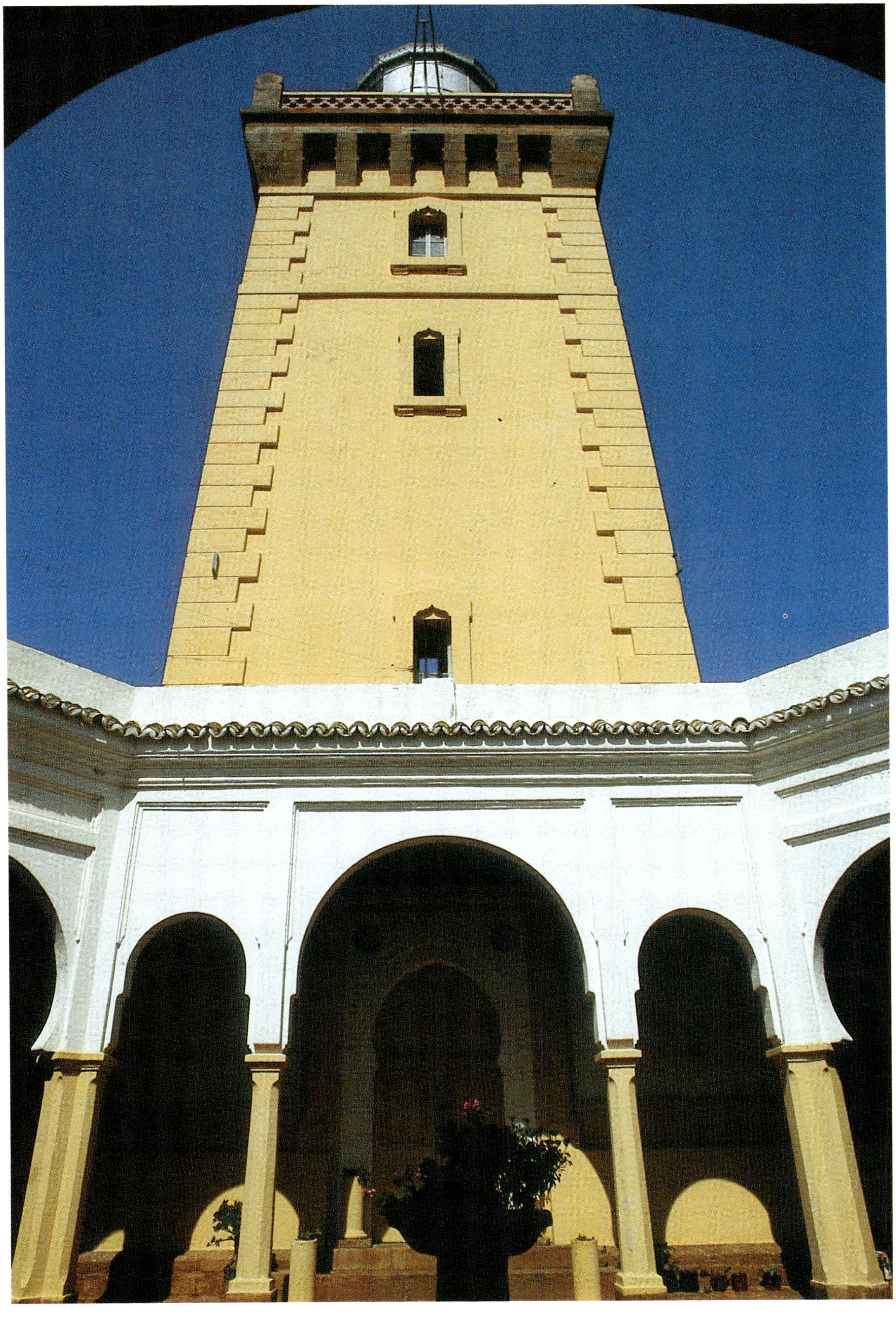

Au cap Spartel, près du phare, isolée entre pins parasols et rocaille, s'étend une grande villa dominant un jardin en espaliers à la géométrie tout orientale. Buissons de gerberas et de marguerites mènent à une immense piscine chauffée surplombant l'océan. Maison marocaine moderne, inspirée de palais traditionnels, elle est faite de larges terrasses ensoleillées et de cours intérieures entièrement décorées de zelliges de Fès et de moucharabiehs en bois de cèdre.

Fraîcheur de la cour intérieure blanche et verte, toute en mosaïque de Fès.

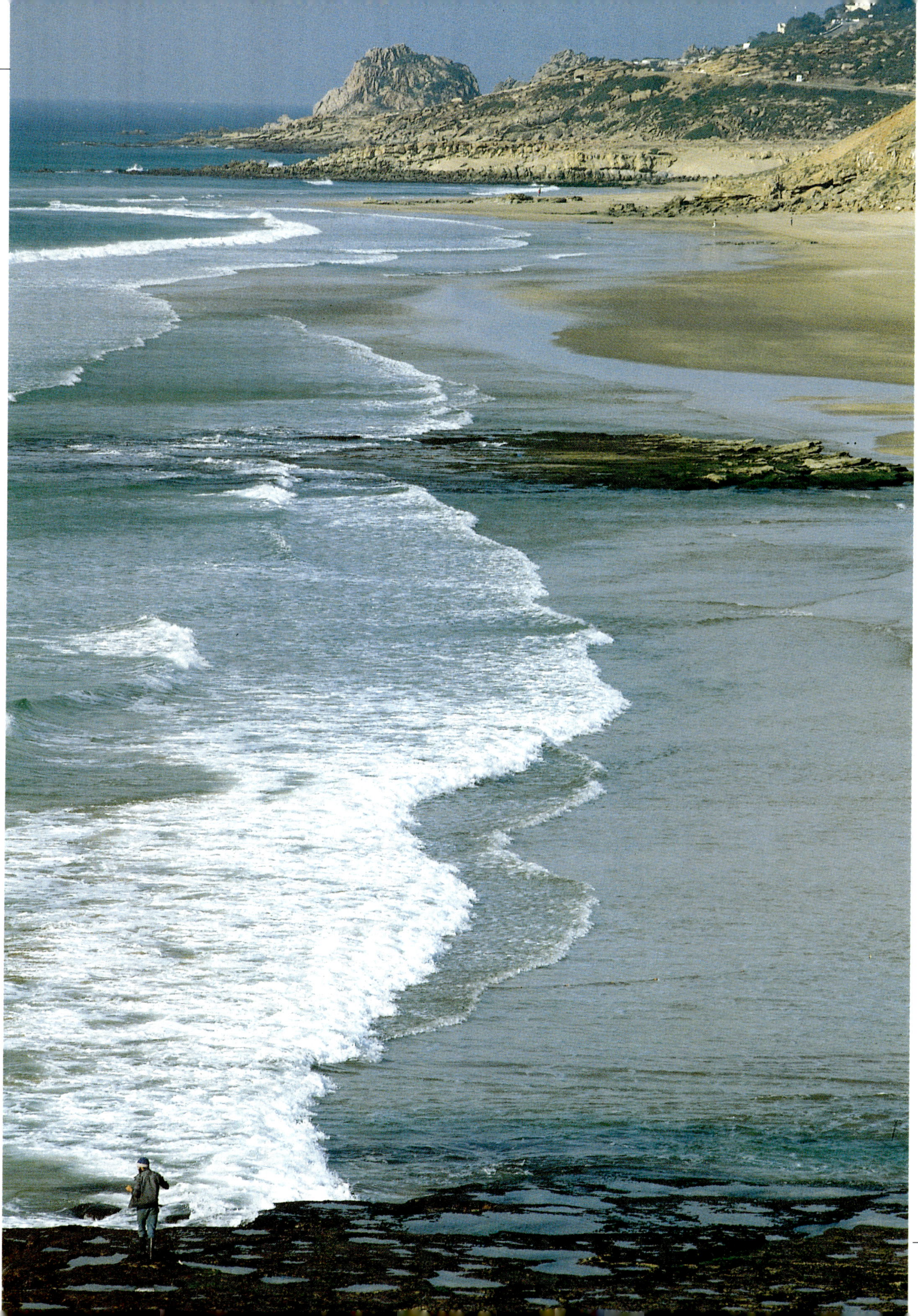

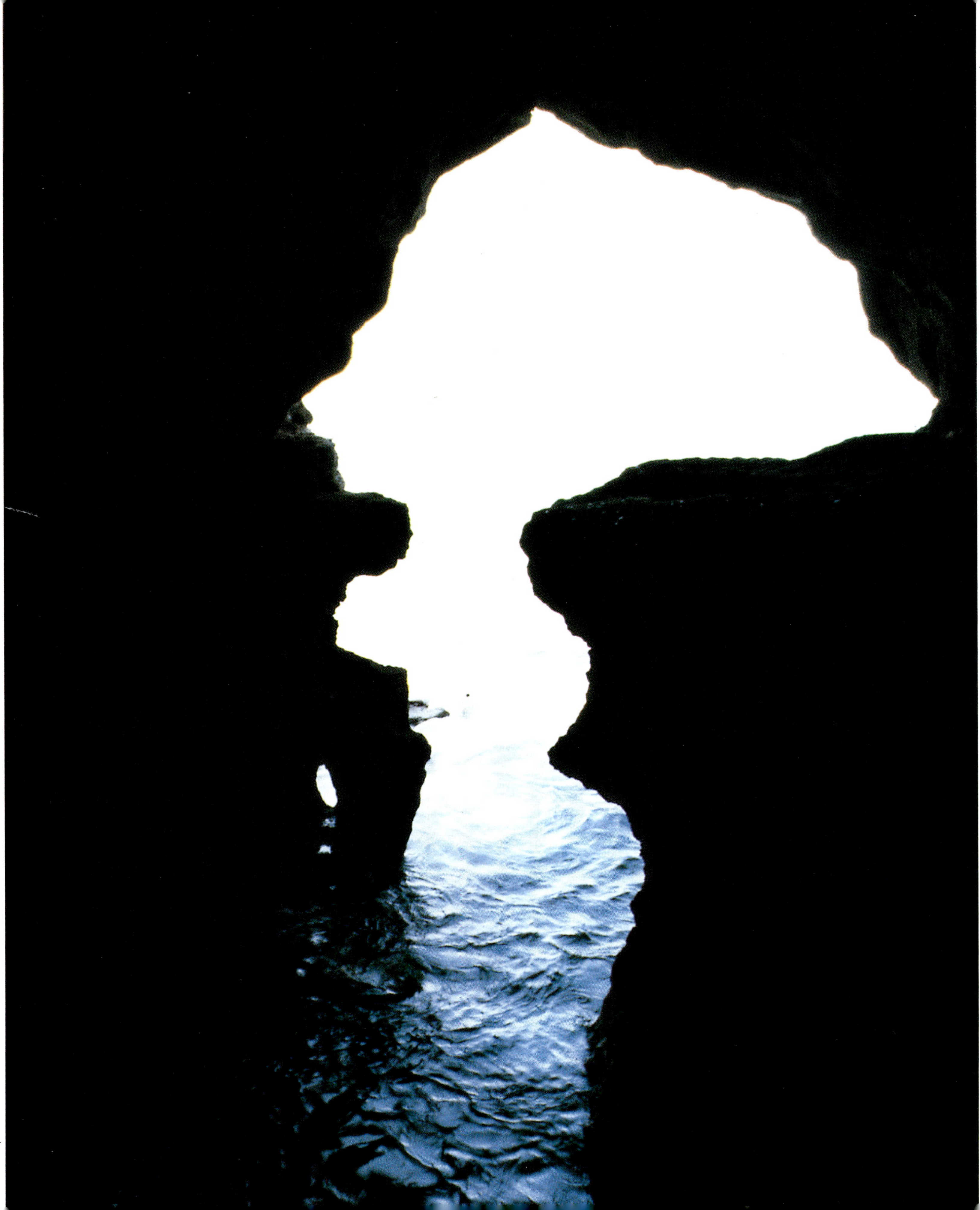

Double page précédente :
Les grottes d'Hercule ouvrent sur l'Atlantique par cet orifice où les Tangérois aiment à trouver une carte de l'Afrique inversée. Le site est peu commun, bien aménagé, et d'excellents guides vous en parlent savamment, ayant toujours vécu là et aimant ces grottes comme leur propre maison.
Tout autour, une plage immense semble descendre jusqu'à Rabat et le village-club de Robinson est redevenu, comme le restaurant Mirage (page suivante), un lieu de rendez-vous et de villégiature des plus appréciés.

Un restaurant qui mérite mieux que son nom : Mirage, puisque la beauté du site et des terrasses, la sympathie de l'accueil et l'excellence de la cuisine, fraîche et simple, sont des plus réelles.

Bibliographie sélective

Assayag I., *Tanger, Le boulevard Pasteur*. Tanger, Ed. internationales, 1976.
Roman.

de Beaucé T., *La Chute de Tanger*. Paris, Gallimard, 1984.
Roman.

Bendelac A., *Mosaïque. Une enfance juive à Tanger* (1930-1945). Ed. Wallada, Casablanca, 1992.

Ben jelloun T., *Jour de silence à Tanger*. Paris, Seuil, 1990.

Bonjean J., *Tanger*. Paris, Fondation Nationale des sciences politiques, 1967.
Etude de 1840 à 1965.

Bowles P., *Réveillon à Tanger*. Paris, Le livre de poche, 1990.
Recueil de nouvelles.

Bowles P. et Gastelli J., *Tanger, vues choisies*. Eric Koehler/Sand, Paris, 1992.
Photos commentées.

Bragadin L., *Tanger ; monografia*. Piacenza. Ed. Porto, 1927.
Point de vue italien.

Caille J., *Le Consulat de France de Tanger des origines à 1830*. Paris, Pedone, 1967.

Camperedon J.P. et Garicia Gonzalez F., *Droit du travail de la zone de Tanger*. Tanger, Ed. internationales, 1954.
Vie sociale.

Carpenter F.G., *From Tangier to Tripoli*. New York, 1923.
Comporte de nombreuses photographies anciennes.

Castellani Pastores G., *Sviluppi e conclusione della questione di Tangieri*. Rome, 1964, publication de l'Istituto per l'Oriente.
Histoire du statut international jusqu'à sa suppression.

Chantal M., *Les Annales de Tanger*. 1967.
Roman.

Champion P., *Tanger, Fès, Meknès*. Paris, 1927.
Un classique de la littérature touristique.

Charles R., *Le Statut de Tanger, son passé, son avenir*. Alger, Typolettres, 1927.

Chatt A., *Mosaïques ternies*. 1re éd., Paris, Revue mondiale, 1932 ; 2e éd., Casablanca, Wallada, 1990.
Histoire d'une famille tangéroise.

Cousin A., *Tanger*. Paris, Challamel, 1902.
Premier annuaire de la ville.

Croft-cooke R., *The Tangerine House*. New York, St Martin's Press, 1956.
Sur l'architecture urbaine.

Djbilou A., *Tanger, puerta de Africa*. Madrid, Ed. Cantarabia, 1989.
Recueil de textes de voyageurs espagnols (1860-1960).

Espana A., *La pequena historia de Tanger*. Tanger, 1954, Ed. Porvenir.
La vie quotidienne.

Essakalli L., *Tanger*. Rabat, Ed. Nuvo Média, 1992.

Gilman A., *The Later Prehistory of Tangier, Morocco*. Cambridge, Massachusetts, Peabody Museum, Harvard University, 1975.
Bilan des découvertes archéologiques.

Goytisolo J., *Don Julian*. Traduction française, Paris, Gallimard, 1971.
Essai.

Graule H. et Michaux-Bellaire E., *Tanger et sa zone*. Vol. VII de « Villes et Tribus du Maroc ». Paris, E. Leroux, 1921.
Demeure, malgré son âge, l'ouvrage fondamental de références.

Keating L., *You are here : Tangier*. Havant, England, K. Mason, 1972.
Guide touristique.

Kessel J., *Au Grand Socco*. Paris, Gallimard, 1952.

Landau R., *Portrait of Tangier*. Londres, Hale, 1952.
Un des ouvrages les plus complets et les plus sûrs.

Laredo I., *Memorias de un viejo tangerino*. Madrid, Bermejo, 1935.
Fondamental pour la vie quotidienne ancienne et la vie quotidienne.

La Veronne Ch. de, *Tanger sous l'occupation anglaise d'après une description anonyme de 1674*. Paris, Geuthner, 1972.
Complète l'ouvrage de Routh.

Liliuis A., *Turbulent Tangier*. Londres, Elek Books, 1956.
Reportage riche sur le « milieu » tangérois.

Malo P., *Les Trois Visages de Tanger*. Tanger, Ed. internationales, 1953.
Intéressant recueil d'un rédacteur de la Dépêche Marocaine de Tanger.

Marco C., *La comision de higiene y de limpiezia de Tanger*. Tanger, Impr. El Porvenir, 1913.
Reste essentiel pour le Tanger diplomatique du XIXe siècle.

Marcais V., *Textes arabes de Tanger*. Paris, Imprimerie Nationale, 1911.
La ville vue de l'intérieur.

Menezes Fernando de, *Historia de Tangere*. Lisbonne, 1732.
Reste essentiel pour la période portugaise.

Michaux-Bellaire E., *Les Habous de Tanger* : registre officiel, textes et documents. Archives marocaines, vol. XXII/XXIII, 1914.
Technique, mais fondamental sur la vie économique, sociale et religieuse.

Monard A., *Étude critique du régime spécial de la zone de Tanger*. 2 vol. Tanger, 1932-33.
Bon bilan.

Morand P., *Hécate et ses chiens*. Paris, Gallimard, 1954.
Roman.

Nesry C., *Le Juif de Tanger et le Maroc*. Tanger, Ed. internationales, 1956.
Sur le devenir de la communauté juive.

Renaud J., *Le Mystère du Grand Socco*. Paris, 1949.
Roman.

Rondeau D., *Tanger*. Paris, quai Voltaire, 1987.
Essai rapide mais agréable.

Routh H., *Tangier : England's Last Outpost*. Londres, John Murray, 1912.
Ouvrage fondamental sur la période anglaise 1661-1684.

Schneider P. et Al., *Matisse au Maroc*. Milan, Garzanti, 1990.
Sur les deux séjours du peintre en 1912 et 1913 (23 toiles et 65 dessins).

Stuart G., *The International City of Tangier*. New York, Stanford University Press, 1930 ; 2e éd., 1955.
Un classique. Complète Graule et Michaux-Bellaire.

Tanger, *Tanger station d'hiver, station d'été*. Tanger. Comité de propagande et de tourisme, 1929.
Premier guide touristique, trilingue et illustré.

Tanger, *Tanger entre deux mondes*. N° spécial, revue « Maroc-Europe », 1.1991, Rabat, éd. Laporte.
Recueil d'articles.

Tanger N° spécial de « France Outre-mer », 1.1956.

Tanger, *Tanger, 1800-1956*. Contribution à l'histoire récente du Maroc. Rabat, Ed. Arabo-Africaines, 1991.
Actes du colloque international d'octobre 1990.

Vaidon L., *Tangier ; a different way*. Metuchen, New Jersey, Scaranow Press, 1977.
Histoire substantielle de la période 1880-1975.

Vernier-Contrepied, *La singulière zone de Tanger*. Paris, 1962.
Bilan à la veille de l'abolition du statut spécial.

A l'Est, la baie de Tanger se ferme sur le cap Malabata ; au lointain, le Djebel Moussa, pendant de Gibraltar.

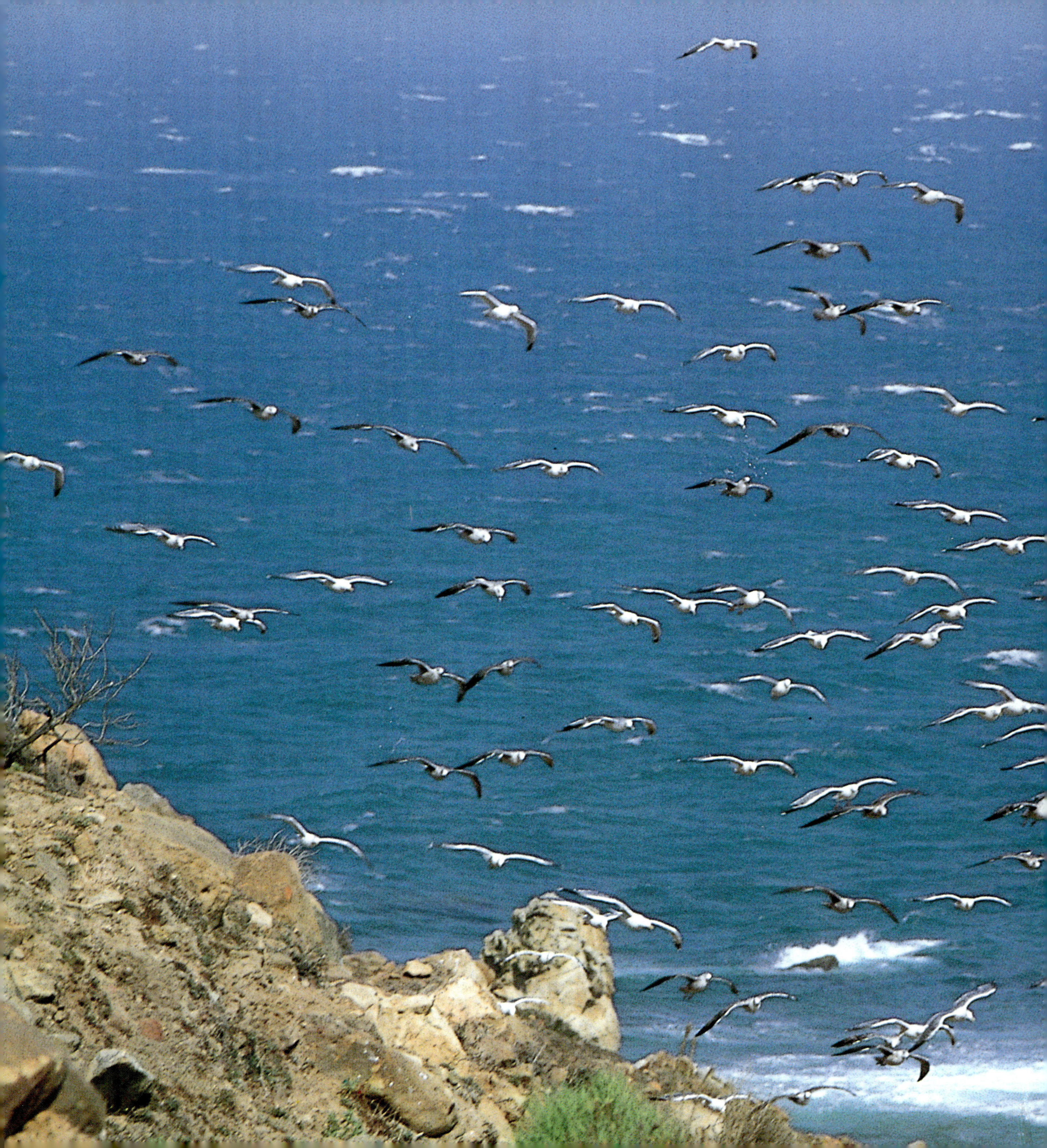

Remerciements

Nos remerciements s'adressent tout particulièrement à :
S.A. la Princesse Lalla Fatima Zohra.
S.E. M. Ahmed El Midaoui, Gouverneur de S.M. le Roi à la Province de Tanger.
L'Association pour la Promotion de Tanger et la Restauration de ses Monuments Historiques, son Président M. Omar Akalaÿ, son Vice-président M. Haj Ahmed Hayatt et son Secrétaire Général M. Abdelhamid Bouzid. On lui doit entre autre la création de la zone bancaire offshore, dont les textes ont été publiés officiellement par S.M. le Roi Hassan II en avril 1992.
M. Robert Gérofi, Conservateur du Musée Forbes au Palais du Mendoub, qui nous a permis l'accès aux documents de la bibliothèque que Malcolm Forbes a réunie toute sa vie sur Tanger. Nous y associons sa femme Isabelle et sa sœur Yvonne pour leur vision généreuse et affective sur la vie tangéroise depuis une quarantaine d'années. A eux trois, ils sont une mémoire sans défaut qui a contribué à faire connaître Tanger, aussi bien au Maroc qu'à l'étranger. Robert Gérofi, en tant qu'architecte de nombreuses maisons tangéroises célèbres comme le Palais Tazi, le Palais Forbes, York Castle, la maison de Barbara Hutton etc. Yvonne et Isabelle, en tant que codirectrices de la Librairie des Colonnes, ont, dans leur aura littéraire, fasciné des adolescents tels que Tahar Ben Jelloun, prix Goncourt 1987 pour son livre *La Nuit sacrée*.
Nous remercions également M. Abdelaziz Aïadi, Délégué Régional du Ministère de la Culture ; M. Rachid Alaoui ; Mme Souad Bahechar ; M. Salaheddine Balafrej, Président de l'Industrie Hôtelière à Tanger ; Mme la Générale Beaufre ; M. Roland Beaufre ; M. Richard de la Beaume ; M. Benchekroun, Consul du Portugal ; Mme Emma Bodens ; M. Paul Bowles ; M. Claudio Bravo ; M. Pierre Casalta ; M. Stewart Church ; M. José Cienfuegos, Consul général d'Espagne ; M. Simon Cohen ; M. Jean-Marc Collinet ; M. Paul Couedor, Consul général de France ; Mlle Julie Delpy ; M. Jacques Demignot ; le Baron Lu van Disler ; M. et Mme Donadieu ; M. A. El Fakkar, Inspecteur des Monuments Historiques ; M. Omar Hajoui ; M. Abdelhamid El Hnot ; M. Zoubeir Fassi, Président du Conseil Provincial ; M. Mohamed Habibi, Conservateur du Musée de la Kasbah ; Mme Souad Haoueri ; l'Honorable David Herbert ; M. Thor H. Kuniholm, Conservateur du Musée de la Légation Américaine ; M. Aziz Lkhattaf ; M. Fernand Lumbroso ; Mme Marguerite McBey ; M. Joe MacPhillips ; M. Kamal Menebhi ; Moulay Driss, Chérif d'Ouezzane ; Mme Rachel Muyal ; M. Mohamed Ouazzani, Directeur des Beaux-Arts de Tétouan ; M. et Mme Oueslati ; M. Jean-Louis Riccardi ; M. Gipi Salvy-Guide ; M. et Mme Michaël Scott ; M. Charles Sévigny ; M. Roger Schwarzberg et le personnel de l'hôtel El Minzah ; M. Aimé Serfaty ; M. Jamal Souissi ; M. Mohammed Tazi ; M. Boubker Temli ; M. Mohamed Temli ; la famille Temsamani ; Mme Claude Thomas ; M. Richard Timewell ; M. Adolfo de Velasco ; M. Yves Vidal ; Mme Laure Welfling ; M. Gian-Carlo Zanetti, Consul général d'Italie, ainsi que tous ceux qui ont souhaité garder l'anonymat.